Margit Schönberger/Karl Heinz Bittel

DIE GLÜCKLICHE LESERIN

Margit Schönberger/Karl Heinz Bittel

DIE GLÜCKLICHE LESERIN

100 Romane für alle Lebenslagen

KNAUR

Besuchen Sie uns im Internet:
www.knaur.de

Originalausgabe Oktober 2010
Copyright © 2010 by Knaur Verlag
Ein Unternehmen der Droemerschen Verlagsanstalt
Th. Knaur Nachf. GmbH & Co. KG, München.
Alle Rechte vorbehalten. Das Werk darf – auch teilweise –
nur mit Genehmigung des Verlags wiedergegeben werden.
Umschlaggestaltung: ZERO Werbeagentur, München
Umschlagabbildung: Ive Arnold/Magnum Photos
Satz: Adobe InDesign im Verlag
Druck und Bindung: CPI – Ebner & Spiegel, Ulm
Printed in Germany
ISBN 978-3-426-65478-1

2 4 5 3 1

Inhalt

EINLEITUNG

Es gab eine Zeit, in der das Romanlesen als Laster galt. Es führe zu zielloser Schwärmerei, so wähnte man, und das war noch der harmloseste aller Vorwürfe. Sittenverfall und Unzucht seien die Folgen dieser gefährlichen Tätigkeit. Die Romanliteratur wurde unter Generalverdacht gestellt und als verführerisches und unmoralisches Machwerk betrachtet. Vor allem den Frauen würden die Sinne verwirrt, wodurch sie vom rechten Weg abkämen. Es gibt Kupferstiche aus dem späten 18. Jahrhundert, auf denen Damen in höchst verfänglicher Pose dargestellt sind: Eine Hand hält das Buch, die andere befindet sich unter den Röcken. Aber das war, verehrte Leserinnen, wohl nichts weiter als eine männliche Phantasie.

Den rechten Weg, den schmalen Pfad der Tugend, markierten die hehren bürgerlichen Werte, als da waren: eheliche Treue, Hausarbeit, Liebe zur Ordnung, Gewissenhaftigkeit, Keuschheit. Ein enges Korsett, das den Atem stocken, das Sinnlichkeit und Leidenschaft verkümmern ließ. Ist es da verwunderlich, dass Menschen diesen Konventionen zu entkommen trachteten und den Weg ins Freie suchten? Und dass dieser Drang sich – Jahrzehnte später – in der Romanliteratur des 19. Jahrhunderts vielfältig widerspiegelte?

Eine beispielhafte Gestalt ist die arme Emma Bovary. Sie ist die Ehefrau eines biederen Landarztes und träumt von einem Leben in Luxus und voll großer Gefühle, nicht zuletzt inspiriert durch die Romane, die sie verschlingt. Es sind Geschichten über »Liebschaften, Liebhaber, Geliebte, verfolgte Damen, die in einsamen Pavillons in Ohnmacht fallen … Aufruhr des Herzens, Schwüre, Schluchzen, Tränen und Küsse, Gondeln im Mondenschein, Nachtigallen in den Lusthainen …« Das ist laut Flaubert der Stoff, aus dem die

Unterhaltungsromane damals gefertigt waren. Emma versucht herauszufinden, »was man im Leben unter den Wörtern ›Glückseligkeit‹, ›Leidenschaft‹ und ›Rausch‹, die ihr in den Büchern so schön vorgekommen waren, genau verstand«. Der Versuch, nicht gelebte Leidenschaft in ihrem Leben zu realisieren, unterminiert allmählich ihre bürgerliche Existenz. Sie wird zur Ehebrecherin.

Das Buch machte Skandal und landete vor der Justiz. Das inkriminierte Delikt: Verstoß gegen die öffentliche und religiöse Moral und gegen die guten Sitten. Sein Autor Gustave Flaubert und die Zeitschrift, die den Roman verbreitet hatte, wurden 1857 freigesprochen. Aber vielleicht nur deshalb, weil es mit seiner Heldin ein gar böses Ende nimmt. (Sie schluckt Arsen und stirbt unter Qualen.) Und weil der kluge Autor vor Gericht glaubhaft machen konnte, dass es keinesfalls in seiner Absicht lag, einen solchen Charakter, ein solches Schicksal und schon gar nicht den Ehebruch zu verherrlichen. Flauberts erklärte Devise: »Der Autor muss in seinem Werk wie Gott im Weltall sein, überall anwesend und nirgends sichtbar.« Er ergreife nicht Partei, behauptete er. Wirklich nicht? Flauberts Sympathien für seine Heldin sind doch auf nahezu jeder Seite zu spüren. Er war ein Mensch, der die bürgerliche Gesellschaft und ihren Tugendkatalog inbrünstig hasste.

Aber nicht die beengten Verhältnisse, vielmehr das Lesen sei aller Laster Anfang. Das wollten zumindest die Tugendwächter der damaligen Zeit die Menschen glauben machen. Selbst der (im Gegensatz zu Flaubert) jeglicher Subversion unverdächtige Goethe blieb von Nachstellungen durch die Justiz nicht verschont. Im Jahr 1775 wurde den Leipziger Buchhändlern vom Rat der Stadt die Verbreitung von Goethes Bestseller *Die Leiden des jungen Werthers* bei Strafe untersagt. Das Delikt in diesem Fall: Anstiftung zum Selbstmord.

Messerscharf geschlossen: Ein Selbstmörder hat endgültig aufgehört, ein nützliches Mitglied der Gesellschaft zu sein.

Inzwischen haben Romane eine unglaubliche Karriere hinter sich gebracht. Der Roman ist die beliebteste aller Literaturgattungen, unsere Buchhandlungen sind voll davon. Längst müssen die Autoren nicht mehr fürchten, wegen eines Verstoßes gegen die guten Sitten vor die Gerichte gezerrt zu werden. Nicht länger gilt das Romanlesen als aller Laster Anfang, sondern als kultivierte Zeitverschönerung, höherwertig jedenfalls als das Fernsehen. Was sich aber seit Emma Bovarys Zeiten nicht geändert hat: Auch heute sind es überwiegend Frauen, die Romane kaufen und sich der Lektüre von Belletristik hingeben. Das belegen empirische Untersuchungen. Frauen waren und sind die Trägerinnen einer Kultur der Gefühle. Ihr Leseverhalten und ihre geschmacklichen Vorlieben schlagen sich dementsprechend auch in unseren Bestsellerlisten nieder. Männer greifen eher zum Sachbuch oder zu einer Biographie, zu Büchern, die irgendeinen Ertrag, einen praktischen Nutzwert versprechen. In ihrem Lektüreverhalten scheinen die Verdikte früherer Zeiten immer noch nachzuwirken. Vielen Männern kommt es offenbar geradezu peinlich vor, in trauter Zweisamkeit mit einem Roman angetroffen zu werden. (Noch schlimmer ist es mit der Lyrik!) Vielleicht hat das mit der Furcht zu tun, für ein »Weichei« oder für schwul gehalten zu werden. Ausnahmen von dieser Regel bilden nur eine schmale Schicht von Intellektuellen und die sehr viel größere Schicht von männlichen Wesen, die sich dafür halten.

Der britische Autor Ian McEwan machte die Probe aufs Exempel. Er begab sich in einen Park in der Londoner City, wo die Angestellten ihre Mittagspause verbrachten, in der Absicht, Bücher zu verschenken. Bei Frauen fanden sie reißenden Absatz, bei den Männern stieß das Angebot auf

Ablehnung: »Nein, lieber nicht. Das ist nichts für mich. Danke, Kumpel, aber nein.« McEwan kommt zu dem Schluss: »Wenn Frauen nicht mehr lesen, dann ist der Roman tot.« Noch lesen sie – zu ihrem Glück!

Aber trifft es tatsächlich zu, dass Romane, aller Niveauunterschiede ungeachtet, nichts als relativ preiswerte Vehikel zu kleinen Fluchten aus einem reglementierten Alltag darstellen? Sicher haben sie zu allen Zeiten auch diese Rolle gespielt und tun es noch heute. Aber in der gegenwärtigen Unterhaltungsindustrie mit ihren faszinierenden technischen Möglichkeiten haben andere Medien den Romanen in dieser Hinsicht den Rang abgelaufen. Wer rasche, bequeme Zerstreuung sucht, ist mit einem anständigen B-Movie wahrscheinlich besser bedient. Romane sind der Form nach komplexer, erzwingen stärkere Konzentration, erlauben es aber auch, jederzeit innezuhalten, zurückzublättern, nachzudenken. »Lesen, ohne nachzudenken, ist wie essen, ohne zu verdauen«, schrieb der britische Politiker und Philosoph Edmund Burke.

Das vorliegende Buch möchte Ihre Aufmerksamkeit auf einen besonderen Aspekt lenken: Romane bieten Trost und Rat in (fast) allen Lebenslagen. Ja, sie vermögen sogar glücklich zu machen. Eigentlich müsste es Bücher auch auf Krankenschein geben und kundige Ärzte, die sie ihren Patienten nach gründlicher Diagnose verschreiben. Nach dem Motto: Lesen, was gesund macht. Aber eben nicht nur die *»Apotheken-Umschau«*! Denn in unserer Romanliteratur ist alles versammelt, was das Leben an Nöten, Kränkungen, Konflikten, Ängsten, Seelen- und Weltschmerzen für uns bereithält. Romane können helfen, eine Vielzahl von Problemen zu bewältigen. Nicht im Sinn eines Wundermittels, vielmehr als ein Instrument, das uns erlaubt, eine größere Distanz zu dem, was uns bedrängt, herzustellen, uns Luft und Abstand zu verschaffen, unser Leben zu bereichern. Der französische Schriftsteller Philippe Djian bekannte in einem Interview: »Als ich jünger war, sagte ich, wenn es mir nicht gutging, nicht ›Ich gehe zum Arzt‹, sondern ›Ich gehe in die Buchhandlung‹.«

Auf den folgenden Seiten stellen wir Ihnen 100 Romane in therapeutischer Absicht vor, zusammen mit den jeweiligen Lebenslagen und ihren Symptomen. Wobei der Begriff Roman in einem weitgefassten Sinn zu verstehen ist: Auch längere Erzählungen stehen auf unserer Liste und in einem Fall ein ausführlicher Brief an einen übermächtigen Vater, ein Brief, der allerdings nie abgeschickt worden ist und der sich als die Essenz eines Familienromans lesen lässt.

Haben Sie erst einmal begonnen, einzutauchen in den wunderbaren Kosmos der Bücher, dann werden Sie sehr schnell bemerken, dass mit der Lektüre, abgesehen von Rat und Seelentrost, ein erheblicher Lustgewinn verbunden ist. Sie werden die Literatur als Mittel der Selbst- und Welterkenntnis nicht mehr missen mögen. Und die Glücksmomente, die Ihnen beim Lesen immer wieder beschert werden, auch nicht. Werden Sie also eine glückliche Leserin!

LIEBE UND SEX

Sie träumen von einer romantischen Liebe

Sie möchten endlich einmal (oder wieder) die ganz großen Gefühle erleben, so wie man das aus Hollywoodfilmen kennt. Natürlich sind Sie klug genug, um zu wissen, dass derlei Träume mit der Lebensrealität nur schwer oder kurzfristig in Einklang zu bringen sind. Aber noch einmal himmelhoch jauchzend auf Wolke sieben zu schweben scheint Ihnen erstrebenswerter zu sein, als sich in einer pragmatischen Beziehung auf Dauer einzurichten.

 LESEN SIE

In einem andern Land von Ernest Hemingway.

Der berühmte amerikanische Autor meldete sich 1918, noch nicht einmal zwanzigjährig, als Kriegsfreiwilliger und diente als Sanitätsoffizier auf der italienischen Seite. Er erlebte die Isonzo-Schlachten und wurde durch eine Mine schwer verwundet. Diese Erfahrungen verarbeitete er in seinem 1929 erschienenen Roman. Es ist die Geschichte einer großen Liebe in Zeiten des Krieges.

Frederic Henry ist der Held dieses Romans. Wie Hemingway ist er Sanitätsoffizier; wie Hemingway wird er verwundet. Henry und seine Kameraden machen sich keine Illusionen über den Krieg, sie haben jede Menge sarkastische oder zynische Sprüche über das Gemetzel auf Lager. Aber vermutlich sind sie nicht so cool, wie sie tun. Im Übrigen vernichten sie ziemliche Mengen Alkohol und sind hinter den Frauen her, suchen das schnelle Abenteuer. Vor diesem Hin-

tergrund geschieht es, dass Henry sich in eine Kranken-
schwester verliebt, Catherine Barkley, eine Schottin von sprö-
dem Charme. Sie ist blond, hat eine gebräunte Haut und
graue Augen. Aber eigentlich genügt es, mit Henry zu sagen, dass sie »wunderschön« ist. Er sagt das sehr oft. Sie ist
wirklich zauberhaft und folgt ihm von Gorizia in das Spi-
tal in Mailand, wo Henry nach seiner Verwundung operiert
wird. Die beiden lieben sich während ihres Nachtdiensts im
Krankenbett. Nach seiner Rekonvaleszenz muss Henry wieder an die Front. Er gerät in ein schlimmes Schlamassel, wird
beinahe wegen Abwesenheit von der Truppe exekutiert. Er
desertiert und macht sich auf die Suche nach Catherine. Er
findet sie in Strega am Lago Maggiore. Sie ist schwanger. Als
ihm die Verhaftung durch die italienische Feldpolizei droht,
fliehen die beiden des Nachts mit einem Ruderboot in die
Schweiz.

Weil Henry genug Bargeld mit sich trägt, werden sie von
den Behörden nicht zurückgewiesen. Bis zum Zeitpunkt ihrer Entbindung leben Catherine und Henry in einer schlichten Pension oberhalb von Montreux, schmieden Pläne und
verbringen eine glückliche Zeit. Dann ereignet sich das Unglück: Catherine erleidet in einer Klinik in Lausanne eine
Totgeburt und stirbt kurz darauf an inneren Blutungen.

Es ist eine zarte und traurige Liebesgeschichte, die Hemingway uns erzählt, umso zarter und bewegender, als sie
vor dem Hintergrund eines grausamen Kriegsgeschehens
spielt. Der tragische Schluss wird selbst hartgesottene Leser
zu Tränen rühren. Da ist ein gehöriger Schuss Sentimentalität mit im Spiel, ein Effekt, den Hemingway geschickt in Szene zu setzen weiß. Das ist manchmal hart an der Grenze zum
Kitsch, aber sind Romane nicht auch dazu da, Affekte, Gefühle der Rührung beim Publikum auszulösen? Der öster-
reichische Schriftsteller Hermann Broch hat einmal davon

gesprochen, dass in jedem Kunstwerk ein »Tropfen Kitsch« enthalten sei, ja enthalten sein müsse. Aber was, so könnten Sie fragen, ist denn jetzt mit den großen Gefühlen? Sind sie unzeitgemäß geworden, nur noch geborgt zu haben, aus einschlägigen Filmen und Romanen? Das wäre schade. Vielleicht ist es keine gute Idee, dem Glück verbissen hinterherzujagen. Es ereignet sich – oder eben nicht. Am ehesten wohl bei einem Gemütszustand hellwacher Gelassenheit.

Hemingway ist kein Autor für Abstinenzler jeglicher Couleur. Er war abseits der Schreibmaschine Großwildjäger, Hochseefischer, Stierkampf-Aficionado, Kriegsberichterstatter und – nicht zu vergessen – ein begnadeter Trinker. (Wo, zum Teufel, bekam er denn überall den herben weißen Capri her, der einem schon beim Lesen den Mund wässrig macht? Er ist selbst via Internet nicht zu finden, aber vielleicht trinken die Capreser ihren Wein inzwischen ausschließlich selbst.) Ja, und klar, ein Macho war er auch, kein Frauenversteher. Aber ein leidenschaftlicher Mensch mit einer rauhen Schale und einem weichen Kern. Wie denn sonst hätte er diese ergreifende, bittersüße Geschichte schreiben können?

Sie lieben einen Menschen, der von Ihrer Familie aufgrund gesellschaftlicher Konventionen abgelehnt wird

Sie sind von Patchworkfamilien umgeben und haben oft genug erlebt, dass Scheidungskinder bis in ihr Erwachsenenalter hinein mehr psychische Probleme zu verarbeiten haben werden als solche, die keine Brüche in den Beziehungen ihrer Eltern erleben mussten. Sie wissen, dass Scheidung und Trennung längst »gesellschaftsfähig« geworden sind. Sie lieben jedoch einen Menschen, der einer anderen Religion angehört und das auch sichtbar lebt, der eine andere Hautfarbe hat oder aus einer sozialen Schicht kommt, die Ihrer Familie fremd ist. Das macht es Ihnen schwer, diese Liebe offen zu leben. Sie fürchten um den Familienfrieden und machen sich Sorgen um den Seelenzustand Ihrer Kinder. Deshalb leben Sie Ihre Beziehung heimlich, wagen nicht, sich öffentlich zu dem geliebten »anderen« Menschen zu bekennen. Aber: Sind wir nicht alle »anders«?

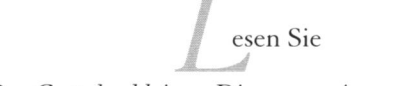

*L*esen Sie

Der Gott der kleinen Dinge von Arundhati Roy.

Lassen Sie sich nicht im Vorfeld auf eine falsche Fährte führen: Das ist – wie die Autorin zu Recht selbst sagt – kein Indien-Roman, sondern einer, der die menschliche Natur beschreibt. Und selbst wenn Sie unseren, in seinen Urteilen oft rigiden Literatur-Papst Marcel Reich-Ranicki noch im Ohr

haben – »Ich interrrresssiere mich nicht für Indien/Grön-
land/Alaska/China … (usw.)« –, vergessen Sie's! Entweder
ist eine Geschichte eine existenzielle Geschichte, oder sie ist
keine! Und *Der Gott der kleinen Dinge* ist eine – und was für
eine.

Im Mittelpunkt stehen die Zwillinge Rahel und Estha, ihre
von einem Hindu geschiedene Mutter, Ammu, und deren
alles bestimmende Großtante Baby Kochamma. Sie schwingt
das Zepter über die Großnichte und deren Kinder sowie über
den Großneffen, der die Konservenfabrik leitet, die das Fa-
milieneinkommen sichert. Die zweieiigen Zwillinge fühlen
sich als ein Wesen und werden auch von allen anderen so
gesehen. Bis das schreckliche Ereignis sie trennt. Das schreckliche Ereignis hängt mit der verbotenen Liebe ihrer Mutter
zum Arbeiter Velutha Paapen zusammen, der der Kaste der
Unberührbaren angehört. Ein unbedachter Satz der Mutter
bringt die Zwillinge dazu, mit einem Boot Reißaus zu nehmen. Bei der Flucht der Kinder über den Fluss ertrinkt die
kleine englische Cousine Sophie Mol, die zu Besuch ist und
unbedingt an dem Abenteuer teilhaben wollte. Die Polizei
nutzt die Gelegenheit, Velutha, den Störenfried der gesellschaftlichen Ordnung, zu erschlagen. Um sich selbst und die
von ihr angestifteten Polizisten zu entlasten, zwingt die Ma-
triarchin Baby Kochamma die Zwillinge zu einer Falschaus-
sage. Sie zerstört damit nicht nur die kleinen Kinderseelen,
sondern lässt Rahels Bruder Estha für immer verstummen.

Arundhati Roy liebt ihre Protagonisten mit jeder Faser ihres
schreibenden Herzens, und sie steckt ihre Leser schon nach
wenigen Seiten mit dieser Liebe an. Sie findet für ihre Geschichte Worte und Bilder, die die Farben und Gerüche des
in die Moderne aufbrechenden Indiens der sechziger Jahre so
lebendig werden lassen, dass man beim Lesen meint, hören,

riechen und schmecken zu können. Da »bombardiert der Regen« teefarbige Pfützen, und da wird verbotenerweise (in der »Paradise Pickles«-Konservenfabrik) äußerst wohlschmeckende Bananenmarmelade produziert, obwohl deren Konsistenz nicht den Vorschriften der indischen Behörden entspricht. Und da senkt sich der Schatten des beinbehaarten, dunklen Falters auf die Seele der Kinder; der Schatten des Falters, der ein Familientrauma hervorrief und dadurch das Synonym für Angst wurde (weil ihn der Großvater zwar entdeckt, das Tier aber dann den Namen eines verhassten beruflichen Nebenbuhlers bekam. Mit unguten Folgen).Wer diese Geschichte gelesen hat, wird wissen, dass eine »verbotene« Liebe nicht in Feigheit und Verlogenheit enden darf. Und vielleicht auch, wie das gehen könnte.

Sie verlieben sich immer in »unerreichbare« Männer

Entweder er ist verheiratet, oder er ist mit einer anderen glücklich zusammen, er beachtet Sie nicht oder ist auf andere Weise für Sie nicht erreichbar. Die traurige Tatsache ist: Sie lieben immer die falschen Männer. Und zwar mit Vehemenz. Kein gutes Zureden, keine unmissverständliche Warnung und auch keine noch so hochnotpeinliche Situation bringt Sie von Ihren Verirrungen in Sachen Liebe ab. Sie züchten Schmetterlinge in Ihrem Bauch immer für den unerreichbaren Mann, hängen Tagträumen nach und negieren die Realität mit aller Willenskraft, derer Sie neben Ihrer unerfüllten Liebe noch fähig sind. Dabei fühlen Sie sich glücklich und unglücklich zugleich. Wenn sich die Einsicht in die Aussichtslosigkeit dennoch nicht mehr vermeiden lässt, wartet schon das nächste Hirngespinst in Sachen Liebe. Und alles beginnt von vorn. Das Thema »unerfüllte Liebe« scheint Ihre Lebensdroge zu sein. Wenn Sie keine alte Jungfer werden wollen, ist Entzug angesagt.

*L*esen Sie

Margaret Mitchells Roman *Vom Winde verweht.*

Er ist die »Mutter« aller Liebes-, Schicksals- und, ganz nebenbei, auch aller Südstaaten-Romane. Vergessen Sie den Film. In Ihrer Situation gibt es nur einen einzigen Regisseur, der dieses geniale Lebens- und Sittengemälde kongenial verfilmen kann – und das sind Sie. Es gibt nur ganz wenige Romane, die beweisen, welche Wunderwerke an großartigem »Kopfkino« das Lesen hervorbringen kann. Auch wenn Sie keine reiche und verwöhnte Tochter eines Baumwollfarmers sind, so wie Scarlett O'Hara, wird es Ihnen nicht schwerfallen (auf der Couch liegend oder in Ihren Lieblingslesesessel gekuschelt) in deren sensationelle Abendkleider zu schlüpfen. Im Mittelpunkt des Interesses zu stehen. Von den jungen Männern der Südstaaten-Gesellschaft umschwärmt und verwöhnt zu werden. Dass sich Scarlett in den blassen Langweiler Ashley Wilkes vernarrt, der schon längst mit seiner Cousine Melanie verlobt ist, wird Sie schon bald irritieren (ein erstes Anzeichen dafür, dass Sie der emotionalen Fehlerquelle auf der Spur sind). Denn der richtige Mann, Rhett Butler, stünde von Anfang an bereit. Er ist temperamentvoll, geistreich, vermögend und politisch unkorrekt – im wahrsten Sinne des Wortes –, genau wie die blutjunge Scarlett. Bis sie das kapiert, muss Atlanta brennen, die Farm verwüstet, die Eltern tot oder durch den Krieg wahnsinnig geworden sein. Das verwöhnte Mädel schlüpft während all dieser Katastrophen aus ihrem Barbie-Kokon und wird gezwungenermaßen eine kluge, tatkräftige, erwachsene Frau, die sogar als Unternehmerin Karriere macht. Nur eines schafft sie nicht: sich ihren grottenlangweiligen Ashley aus dem Kopf zu schlagen. Erst als es fast zu spät ist, erkennt die Superheldin Scarlett, dass sie einem Hirngespinst nachgejagt hat und das wahrlich Gute (der charmanteste Macho aller Zeiten, nämlich Rhett) schon so nahe war.

So viel »Schicksal« wie in diesem Buch hat sich nur selten ein Dichterhirn ausgedacht. Kein Wunder, dass dieser Roman – der im Juni 1936 in den USA erschienen und schon drei Monate später eine Million Mal verkauft worden war – weltweit zu den erfolgreichsten Romanen überhaupt zählt. Er bringt Erkenntnisse in vielerlei Liebesdingen. Aber ganz sicher in Bezug auf vergeudetes Glück. Die Lektüre fördert die Erkenntnis: Warum in Sachen Liebe in die Ferne schweifen, der Gute liegt doch meist so nah.

Sie haben sich unsterblich in einen Menschen verliebt, der bereits gebunden ist

Der berühmte Coup de Foudre hat Sie erwischt und ein heftiges Feuer in Ihnen entzündet. Aber der angebetete Mensch ist schon an einen anderen fest vergeben und widersteht Ihrem Werben. Die Sehnsucht nach ihm verzehrt Sie, ein Leben ohne das geliebte Objekt scheint Ihnen nicht lebenswert zu sein. Jede Freude ist aus Ihrem Dasein entschwunden, die Welt versinkt in düsterem Grau. Wohlgemeinte, vernünftige Ratschläge von Freunden prallen an Ihnen ab und treiben Sie nur noch weiter in die Isolation.

*L*esen Sie

Die Leiden des jungen Werthers

von Johann Wolfgang Goethe.

Ein authentischer Fall liegt dem 1774 erschienenen Roman zugrunde. Er ist in Gestalt eines Briefromans, eine damals gängige Gattung, abgefasst.

Ein Jurist, Kollege Goethes, hatte sich aus Liebeskummer eine Kugel in den Kopf geschossen. Goethe recherchierte die näheren Umstände dieser Tat und schrieb den Roman in vier Wochen nieder. Das Buch traf den Nerv der Zeit und entwickelte sich binnen kurzem zu einem rasanten Bestseller, Goethes erfolgreichsten Buch zu Lebzeiten. Werther, der Held des Romans, ist ein überaus empfindlicher Charakter, zu Überschwang und heftigen Gefühlsäußerungen neigend.

Das sind sympathische, aber auch gefährliche Eigenschaften, wie schon Goethes Zeitgenosse Christoph Martin Wieland nach der Lektüre kritisch anmerkte. Dass ein »allzu weiches Herz und eine feurige Phantasie« als »verderbliche Gaben« zu betrachten seien, schrieb er in einer Rezension.

Zu seinem Unglück trifft Werther auf die züchtige Lotte, auch sie eine empfindsame Seele, die leider einem anderen die Ehe versprochen hat. Werthers Verliebtheit steigert sich zu einer lodernden und zugleich aussichtslosen Liebesraserei. Sex spielt dabei, so er, zunächst gar keine Rolle: »Sie ist mir heilig. Alle Begier schweigt in ihrer Gegenwart.« Und im weiteren Fortgang der Geschichte, sieht man von einigen »wütenden Küssen« bei der letzten Begegnung der beiden einmal ab, auch nicht. Es ist der Gleichklang der Seelen, eine sympathetische Beziehung zwischen zwei fühlenden Herzen, auf die Werther sein Glück zu bauen versucht. In einer Schlüsselszene erleben die beiden gemeinsam ein Gewitter, das dem Sturm der Affekte in ihrem Inneren entspricht. »Sie sah gen Himmel und auf mich, ich sah ihr Auge tränenvoll, sie legte ihre Hand auf die meinige und sagte – Klopstock.« Überhaupt fließen gewaltige Ströme von Tränen in dieser Geschichte. Vielleicht war es der kalte Hauch von Aufklärung und Rationalismus, der als Gegenreaktion eine Kultur der Gefühle, eine schwärmerische Empfindsamkeit, die allgegenwärtige Tränennähe hervorbrachte. Werther verachtet das »garstige wissenschaftliche Wesen«, rebelliert gegen die bürgerlichen Normen, gegen die Maßgaben praktischer Vernunft, er will aus einer Welt der Bedingtheiten ins Unbedingte entfleuchen. Das gelingt ihm am Ende auch – mit einem effektvoll inszenierten Selbstmord.

Goethes Roman wurde von vielen seiner lesenden Zeitgenossen auf problematische Weise missverstanden. Sie begriffen die Gestalt Werthers als positive Identifikationsfigur.

Die Werther-Tracht, blauer Frack, gelbe Weste und Hose, kam mächtig in Mode. Und es gab auch Nachfolgetäter, die in dieser Kostümierung den Freitod suchten. Von einer europäischen Selbstmordwelle in der Folge des »Wertherfiebers« zu sprechen ist allerdings weit übertrieben.

Goethes Roman lässt sich aber auch als ironisch distanzierte Kritik an jener schwärmerischen, todessehnsüchtigen Überspanntheit lesen, die zu allen Zeiten junge Menschen ergreift. Mögen diese Gefühle sich heute nicht mehr in blauem Frack und gelber Hose, sondern in anderen Maskeraden zeigen, so sind solche Affekte doch auch aus unserer Gegenwart nicht verschwunden. Insofern sind *Die Leiden des jungen Werthers* immer noch zeitgemäß. Vielleicht befürchten Sie, angesichts der Entstehungszeit des Buches, eine altertümliche Sprache. Keine Sorge. Marcel Reich-Ranicki sagte (zu seligen Zeiten des »Literarischen Quartetts«) einmal, die letzten drei Sätze klängen, als seien sie Hemingway aus der Feder geflossen. Prüfen Sie es nach: Er hat recht.

Gegen alle Widerstände wollen Sie sich einen romantischen Traum erfüllen

Äußere Umstände haben Sie von einem Menschen getrennt, für den Sie tiefe Liebe empfanden. Inzwischen sind Jahre vergangen, und Sie finden Ihre/n ehemalige/n Geliebte/n wieder. An Ihren Gefühlen hat sich nichts geändert. Aber sie/er hat sich längst anders orientiert.

Lesen Sie

Der große Gatsby von F. Scott Fitzgerald.

Der amerikanische Schriftsteller, berüchtigt für seinen extravaganten Lebensstil, veröffentlichte diesen Roman im Jahr 1925.

Sollten Sie keine rechte Vorstellung von unverschämtem Reichtum haben – in diesem Buch wird er Ihnen plastisch vor Augen geführt. Jay Gatsby lebt Anfang der 1920er Jahre in einer riesigen Villa auf Long Island vor New York, der »exakten Kopie eines Hôtel de Ville in der Normandie ... einem Marmor-Swimmingpool und mehr als 16 Hektar Park- und Rasenfläche«. Er schmeißt rauschende Partys, auf denen der Champagner in Strömen fließt und die Schönen und Reichen New Yorks sich nur so tummeln. Gatsby ist eine von wilden Gerüchten umwitterte Persönlichkeit; niemand weiß so recht, wo er herkommt und wie er seinen immensen Reichtum erworben hat. Mit staunenden Augen erlebt sein neuer Nachbar, Nick Carraway, ein junger Mann aus dem Mittelwesten, der sich an der New Yorker Börse umtut, die protzigen Inszenierungen in Gatsbys Villa. Nick ist eingenommen, weniger von dem verschwenderischen Treiben als von Gatsbys Persönlichkeit. Er ist fasziniert von seinem besonderen Lächeln, »einem Lächeln, das einem für alle Ewigkeit Mut zusprach«. Nick, der Ich-Erzähler des Romans, ist es auch, der nach und nach hinter die Geheimnisse Gatsbys kommt.

Im Oktober 1917 hatte Gatsby, damals mittelloser Leutnant der US-Army, in Louisville mit der schönen und reichen Daisy den Zauber einer jungen Liebe erfahren. Aber dann kam der Krieg, Gatsby kämpfte in Frankreich und verbrachte nach Kriegsende noch einige Monate in Oxford. Als er zurück in die Staaten kommt, findet er Daisy mit Tom, einem steinreichen, arroganten Erben, verheiratet. Gatsby hat nicht geerbt, wie er gelegentlich behauptet; mit dubiosen, kriminellen Geschäften hat er seinen kometenhaften Aufstieg geschafft. Er ist Teil einer schamlosen, dekadenten Gesellschaft und doch, wie Nick befindet, »mehr wert als die ganze verfluchte Bande zusammen«. Was ihn heraushebt, ist eine unstillbare Sehnsucht, eine mächtige Illusion. Er will Daisy zurückgewinnen, will die Jahre, die verstrichen sind, seit er von ihr verzaubert wurde, ungeschehen machen. Er träumt einen großen romantischen Traum in einer Welt, die von der Jagd nach Geld vergiftet ist. Ein Traum, der tödlich endet.

Fitzgerald gelingt es, die Atmosphäre der *Roaring Twenties* mit äußerster Intensität heraufzubeschwören, reißt den Leser hinein in den vibrierenden, wilden Tanz um das Goldene Kalb, der den Untergang schon ahnen lässt, zeigt die glitzernden Fassaden, hinter denen die Leere oder der Tod lauern. Fitzgerald ist ein Meister leuchtender, suggestiver Sätze. »So fuhren wir durch das kühler werdende Zwielicht weiter auf den Tod zu«, heißt es, als Nick und seine Freunde nach einem Trinkgelage im Plaza Hotel auf dem Heimweg sind. Nick fällt plötzlich ein, dass er an diesem Tag dreißig wird, und ist etwas elegisch gestimmt. Der zitierte Satz ist doppeldeutig. In ihm steckt Nicks Einsicht, dass er in jedem Moment seinem Ende näher kommt, tatsächlich aber bricht der Tod jäh und unvermittelt in das Geschehen herein – ein Autounfall, bei dem eine Frau, Toms Geliebte, getötet wird. Daisy sitzt am Steuer von Gatsbys Wagen, als die Frau vor das Auto läuft. Sie fährt, mit Gatsby an ihrer Seite, einfach weiter. Kurze Zeit später wird er vom Ehemann des Opfers ermordet. An einem trüben, regnerischen Nachmittag folgen nur wenige Menschen seinem Sarg. Nick möchte des Toten gedenken, »doch er war schon zu weit weg, und alles, was mir in den Sinn kam, war, dass Daisy weder eine Karte noch Blumen geschickt hatte«.

Gatsbys Scheitern entbehrt jeden Glanzes; die große Party ist vorbei, die Lichter sind erloschen. Dennoch nimmt dieses Scheitern dem großen Traum, einer Liebe, die aussichtslos erscheint, nichts von seiner Strahlkraft. Und schließlich: Was wäre die Realität ohne unsere Träume?

SIE LEIDEN UNTER
EIFERSUCHTSQUALEN

Es fing harmlos an. Aber aus einer Verliebtheit wurde eine Obsession, ein zwanghaftes Besitzenwollen. Ein Kontrollwahn hat Sie gepackt, der dem Objekt Ihrer Liebe die Luft zum Atmen nimmt und so genau das Gegenteil dessen zu bewirken droht, was Sie sich ersehnen. Der Verdacht auf eine Untreue Ihres Partners ist allgegenwärtig und bringt Sie fast um den Verstand. Sie wittern eine Verschwörung, in der Sie jede Belanglosigkeit – etwa eine beiläufig hingeworfene Bemerkung, ein zufälliges Zusammentreffen – als weiteres Indiz für den Verrat an Ihrer Liebe deuten.

*L*esen Sie

Eine Liebe Swanns von Marcel Proust.

Dieser Roman ist Teil eines monumentalen Werkes: *Auf der Suche nach der verlorenen Zeit,* des 1913 erschienenen ersten Bands dieses Zyklus. Charles Swann, der Protagonist des Buches, ist der immens reiche Sohn eines jüdischen Wechselmaklers. Dieses Schicksal enthebt ihn der Notwendigkeit, Geld verdienen zu müssen. Stattdessen kultiviert er seinen guten Geschmack, geht ganz in seinen Neigungen auf, seinem Interesse an erlesenen Antiquitäten und seiner Liebe für die Malerei. Vermeer und Botticelli zählen zu seinen Favoriten. Swann hat Umgang mit den vornehmen Kreisen der Aristokratie und des Großbürgertums, ist als geistreicher Plauderer ein gerngesehener Gast auf deren Empfängen und Soireen. Und er ist ständig auf der Suche nach erotischen

Abenteuern, mit einem altmodischen Wort könnte man ihn als »Schürzenjäger« bezeichnen. Dabei ist er nicht besonders wählerisch. »Oft waren es Frauen von ziemlich vulgärer Schönheit«, lässt Proust die Leser wissen. Um seine Sinne zu erregen, genügte »gesundes, fülliges und rosiges Fleisch«. Und während Swann bei Kunstwerken auf immer raffiniertere, subtilere Genüsse aus ist, so sucht er »im Verkehr mit Frauen immer derbere«.

Dieser Gegensatz fällt in sich zusammen, als er eines Tages Odette de Crécy begegnet, einer Dame von ziemlich zweifelhaftem Ruf. Ihr Äußeres ist wenig dazu angetan, Swanns sinnliches Verlangen zu wecken, sie hat für seinen Geschmack »ein zu ausgeprägtes Profil, eine zu zarte Haut, zu vorstehende Backenknochen und zu müde Züge«. Immerhin: »Ihre Augen waren schön, doch so groß, dass sie unter ihrem eigenen Gewicht nachgaben.« Doch plötzlich fällt Swann auf, dass diese welke Schönheit »auf frappante Weise« einer der Frauengestalten auf einem Fresko Botticellis gleicht. Da ist es um ihn geschehen. Er ist fasziniert davon, dass seine Verliebtheit gewissermaßen eine ästhetische Rechtfertigung findet. Dabei ist Odette zunächst die Werbende und Swann der Umworbene, was ihn fürs Erste nicht daran hindert, seine regelmäßigen Schäferstündchen mit einer jungen Arbeiterin, »frisch und blühend wie eine Rose«, munter fortzusetzen. Aber während er noch immer wähnt, er sei der Regisseur des Stücks, das er und Odette gemeinsam aufführen, ist er längst zum Spielball ihrer Launen und Stimmungen geworden. Er gleitet in eine Abhängigkeit, die sich zur Hörigkeit auswächst. Und da Odette gar nicht daran denkt, sich seinen Besitzansprüchen zu unterwerfen, liefert sie ihm immer wieder Anlässe, an denen sich seine Eifersucht entzündet. Odette hat nun den dominierenden Part erobert, sie lässt sich aushalten und findet gleichzeitig ein wachsendes Vergnügen daran, ihren Liebhaber zu demütigen. Dabei weiß er sich, was Bildung, Geschmack und gesellschaftlichen Rang angeht, ihr unendlich überlegen. Ihr – und der Clique, in der sie verkehrt, reich gewordene Parvenüs, lächerliche Figuren ohne jede Distinktion. Aber Swann unterwirft sich ihren geschmacklosen Ritualen um des zweifelhaften Vergnügens willen, in Odettes Nähe sein zu dürfen. Seine Liebe hat sich in eine schlimme Krankheit verwandelt, sie ist, »wie die Chirurgie es nennt, inoperabel geworden«.

Mit klinischem Blick untersucht Proust die verschiedenen Phasen dieser Krankheit, seziert Swanns rasende (und begründete) Eifersucht bis in die feinsten Verästelungen, die tiefsten Schichten hinein, zeigt die pathologische Seite der Liebe in allen Schattierungen und Nuancen. Die Krankheit hat sich längst von ihrem Gegenstand emanzipiert, hat mit der realen Odette nichts mehr zu tun. Schließlich weiß sich Swann nicht mehr anders zu helfen, als Odette zu heiraten. Nun ist sie nicht länger seine Geliebte. Bloß seine Ehefrau.

Wer diesen Roman gelesen hat, wird für Illusionen über die Liebe in ihrer Erscheinungsform als romantisches Gefühl deutlich weniger anfällig sein. Ein sicheres Antidot, eine Immunität gegen die Eifersucht gibt es freilich nicht, wie wir alle aus Erfahrung wissen. Zwar ist uns bewusst, dass Gefühl und Verstand zusammengehören, aber gelegentlich siegt eben die Praxis über die Theorie. Das lehrt Swanns Beispiel.

Eine zusätzliche Warnung erscheint angebracht: *Eine Liebe Swanns* könnte zur Einstiegsdroge werden. Prousts wunderbare Sätze machen süchtig. Die Lektüre seines Gesamtwerks wird Sie in eine andere Welt befördern und viel Zeit kosten. Und wenn schon. Mit einem abgewandelten Ausspruch von Loriot lässt sich sagen: Ein Leben, ohne Proust zu lesen, ist möglich, aber nicht sinnvoll.

Sie trauern noch heute der grossen Liebe Ihres Lebens nach, mit der Sie nicht zusammenkommen konnten

Es war Liebe auf den ersten Blick – für beide Seiten. Das Glück hielt jedoch nicht an, weil zu viele Widrigkeiten sich zwischen Sie drängten: die Eltern, Geschwister und Freunde, die sich über Ihre romantische Vorstellung von Liebe lustig machten, oder das Leben/Studium in verschiedenen Städten/Ländern, vielleicht auch finanzielle Zwangslagen – und schließlich die Zeit. Selbst die größte Liebe hält zu lange Trennungen nicht aus, und irgendwann geht der Alltag scheinbar über sie hinweg. Neue Aufgaben, neue Freundschaften, neue Partnerschaften und schließlich ein neues Leben veranlassten Sie, die große Liebe der Vergangenheit und dem Verdrängen zu übereignen. Aber vergessen haben Sie sie nie. Manchmal glauben Sie sogar, ihr Verlust habe Sie daran gehindert, jemals wirklich ganz glücklich zu sein.

 *L*esen Sie

Der Schatten des Windes von Carlos Ruiz Zafón.

Dieses sehr besondere Buch lässt sich auf viele Arten lesen – es ist von der Sorte, die man aufbewahrt, weil man es in späteren Lebensjahren erneut in die Hand nehmen will. Die Geschichte einer großen, das Leben bestimmenden Liebe beginnt mit dem geheimnisvollen Besuch im »Friedhof der vergessenen Bücher«, wo der kleine Buchhändlersohn Daniel

Sempere, angeleitet durch seinen Vater, zum Paten des Buches *Der Schatten des Windes* wird. Dieses Buch und sein erfolgloser Autor Julián Carax werden ab sofort zu Daniels obsessivem Lebensmittelpunkt. Die Handlung, die daraufhin ihren Lauf nimmt, könnte von den drei Schicksalsnornen höchstpersönlich gewoben worden sein. Wer sich zunächst in einem (brillanten) Detektivroman wähnt, wird unversehens in eine Welt von Lebensläufen katapultiert, die weit über dieses Genre hinausgeht. Schon bald findet sich der Leser blind in den Straßen und Gassen von Barcelona der zwanziger und dreißiger Jahre des vorigen Jahrhunderts zurecht, ebenso wie im Leben der Menschen, die durch die Recherchen des reifer und erwachsener werdenden Daniel zu dessen Freunden, Zeugen und Helfern werden. Da begegnen dem Leser Lehrer und Handwerker, arrogante Geldsäcke mit verlogener Moral, warmherzige Kinderfrauen und Huren, Gelehrte und flüchtige Geliebte – und ein Psychopath, der im Bürgerkrieg und in der nachfolgenden Schreckensdiktatur Karriere macht und ungestraft zum Killer wird.

Zafón hat in diesem Buch liebevoll und äußerst sorgfältig gezeichnete Menschen zum Leben erweckt, die man als Leser sofort »annimmt« und nie vergessen wird. Stück für Stück schält sich das Schicksal eines durch Intrigen unglücklich verlaufenen (Schriftsteller-)Lebens in einer Gesellschaft des moralischen Verfalls, der Greuel des spanischen Bürgerkriegs und der Franco-Diktatur nach 1945 heraus. Dabei befindet man sich immer an der Seite von Daniel Sempere in den fünfziger Jahren – alle Verbrechen, Bedrohungen und Schrecknisse, die aus den politischen Zuständen der Vergangenheit resultieren, werden aus dem Alltag der handelnden Personen heraus erzählt. Es gibt keinen moralischen Zeigefinger des Autors – er versteht es, die entsprechende Empörung im Herzen seiner Leser zu entfachen und sie auf diese Weise in die Geschichte unentrinnbar zu involvieren. Kaum wähnt man, sich nach dem detektivischen Geschehen nun in einem grandiosen Schicksalsroman zu befinden, schlägt der Autor erneut einen Handlungshaken – und die Szenerie hat sich in eine verzwickte, große Liebesgeschichte verwandelt. Spanische Männer machen sich darin viele Gedanken über Frauen – »sie sind wie die Elektrizität: man muss nicht wissen, wie sie funktioniert, um eine gewischt zu bekommen!« –, und das in einer humorvoll-ironischen Sprache, die Zafón als wahren Meister der Worte ausweist (ohne seine Leser je zu über- oder unterfordern).

Es gibt nicht den kleinsten Erzählstrang, der vergessen wird – selbst ein Montblanc-Füller, der Victor Hugo gehört haben soll (und von dem der kleine Daniel am Anfang des Buches Samstag für Samstag vor einem Schaufenster träumt) trägt zur Aufklärung des Falles und zur Spannung der Geschichte bei. Bis es aber so weit ist, müssen alle Beteiligten die Machenschaften und Verbrechen des schrecklichsten aller spanischen Franco-Kriminalbeamten – ein »Fluch im Sonntagsanzug« – überleben. Die, die wir als Leser am meisten lieben, tun es auch: Daniel kann seine große Liebe retten, indem er sich den Problemen stellt, die sie bedrohen, und entrinnt damit einem ähnlich traurigen Schicksal wie dem des Dichters, dessen Lebensgeschichte er enthüllt.

Damit tut er das einzig Richtige. Denn nur Entschlossenheit und Mut im rechten Moment bewahren uns Menschen davor, unsere Träume und unsere Sehnsüchte (oder gar unsere Liebe) aufgeben zu müssen. Zafón beweist: Es ist dafür nie zu spät.

Sie glauben nicht mehr
an die grosse Liebe

Schlechte Erfahrungen haben Sie misstrauisch und sehr vorsichtig gemacht. Es fällt Ihnen Jahr für Jahr schwerer, sich auf andere Menschen einzulassen. Sie vermuten überall Unzuverlässigkeit – und der Blick auf die Welt und Ihre Umgebung scheint das täglich zu bestätigen. Sie sehnen sich nach Liebe, wissen jedoch, dass sich diese Sehnsucht ohne Vertrauen nicht erfüllen wird. Aber Sie bringen es nicht über sich, einem möglichen Partner den notwendigen Vertrauensvorschuss einzuräumen. Die Angst vor erneuter Verletzung ist zu groß.

 *L*esen Sie

Die Frau des Zeitreisenden von Audrey Niffenegger.

Allerdings sollte man diesem Buch (wenn schon nicht den realen Menschen im richtigen Leben) einen Vertrauensvorschuss geben, denn die Autorin hat einen unkonventionellen Weg für ihren herzenswarmen Roman gewählt. Wer sich jedoch auf diese ungewöhnliche Erzähldramaturgie einlässt, wird eine der schönsten Liebesgeschichten lesen können, die seit langem geschrieben wurde. Es ist ein Roman, der das Zeug hat, Eispanzer zu sprengen – wenn man es zulässt.

Der Zeitreisende heißt Henry und leidet an einem Gendefekt, der im Buch Chronosyndrom genannt und mit einer Art Epilepsie verglichen wird. Dieser Defekt hat zur Folge, dass Henry gelegentlich verschwindet und in einer anderen Zeit wieder auftaucht. (Nicht erschrecken – es ist trotzdem kein

Science-Fiction-Roman!) Seine zukünftige Frau Claire lernt Henry auf einer seiner Zurückgeworfenheiten in die Vergangenheit kennen, als sie sechs Jahre alt ist. Er kehrt im Laufe der Jahre immer wieder zu diesem klugen und liebenswürdigen Mädchen (in ganz verschiedenen Stadien ihres Heranwachsens) zurück. Beide wissen schon bald, dass sie sich lieben und abwarten müssen, bis sie sich in einer gemeinsamen Gegenwart begegnen.

Im Zuge dieser Zeitsprünge – an die man sich als Leser ganz schnell gewöhnt, sogar begierig auf sie wartet – erfährt man die Familien- und Lebensgeschichte von Henry und Claire. Die Autorin hat das überaus geschickt komponiert: Stellen Sie sich vor, Ihr Leben, nein, Ihr Erleben im Leben würde in lauter kleine Zeitscheibchen geschnitten, und die würden dann durcheinandergemischt. Und jetzt müssten Sie sie wie ein Puzzle zusammensetzen, um die richtige Chronologie – also Ihr Leben, wie es wirklich und folgerichtig abläuft – zusammenzubekommen. Das hat Audrey Niffenegger mit dem Leben von Henry und Claire getan. Und der Leser setzt diese berührende Liebes- und Ehegeschichte Stück für Stück in seinem Kopf zusammen. Es ist die Geschichte eines glücklichen Paares, eine Liebesgeschichte der Sonderklasse. Nur Henry und der Leser wissen, dass auch diese Geschichte vom »Schicksal« betroffen ist. Claire ist eine Frau, die Henry so sehr liebt, dass sie sich mit dem ständigen, unvermittelten Verlassenwerden arrangiert und auch die Sorgen um ihren Zeitreisenden (der dabei natürlich großen Gefahren ausgesetzt ist) klaglos erträgt. Henry erfährt bei einer dieser Reisen – in diesem Fall in die Zukunft – den Zeitpunkt seines Todes und trifft seine Tochter, die sein beschädigtes Zeit-Gen geerbt hat. Die Begegnung mit ihr versöhnt ihn mit seinem ver-rückten Schicksal. Er ist ein wunderbarer Mann, mit Fehlern, aber auch von einer Stärke, wie Frauen sie sich von Männern ersehnen.

Es gibt bei der Lektüre dieses Buches oft »Taschentuch-Alarm« – obwohl es niemals kitschig ist. Mit ihrem ungewöhnlichen Kunstgriff macht die Autorin deutlich, wie gut es ist, dass wir nichts von unserer Zukunft wissen. Nichts von unseren kommenden Krankheiten und Sorgen – wir alle müssen unser Leben leben, wie es kommt. Wir sind alle Zeitreisende. Und können alles besser ertragen, wenn wir lieben. Liebende werden vom Schicksal nicht verschont, aber Liebende haben die große Chance, wiedergeliebt zu werden. Man muss sich nur trauen.

Sie halten Sex für eine völlig überschätzte Sache – und leiden darunter

»Sex sells«, das wissen Sie. Allein diese Tatsache macht Sie jedoch misstrauisch den »niedrigen Instinkten« gegenüber. Und Sex entspannt, das wissen Sie auch. Aus Erfahrung. In Ihren Augen hat Sex jedoch nur wenig mit Liebe zu tun – an manchen Tagen sind Sie sich dessen sogar sicher. Sie sind davon überzeugt, dass man den geliebten Partner nicht mit zu viel entfesselter Leidenschaft und noch weniger mit ausgefallenen sexuellen Wünschen konfrontieren sollte. Was nicht heißt, dass Sie keine sexuellen Phantasien hätten. Im Gegenteil. Aber Sie haben sich bisher erfolgreich eingeredet, dass sie nicht in Ihr »offizielles« Beziehungsleben, sondern ausschließlich in Ihren Kopf gehören. Und dieses sexuelle Kopfkino ist nicht von schlechten Eltern, wenn Sie ehrlich sind. Glauben Sie wirklich, dass Ihr Partner Ihr anderes, leidenschaftlicheres »Ich« nicht ertragen könnte? Und wollen Sie wirklich nicht erfahren, ob es ihm/ihr nicht insgeheim ähnlich ergeht? Wollen Sie wirklich sterben, ohne das je erfahren – und gelebt – zu haben?

*L*esen Sie

Salz auf unserer Haut von Benoîte Groult.

Lassen Sie sich bloß nicht von den »Verleumdungen« irritieren, die über dieses Buch in Umlauf sind. Es ist kein rosaroter Softporno, wie die einen sagen, und auch keine schmalzige Liebesgeschichte, als die sie von anderen abgetan wird. Und schon gar keine Geschichte über eine Liebe im Alter. Es ist einfach nur die Geschichte einer Liebe. Einer Beziehung, in der Zeit keine Rolle spielt, und wenn doch, dann nur wegen ihrer knappen Bemessenheit. Erzählt wird das Ganze in einer Sprache, die beweist, dass man über Sex alles in großer Deutlichkeit sagen – und schreiben – kann, ohne niveaulos werden zu müssen. Der humorvolle Ton der Autorin macht süchtig und ist so selten wie die Beziehung, die sie beschreibt. Aber mit ganz viel Glück hätte jeder von uns sie auch erleben können. Wer hat sich noch nicht als Halbwüchsiger in den Ferien verliebt – und gemeint, da kommt noch etwas Besseres, später? Im Fall dieses Buches ist die Sache etwas komplizierter, weil es zwischen der intellektuellen Erzählerin und dem bretonischen Fischkutterkapitän einen gesellschaftlichen Graben gibt, der beim besten Willen im Alltag nicht überbrückbar ist. Ihre beiden Körper pfeifen jedoch auf Konventionen. Sie nehmen sich über dreißig Jahre verteilt immer wieder Auszeiten von ihren Ehen und Berufsverpflichtungen, um ihren Körpern und Seelen das zu geben, wonach sie nach oft jahrelangen Wartezeiten verlangen. Sie nennt ihn im Buch »Gauvin«, nach dem tapferen Ritter der Tafelrunde. Und sie »hält sich am Rand ihres Lebens auf«, wenn sie ihn lange nicht sehen und spüren kann. Sie leidet aber gleichzeitig unter seinem Anderssein. Darunter, dass er Socken in Sandalen trägt, den Finger befeuchtet, wenn er Buchseiten umblättert, und wie ein kleiner Junge staunend durchs »Disneyland« läuft, während sie sich vom hohen Ross herab darüber lustig macht. Und trotzdem sind die Stunden und Tage mit ihm »eine himmlische Erschütterung«.

Diese Beziehung basiert auf gestohlener Zeit, und während man sie als Leser verfolgt, wird immer deutlicher, dass hier von zwei Menschen berichtet wird, die von einer großen Macht füreinander bestimmt sind. Die das Glück haben,

immer wieder – in großen Abständen – ihre »erste Nacht«
miteinander zu erleben. Dieses Buch lebt nicht von drastischen Handlungen, sondern von drastischen Gefühlsschilde-
rungen. Man ist versucht, es mit einem Bleistift in der Hand
zu lesen, weil es fast auf jeder Seite Sätze gibt, die man unterstreichen will, um sie später irgendwann wiederzufinden.
Wer dieses Buch gelesen hat, wird erfahren, wie ein Leben
aussehen könnte, das Sex als Ausdruck von Liebe gelten lässt.
Es wird viele zurechtgebastelte Ansichten ins Wanken bringen, derer Sie sich vor der Lektüre gewiss waren.

Nach einer Phase des sexuellen Rauschs leiden Sie unter dem Erkalten der Liebesglut

Es hat Sie heiß erwischt: Zum ersten Mal erfahren Sie die körperliche Liebe als reine Wollust und höchste Ekstase. Sie versuchen diesem Zustand mit allen Mitteln Dauer zu verleihen. Aber als Sie sich am Ziel Ihrer Wünsche wähnen, müssen Sie feststellen, dass der Rausch der Leidenschaft verflogen ist – bei Ihnen wie bei Ihrem Partner.

*L*esen Sie

Thérèse Raquin von Émile Zola.

Der Roman des streitbaren Journalisten und Schriftstellers erschien 1867 und machte Skandal. Die Kritiker erhoben den Vorwurf der Pornographie, so dass Zola sich veranlasst sah, der zweiten Auflage des Buches ein Vorwort voranzustellen, in dem er seinerseits die Kritiker als Schwachköpfe verhöhnte und die Intentionen seines Romans verteidigte. »Ich habe lediglich«, schreibt Zola, »an zwei lebenden Körpern die analytische Arbeit durchgeführt, die Chirurgen an Leichen verrichten.«

In einer düsteren Passage (nicht zu vergleichen mit den prachtvollen Pariser Passagen, die Walter Benjamin die »Tempel des Warenkapitals« genannt hat) hinter dem Pont Neuf in Paris betreibt die Witwe Raquin zusammen mit ihrer Nichte Thérèse ein armseliges Kurzwarengeschäft. Ihr Sohn

Camille, den sie von Kind an verzärtelt hat, arbeitet als kleiner Angestellter bei einer Eisenbahngesellschaft. Zola beschreibt ihn als kränklich, schwach und zitterig, eine wenig anziehende Erscheinung. Thérèse wiederum ist eine starke Natur, die aber ihr heißes Blut hinter einer kühlen Maske zu verbergen weiß. Dem Willen von Madame Raquin widerspruchslos folgend, haben Thérèse und Camille geheiratet. Sie führen eine freudlose Ehe. Thérèse, gewohnt, sich allen Wünschen von Madame zu fügen, wahrt weiter »ihren sanften Gleichmut, ihr gefasstes Gesicht, von entsetzlicher Gelassenheit«. Sie sieht »ein Leben vor sich, ganz kahl und nackt, das ihr jeden Abend das gleiche kalte Laken bereithielt und jeden Morgen denselben leeren Tag«. Das Leben der drei Personen verläuft äußerst monoton, es ist kaum übertrieben, es als kleinbürgerliche Hölle zu bezeichnen. Ihr einziger gesellschaftlicher Kontakt ist ein kleiner Kreis von Bekannten, der sich mit schöner Regelmäßigkeit am Donnerstagabend zum Tee und Dominospielen einstellt.

Als Camille eines Tages einen Kollegen, Laurent, mitbringt, kommt ein frischer Luftzug in die stickige Atmosphäre. Laurent ist das Gegenbild von Camille, groß und stark, das Gesicht von einer »blutvollen Schönheit«. Thérèse empfindet »kleine Schauder« beim Betrachten seines Stiernackens. Er wird ein täglicher Gast. Laurent nutzt die erste Gelegenheit des Alleinseins mit Thérèse: »Der Akt war geräuschlos und brutal.« Schon bald sind die beiden einander verfallen, getrieben von hemmungsloser Gier. Aber es mangelt an Gelegenheiten. Und diese Lust will Ewigkeit. Es gibt nur eine Lösung: Camille muss weg. Thérèse stiftet Laurent zum Mord an. Laurent tötet Camille, ohne Skrupel und ohne Gewissensbisse. Es gelingt ihm, die Tat als Bootsunfall zu vertuschen. Jetzt heißt es nur noch, sich unverdächtig zu verhalten, eine bemessene Frist abzuwarten, dann stünde einer

Heirat der beiden und damit einem grenzenlosen Glück nichts mehr im Weg.

Aber mit der Heirat, zwei Jahre nach dem Mord, kommt das Unglück. Die Leidenschaft ist erloschen. Und sie werden Camilles Gespenst nicht los, das Bild der schrecklich aufgedunsenen Leiche, die Laurent in der Morgue gesehen hat. Halluzinationen und Alpträume treiben sie in den Wahnsinn, der mit einem Doppelselbstmord endet. Es war immer nur Sex, der die beiden zusammenschmiedete, niemals mehr. Die Unfähigkeit, dies zu erkennen, und nicht die Unmoral, der Ehebruch, ist die wahre Ursache der Katastrophe.

Die höchst komplizierte Mischung von seelischen und körperlichen Zuständen, die wir mit einem etwas unscharfen Begriff »Liebe« nennen, hat ihre pathologischen Seiten. Dessen sollten wir uns immer gewahr sein und unterscheiden lernen.

Zola, der in einem wissenschaftsgläubigen Zeitalter lebte, beschreibt sein Buch als Experiment: »… ich hatte nur einen Wunsch: bei einem gegebenen potenten Mann und einer unbefriedigten Frau in beiden … nichts als das Tier zu sehen, sie in ein gewalttätiges Drama zu verwickeln und peinlich genau die Empfindungen und Handlungen dieser Wesen aufzuzeichnen.« Und er fügt hinzu: »Die Seele fehlt dabei völlig.« Ein Glück, dass es ihm trotz dieser kalten Versuchsanordnung gelungen ist, einen packenden, lebensvollen Roman zu schreiben.

Sie haben Lust
auf sexuelle Abwechslung

Sie langweilen sich in Ihrer Ehe. Der Sex ist eintönig, nicht mehr als Routine und ein Akt ehelicher Pflichterfüllung. Sie glauben, in einer liberalen Gesellschaft müsse es möglich sein, geschlechtliche Beziehungen auch außerhalb ehelicher Paarbindung zu praktizieren, und versprechen sich davon eine Rückkehr zum Lustprinzip.

*L*esen Sie

Ehepaare von John Updike.

Dieser außerordentlich erfolgreiche Roman des vielfach preisgekrönten US-Amerikaners (nur der Literaturnobelpreis blieb ihm versagt) erschien 1968. Schauplatz ist das fiktive Städtchen Tarbox, am Atlantik gelegen, eine Autostunde von Boston entfernt. Der Roman spielt in der Kennedy-Zeit, überwiegend im Jahr 1963. Er ist angesiedelt im Mittelklasse-Milieu, die Akteure sind zumeist Akademiker: Zahnarzt, Biochemiker, Raumfahrttechniker, Börsenmakler, Bankprokurist, Pilot. Ihre Ehen sind schal geworden, sie fürchten sich vor gemeinsamen Abenden, »da Ehen sich zufalteten wie Blumen, von denen die Sonne sich abgewandt hat«. Also suchen sie Gesellschaft, geben wechselseitig Partys, auf denen viel getrunken und getanzt wird, hören Doris-Day-Songs, spielen Tennis, Golf oder Basketball – und betrügen, mal offen, mal heimlich, ihre Ehepartner. Sie tanzen einen promiskuitiven Reigen, üben sich in einem munteren Bäumchen-wechsle-dich-Spiel. Politisch neigen sie den Republikanern zu, gehen gelegentlich in die Kirche, haben gemäßigte Vorurteile gegen Schwule und Neger, eine gediegene Halbbildung und einen konventionellen Geschmack in Sachen Kunst. Mittelmaß eben. Libertins sind sie ausschließlich da, wo es um Sex geht. Das unterscheidet sie von der Generation ihrer Eltern, deren starre Konventionen sie verachten. Sie haben ihre Kinder halbwegs großgezogen und leben, dank des medizinisch-technischen Fortschritts, inzwischen im »Pillenparadies«.

Am tollsten treibt es Piet Hannema, ein mäßig erfolgreicher Bauunternehmer mit mächtig ausgeprägtem Sexualtrieb. Allerdings erweckt er den Eindruck, dass Sex ihm vor allem deshalb so wichtig ist, weil er damit seine Angst vor dem Tod kompensiert. Er ist die Hauptfigur in diesem munteren Spiel und ein talentierter Verführer. Seine attraktive, aber wenig willige Frau Angela treibt ihn (so betrachtet es zumindest Piet) zunächst in die Arme der Zahnarztgattin, dann in das Bett der frisch zugezogenen Foxy, der Frau eines Biochemikers. Piets Pech ist es, dass er sich wider Erwarten in diese Frau verliebt, dass eine Bindung entsteht, die sich von der Oberflächlichkeit seiner üblichen Affären unterscheidet. Sein Pech ist es weiterhin, dass Foxy zum unpassendsten Moment von ihm schwanger wird und eine vor ihrem Ehemann Ken verheimlichte Abtreibung vornimmt. Noch größeres Pech ist es, dass Ken durch den nie versiegenden Tratsch in diesem Kreis Kenntnis vom vollen Ausmaß dieser Affäre erhält. Der Biochemiker versteht in dieser Frage gar keinen Spaß und Piets Frau Angela auch nicht. Sie wirft Piet aus dem Haus.

Die Geschichte endet offen: Vielleicht finden Piet und Foxy nach ihren Scheidungen zusammen ein moderates, wohltemperiertes Glück in einer neuen Ehe. Die Vorzeichen sind widersprüchlich: Während eines apokalyptischen Unwetters schlägt der Blitz (der Zorn Gottes?) in die Kirche von Tarbox und legt sie in Schutt und Asche. Einzig der Wetterhahn (im Original: *cock* = Hahn, aber auch: Schwanz) auf der Spitze des Turms bleibt unversehrt. Das lässt hoffen.

»Jede Heirat ist eine Spekulation mit ungewissem Ausgang«, schreibt Updike. Schwer zu sagen, wann eine Hausse, wann ein Baisse eintritt und wann die große Depression.

Ehepaare ist kein Buch für prüde Leser. Updike (er verstarb 2009) verstand es virtuos, Sex-Szenen zu beschreiben, etwas, woran viele andere Literaten gescheitert sind. Er ist dabei immer direkt und im Wortsinn schamlos, aber niemals vulgär. Seine Sprache ist poetisch und voller Wortwitz. Mit einem schier unerschöpflichen Vorrat an Metaphern zaubert er Stimmungen, Landschaften im Wechsel der Jahreszeiten, Himmelsgebilde auf das Papier und besingt die Schönheit des weiblichen Körpers. Der Roman bietet darüber hinaus ein präzises Sittenbild einer amerikanischen Kleinstadt in den frühen sechziger Jahren. Er ist ein Meisterwerk der Mikroethnologie, und er untersucht den Tatbestand des Ehebruchs in allen Facetten, wobei er zu einer bedenkenswerten Einschätzung gelangt: »Die ersten Schritte beim Ehebruch sind die einzig freien; später entstehen eheähnliche Zwänge.« Dieser Einsicht in die Dialektik des Seitensprungs sollten Sie sich nicht verschließen.

Sie sind scharf
auf ein erotisches Abenteuer

Ihr Alltag ist streng organisiert und verläuft nach monotonem Muster. Aber seit einiger Zeit wächst in Ihnen die Lust, aus diesem Schema auszubrechen und Unerhörtes, vielleicht sogar Verruchtes zu erleben.

*L*esen Sie
Professor Unrat oder das Ende eines Tyrannen
von Heinrich Mann.

Im Jahr 1905 erschienen, wurde das Buch fünfundzwanzig Jahre später richtig berühmt durch die Verfilmung Josef von Sternbergs (unter dem Titel *Der Blaue Engel*) mit Marlene Dietrich und Emil Jannings in den Hauptrollen.

Der Blaue Engel, das ist eine Hafenkaschemme in der spitzgiebligen Stadt am Meer, in der sich unschwer Heinrich Manns Heimatstadt Lübeck erkennen lässt. Eine »Barfußtänzerin«, die »Künstlerin« Rosa Fröhlich, macht dort auf der Bühne Furore. Auch drei Sekundaner des Gymnasiums geraten in ihren Bann. Ihr Lehrer, der Professor Raat, kommt ihnen auf die Schliche. Er ist gegenüber seinen Schülern von äußerstem Vernichtungswillen beseelt – ein sadistischer Tyrann, der die ihm anvertrauten Zöglinge mit Vorliebe (und Heimtücke) immer wieder »hineinlegt«. Die Ursache für seinen Hass verrät Heinrich Mann gleich im ersten Satz: »Da er Raat hieß, nannte die ganze Schule ihn Unrat.« Die äußere Erscheinung des ältlichen, verwitweten Professors ist wenig anziehend: Das machen sein »schiefer Blick«, sein »hölzernes Kinn mit dem dünnen, graugelben Bärtchen«, seine »magern, eingeknickten Beine«. Raat, nennen wir ihn von nun an Unrat, begibt sich auf gewundenen Wegen in den Blauen Engel, vorgeblich um seine Schüler, vor allem den von ihm besonders inbrünstig gehassten Lohmann, zu überführen, zu »fassen«, wie er sagt, tatsächlich, weil ihn das »Milieu« magisch anzieht. Er sieht die Künstlerin Fröhlich – und ist, gekitzelt von ihrem Blick, ihr auch schon verfallen, will sie ganz für sich haben. Er sucht (und findet) den Weg in ihr Schlafzimmer. Sie lässt sich von ihm aushalten, und Unrat wird wegen unsittlichen Lebenswandels aus dem Schuldienst entlassen. Er beschließt, sie zu heiraten. Mit in die Ehe bringt sie ihr bislang verschwiegenes uneheliches Kind. Für die Künstlerin Fröhlich beginnt nun der gesellschaftliche Aufstieg, »von der Chanteuse des Blauen Engels zur Demi-Mondaine hohen Stils«. Für Unrat aber der unaufhaltsame Abstieg, reichen seine Einkünfte für diesen »hohen Stil« doch bei weitem nicht aus.

Einstweilen geht es munter zu in seinem Haus, der Villa Unrat vor dem Tor der Stadt, »wo hoch gespielt, teuer getrunken wurde, wo man mit Wesen zusammentraf, die nicht ganz Dirnen und auch keine Damen waren; wo die Hausfrau … prickelnd sang, unpassend tanzte und, wenn man es richtig anstellte, sogar für Dummheiten zu haben sein sollte«. Tatsächlich umschwirr'n sie die Männer wie Motten das Licht. Eine Attraktion für angesehene Bürger der Stadt, die in der Villa Unrat sowohl der »Langeweile ihrer Familienehrbarkeit« entkommen als auch der einzigen Alternative, dem »rohen und langweiligen Laster«. So vollzieht sich die »Entsittlichung einer Stadt … sie geschah durch Unrat und zu seinem Triumph«. Ein fragwürdiger Triumph, dem der »Untergang eines Tyrannen« – so der Untertitel des Romans – auf dem Fuße folgt, ausgelöst von seinem Schüler Lohmann.

Der Fall Unrats – es ist auch die Geschichte einer Selbstentwürdigung. Nicht eines Künstlers wie in Thomas Manns *Der Tod in Venedig,* sondern eines Professors, einer Stütze der wilhelminischen Gesellschaft. Wie Aschenbach sich Schminke auflegt, um dem angebeteten Tadzio zu gefallen, so schminkt sich auch Unrat der Künstlerin Fröhlich zuliebe. Ein paralleles Motiv in zwei Werken, die unterschiedlicher kaum sein könnten. Hier die tragisch gestimmte Novelle mit einem Künstler im Mittelpunkt, dort die satirische Abrechnung mit einem autoritären Charakter. Frank Wedekind, bei dessen Begräbnis Heinrich Mann die Totenrede hielt, reimte einst: »Greife wacker nach der Sünde / aus der Sünde wächst Genuss …« Warum nicht? Aber ein wenig raffinierter als der von seiner Altersgeilheit gebeutelte Unrat sollte man es schon anstellen.

Sie haben den falschen Partner geheiratet und geben ihm die Schuld an einem verpfuschten Leben

Warum Sie diesen Menschen einst geheiratet haben, ist Ihnen längst ein Rätsel. Er liebt Sie nicht, das ist Ihnen auf schmerzliche Weise klargeworden. Von Anfang an hat er Sie nur als ein Instrument betrachtet, mit dem er seinen gesellschaftlichen Status und einen entsprechenden Lebensstandard absichern wollte. Er hat Sie zu einem beruflichen Weg gezwungen, der Ihnen als vollkommen verfehlt erscheint. Ihr ganzes Sinnen und Trachten geht dahin, sich aus dieser misslichen Situation zu befreien.

*L*esen Sie

Das falsche Gewicht von Joseph Roth.

Dieser Roman des großen österreichischen Erzählers ist 1937 im Amsterdamer Querido Verlag erschienen, wo auch viele andere Exil-Autoren verlegt wurden. Roth emigrierte am 30. Januar 1933 nach Frankreich, dem Tag, als Hitler zum Reichskanzler ernannt wurde. Späte Fotos lassen ihn als alten Mann erscheinen, er war aber erst 44, als er 1939 in einem Pariser Armenspital starb – an den Folgen seiner Trunksucht und wohl auch an gebrochenem Herzen. Aus Galizien stammend, hatte er in Wien eine glänzende Karriere als Journalist bei einer Reihe renommierter Zeitungen begonnen. Er führte ein unstetes Leben, war häufiger Gast in Kaffeehäusern, ständig auf Reisen, mehr in Hotels zu Hause als an einem festen Wohnsitz.

Das falsche Gewicht erzählt vom Leben und Sterben des Eichmeisters Anselm Eibenschütz. Schon vom ersten Satz an steht man im Bann der Erzählkunst Joseph Roths. »Es war einmal im Bezirk Zlotograd ein Eichmeister, der hieß Anselm Eibenschütz.« Es ist dieser biblische, legendenhafte Tonfall, der dem Roman bis zum Schluss seine besondere Stimmung gibt. Zlotograd liegt in Galizien, damals noch zum k.u.k. Imperium gehörig, nahe der russischen Grenze. Unser Eichmeister hat zwölf Jahre als »längerdienender Unteroffizier« bei einem Artillerieregiment der kaiserlichen Armee verbracht. Er liebte das soldatische Dasein, und er hätte, wie Roth schreibt, »niemals das Militär verlassen, wenn ihn nicht seine Frau in ihrer strengen, ja unerbittlichen Weise dazu gezwungen hätte«. Bei der Armee hat er gehorchen gelernt, jetzt gehorcht er seiner Frau. Die meisten der längerdienenden Unteroffiziere hatten Frauen: »aus Irrtum, aus Einsamkeit, aus Liebe: was weiß man!« Jetzt lebt er an der Seite dieser gleichgültigen Frau, die sich einst in seine Uniform verliebte, ein ziviler Beamter mit der Aufgabe, die Maße und Gewichte der Kaufleute im ganzen Bezirk zu prüfen. Weil aber Eibenschütz »allzu redlich« ist, wird er in der Gesellschaft armer Händler, Betrüger, Schwindler, Deserteure und Falschspieler als Feind betrachtet. Sie sind nahezu alle bestechlich und von alters her gewohnt, mit falschen Gewichten zu messen.

Er ist unglücklich, unser Eichmeister, mit seinem Los, trauert seiner Militärzeit nach, und wenn er des Abends nach Hause kommt, sieht er sein Weib Strümpfe aus giftgrüner Wolle stricken. Plötzlich erkennt er, dass er sie nicht liebt. Um wenig später zu entdecken, dass sie ihn obendrein mit seinem Schreiber betrügt und dies nicht ohne Folgen geblieben ist: Sie ist schwanger. Er trifft seine Maßnahmen: Der

Schreiber wird versetzt, die Frau aus dem gemeinsamen Schlafzimmer in die Küche verbannt und fürderhin mit Schweigen bestraft. Mehr nicht: Eibenschütz wünscht im Städtchen kein Aufsehen zu erregen.

Gänzlich aus der Bahn geworfen wird er, als er in der Grenzschenke des Wirtes Leibusch Jadlowker, einem Schlupfloch zwielichtiger Existenzen, einer Frau begegnet. Nicht *einer* Frau. Sie heißt Euphemia, eine Zigeunerin und Freundin Jadlowkers. Sie ist schön und verlockend wie die Sünde. Da bleibt dem Eichmeister gewissermaßen die Spucke weg, vom ersten Augenblick an ist er ihr verfallen. Das Knistern ihres gefältelten Rockes und das sanfte Klingeln der Goldmünzen an ihren Ohrringen werden ihm nie mehr aus dem Sinn gehen. Um in ihr Bett zu gelangen, bringt er Jadlowker ins Gefängnis. Der Eichmeister zieht in die Schenke und erlebt »die erste Leidenschaft seines Lebens, gründlich, ehrlich, mit allen Schauern, Schaudern, Seligkeiten«. Aber das Glück währt nur einen Sommer. Im Herbst kommt Sameschkin, der Maronibrater, mit seinen dunklen Augen; er ist der Geliebte Euphemias, und so erhält Eibenschütz den Laufpass. Er ertränkt seinen Kummer in Alkohol, spricht dem Neunziggrädigen kräftig zu. Er verkommt. Am Ende wird er von dem aus dem Gefängnis freigekommenen Jadlowker erschlagen.

Als Mahnung an seine Leser lässt sich ein Satz Joseph Roths zu Beginn des zwölften Kapitels verstehen: »Die meisten sterben dahin, ohne von sich auch nur ein Körnchen Wahrheit erfahren zu haben.« Der Mangel an Selbsterkenntnis lässt uns in schlechten Gewohnheiten verharren; es fehlt die Kraft, unerträglich gewordene Verhältnisse zu verändern. So weit sollten Sie es nicht kommen lassen.

Es gibt eine sehr schöne, stimmungsvolle Verfilmung des Romans von Bernhard Wicki – allein die Lektüre des Buches kann er nicht ersetzen.

FAMILIE UND FREUNDE

Sie haben das beunruhigende Gefühl, in Ihrer Familie gebe es ein dunkles Geheimnis

Schon als Kind ist Ihnen aufgefallen, dass rasch das Thema gewechselt wurde, wenn Außenstehende in Ihrer Anwesenheit die Rede auf bestimmte Personen gebracht haben. Auf Leute, die Sie nie kennengelernt haben, deren Namen den erwachsenen Familienangehörigen aber offenbar vertraut waren. »Das taugt nicht für Kinderohren!«, wurde Ihnen auf Nachfragen beschieden. Auch das unvermeidbare, nachbohrende Kinder-»Warum?« prallte immer nur auf Schweigen. Und irgendwann hatten Sie den Eindruck, dass Ihre Fragen unangebracht seien, dass sie sich nicht »gehörten« – Sie unterließen das Nachforschen und übten sich in Gedankenzensur. Hatten aber immer das bange und ungute Gefühl, dass irgendetwas in der Vergangenheit Ihrer Familie nicht stimmte. Das ist bis heute so geblieben. Schnelle Blickwechsel der Älteren und knappe, unbefriedigende Andeutungen über »zu früh verstorbene« oder »verschollene«, ganz entfernte Verwandte, die man eigentlich gar nicht richtig gekannt hatte, verursachen Ihnen nach wie vor ein merkwürdiges Gefühl.

Henning Mankells Roman *Der Chinese*.

Es muss nicht immer Kommissar Wallander sein. Der ist uns zwar ans Herz gewachsen, mit all seiner wortkargen Verschrobenheit. Aber diese schwedisch-chinesische Angelegenheit hätte ihn trotz seiner Schlauheit und nimmermüden Verbissenheit vermutlich doch überfordert. Für die Aufklärung dieses Massenmordes, der fast alle Bewohner eines kleinen nordschwedischen Dorfes auf grausame und rätselhafte Weise vom Leben zum Tode beförderte, brauchte es den scharfen Verstand der Richterin Brigitta Roslin. Und deren persönliche Betroffenheit, denn die Toten entstammten der Adoptivfamilie ihrer längst verstorbenen Mutter. Menschen, die Brigitta gar nicht kannte. Einer ihrer Vorfahren hatte sein Glück offenbar in Amerika gesucht. Aber wer käme schon auf die Idee, dass sich der reiche Nachfahre von grausam geschundenen Chinesen bei der Familie des Peinigers mittels Ausrottung rächen würde? Und wer denkt heute noch daran, dass es entführte und versklavte Chinesen waren, die unter der unmenschlichen Knute von europäischen Auswanderern die amerikanischen Eisenbahnstrecken gebaut haben? Nur einer der Familie Wang überlebte, kehrte nach China zurück und vertraute alles einem Tagebuch an.

Brigitta Roslin gerät, ohne es zu wollen, in diese 140 Jahre alte Schreckensgeschichte, die zu ihrem persönlichen Alptraum wird. Der Leser erfährt mit ihr, dass es die Grausamkeiten der Globalisierung schon in zurückliegenden Jahrhunderten gab, und zwar in Dimensionen, die wir – Bewohner reicher Industrienationen – uns heute gar nicht mehr vorstellen können. Ganz nebenbei und auf unangestrengte Weise vermittelt Mankell erstaunliche Einblicke in die Visionen der chinesischen Staatslenker von heute. Und in Szenen einer modernen, in die Jahre gekommenen schwedischen Ehe. Wer Verwandte in Übersee hat oder solche, die irgendwann zurückgekehrt sind, der wird arg ins Grübeln kommen. Denn keiner von uns kann mit Sicherheit wissen, ob alle seine Vorfahren »anständige Leute« waren. Die Vergangenheit ist lang, und sie liegt im Dunkeln. Nach der Lektüre weiß man: Es gibt nur zwei Möglichkeiten, mit eigenen Familiengeheimnissen fertig zu werden. Entweder zu recherchieren, unangenehme Fragen zu stellen und die möglicherweise schockierenden Antworten zu akzeptieren. Oder erkennen zu müssen, was das Wort »Erbsünde«, von der Christen wissen, dass wir mit ihr geboren wurden, auch bedeuten könnte.

PS: »Es gibt Untaten, über die kein Gras wächst.« (Johann Peter Hebel)

Es gelingt Ihnen nicht, sich von Ihrer Familie zu lösen – sie ist ein eingeschworener Clan, der Ihnen die Luft zum Atmen nimmt

Das gemeinsame Mittagessen Sonntag für Sonntag ist ein ehernes Gesetz: Großeltern, Eltern, Geschwister und Enkelkinder haben sich einzufinden. Für weit entfernt lebende Familienmitglieder ist der tägliche Anruf Pflicht – zu Feiertagen und Geburtstagen müssen jedoch auch sie anreisen. Lebenspartner werden nur akzeptiert, wenn sie von allen »abgenickt« wurden. Urlaube werden prinzipiell gemeinsam verbracht. Entscheidungen, die über den Kauf einer Waschmaschine hinausgehen, werden im Familienrat diskutiert und verabschiedet. Dieses erzwungene, übertriebene Clan-Verhalten geht Ihnen, Ihrem Partner und Ihren Kindern auf die Nerven, Sie haben aber bisher noch nicht gewagt, dagegen aufzubegehren. Finden aber, dass es an der Zeit dafür ist (wenn Sie eine Scheidung vermeiden wollen).

*L*esen Sie

Der Pate von Mario Puzo.

Bei dieser Lektüre wird wieder einmal der Vorzug des Buches gegenüber einem Film deutlich. So großartig Francis Ford Coppolas Verfilmung auch ohne Zweifel ist – nur das Buch gibt Gelegenheit, innezuhalten und über einzelne psychologische Schlüsselszenen nachzudenken. Die Geschichte birgt viele eindrückliche Stellen, die eine solche Leseweise lohnen. Allein der legendär gewordene Satz »Machen wir ihm ein Angebot, das er nicht ablehnen kann!« ist ein gutes Beispiel dafür. Kommt er Ihnen bekannt vor, zumindest sinngemäß?

Puzo erzählt die Geschichte des Sizilianers Vito Andolini, dessen Vater in der alten Heimat von der Mafia ermordet wurde. Der noch minderjährige Vito wird von Verwandten nach Amerika in Sicherheit gebracht. Dort nimmt er den Namen seines sizilianischen Geburtsortes an, gründet eine Familie und bringt es als Vito Corleone zum »Don«, dem Clan-Führer einer mächtigen Mafia-Familie. Unendlich wohlhabend, angesehen, verehrt und einflussreich – selbst in politische Kreise hinein –, lehnt er es jedoch ab, in Rauschgiftgeschäfte einzusteigen. Damit löst er einen Bandenkrieg mit unzähligen Toten aus, der auch seinen Ältesten, Sonny, das Leben kostet. Und seinen Lieblingssohn, Michael, für zwei Jahre in die sizilianische Verbannung zwingt. Er wird es sein, der die Familienehre rettet und parallel versucht, die Unternehmungen der »Familie Corleone« in die Legalität zu überführen, um ein richtiger Amerikaner zu werden. (Falls der Leser bereit ist, das Glücksspiel in Las Vegas als legales Geschäft zu akzeptieren. Aber Sie werden dazu bereit sein, denn die große Kunst des Mario Puzo ist es, beim Leser trotz ihrer Verbrechen eine tiefe Zuneigung, zumindest aber Bewunderung für die Corleones zu wecken. Was fatalerweise jahrzehntelang bei Normalbürgern zur Unterschätzung der Mafia führte.)

Der 1969 erschienene *Pate*, der die US-Mafia-Szene Ende der vierziger Jahre beschreibt, wurde fälschlicherweise immer lediglich als Mafia-Roman betrachtet, er ist aber vielmehr ein Roman über das (archaisch verstandene) Wesen der Familie: also Familie als Überlebensstrategie der Gemeinschaft. Die Atmosphäre von »Little Italy«, die Sehnsucht der

Emigranten nach der alten Heimat, aber auch die, sich in der neuen Heimat zu integrieren, ohne seine Wurzeln zu verlieren, all diese hinter Härte versteckten Emotionen wehen dem Leser aus jeder Zeile entgegen. Und das nicht nur wegen der klangvollen italienischen Namen der Protagonisten, der katholischen Ehefrauen, die für ihre Männer in der Kirche beten, damit sie nach ihrem Tod »nicht da unten hin, sondern da oben hin« kommen, sondern auch wegen der wunderbaren italienischen Gerichte und Mahlzeiten – egal, ob Chefberater des Don, Leibwächter oder Auftragskiller: jeder von Ihnen versteht es, ordentliche Tomatensaucen zu kochen. Ohne Olivenöl (das den Reichtum der Corleones ursprünglich begründete und dann zur Tarnung von verbotenen Wetten und Glücksspiel diente), Salami, Käse und kräftigen Rotwein wird in diesem Buch selten eine Beratung abgehalten.

Dieser großartige Roman ist nicht nur unglaublich spannend, sondern auch eine Anleitung für richtiges Strategie-Verhalten und beweist die lohnende Macht von Geduld. (Denn merke: Rache ist eine Speise, die kalt genossen am besten schmeckt!)

Don Corleone hält vor seinem Tod eine wichtige Lektion für seinen Sohn und Nachfolger Michael bereit, der ihn danach fragt, wie man Härte zeigen und dennoch geliebt werden kann: »Zu Menschen, die man liebt, darf man nicht zu oft ›nein‹ sagen. Und wenn doch, muss es klingen wie ein ›ja‹.« Da ist er, der Rat für Menschen, die an zu viel Familie leiden. Es geht darum, das »Nein« richtig zu verpacken. Aber manchmal muss es eben doch deutlich ausgesprochen werden.

Sie haben die Erinnerung an eine schwierige Kindheit zu bewältigen

Sie sind in einer Rumpffamilie aufgewachsen und fühlten sich ungeliebt. Stets litten Sie unter dem Verdacht, dass der verbliebene Elternteil sich an Ihnen für das Verschwinden des anderen Elternteils rächt. Derart verletzt, misslang Ihnen die Anpassung an familiäre und schulische Erfordernisse. So entwickelten Sie sich zu einem extremen Außenseiter. Häufig schwankten (und schwanken) Sie zwischen Selbstüberschätzung und Minderwertigkeitsgefühlen.

*L*esen Sie

Ein Kind von Thomas Bernhard.

Nach den vorausgegangenen autobiographischen Büchern *(Die Ursache, Der Keller, Der Atem, Die Kälte)* ist *Ein Kind* im Jahr 1982 erschienen. In diesen fünf Bänden erzählt Bernhard sein Leben von seiner Geburt in Holland (1931) bis Anfang der fünfziger Jahre, als zuerst sein geliebter Großvater, dann Bernhards Mutter starb. Im Fall von *Ein Kind* sind es die ersten dreizehn Lebensjahre, die beschrieben werden. »Beschrieben« ist ein schwaches Wort angesichts des Furors, der diesen Autor antreibt und mit dem er – noch aus großer zeitlicher Distanz – auf die erlittenen Kränkungen, Demütigungen, Missgeschicke und Verletzungen reagiert. Unehelich geboren, in Holland zur Welt gekommen, dann mit der Mutter nach Wien, später nach Seekirchen im Salzburgischen und dann ins bayerische Traunstein: das sind Thomas Bernhards erste Lebensstationen.

Als er fünf ist, heiratet die Mutter, und Bernhard hat fortan einen Stiefvater, den er Vormund nennt. Die Familie lebt in ärmlichen Verhältnissen. Das Kind hat das Gefühl, dass die Mutter ihre Wut über seinen leiblichen Vater, der sich aus dem Staub gemacht hat, an ihm auslässt. Beim geringsten Anlass greift sie zum Ochsenziemer. Schlimmer noch sind die Sätze, die sie immer wieder sagt: »Du hat mir noch gefehlt!«, oder: »Du hast mein Leben zerstört!« Das schneidet tief in die kindliche Seele. »Das Wort war hundertmal mächtiger«, schreibt Bernhard, »als der Stock.« Mit der Folge, dass das Kind immer verstockter und widerborstiger wird. Es hat eine tief eingewurzelte Sehnsucht nach Freiheit und Abenteuer. Mit acht Jahren greift er sich das Steyr-Waffenrad seines Vormunds, um zur Tante Fanny nach Salzburg zu radeln. Aber ach!, als er voller Hochgefühl schon eine gehörige Strecke zurückgelegt hat, reißt die Kette, und er stürzt. Da fällt ihm ein, dass er die Adresse der Tante in Salzburg ja gar nicht weiß. Das Rad ist demoliert, ihm bleibt nur der schmähliche Rückzug. Im Morgengrauen kommt er zurück, aber er meidet aus Furcht vor neuerlichen Prügeln das Elternhaus und sucht Zuflucht bei den Großeltern, die ganz in der Nähe auf dem Land leben.

Der Großvater ist die Lichtgestalt in dieser düsteren Kindheit, ihn verehrt und liebt Bernhard über alle Maßen. Was immer der kleine Thomas anstellt, der Großvater interpretiert seine Missetaten als verheißungsvolle Zeichen eines künftigen Genies. Der Großvater ist ein erfolgloser Schriftsteller, ein Geistesmensch, dazu Anarchist, ein geschworener Feind von Kirche und Obrigkeit. Die Schule hält er für eine Verdummungsanstalt, für das »normale Leben« hat er nichts als »tiefste Verachtung« übrig. Was wäre wohl aus Bernhard geworden, wenn es diesen Großvater nicht gegeben hätte? Vielleicht ein Maurerpolier, wie es ihm die Mutter prophezeit. »Das Wort *Maurerpolier* war eine ihrer geschliffensten Waffen«, erinnert sich Bernhard. Aber je mehr die Mutter sich müht, ihn in die Normalität hineinzuzwingen, desto renitenter wird das Kind. Es will »in die entgegengesetzte Richtung« (wie es mantrahaft in *Der Keller* heißt), ohne noch zu wissen, wo sie hinführen könnte.

Von seinen Traunsteiner Schulkameraden als *Esterreicher* gehänselt und mit Gehässigkeiten bedacht, treibt das Kind in die Isolation. Es schwänzt die Schule, wird zum Bettnässer.

Die tiefste Verfinsterung dieser Kindheit ereignet sich, als das Kind auf Erholung geschickt wird. Nach Saalfelden im Salzburgischen Hochgebirge, wie ihm gesagt wird, tatsächlich nach Saalfeld in Thüringen in ein Heim für schwer erziehbare Kinder. Es ist das Trauma des jungen Thomas Bernhard, sich von den Seinigen im Stich gelassen zu sehen, von ihnen betrogen worden zu sein.

»Früh krümmt sich, was ein Häkchen werden will«, sagt der Volksmund. Thomas Bernhard hat die entgegengesetzte Richtung eingeschlagen. Trotz des Drucks der Verhältnisse hat er sich nicht verbiegen lassen und ist auf diesem Weg ein großer Schriftsteller geworden. Sein Beispiel sollte uns zu denken geben und zum Widerstand ermutigen. Bevor Sie sich aber an die Lektüre von Thomas Bernhards Romanwerk machen, sollten Sie *Ein Kind* lesen. Es ist der beste Einstieg in die zerklüftete Welt des Thomas Bernhard.

Sie sind in einer Patchworkfamilie aufgewachsen und noch heute voller Eifersucht auf Ihre Stiefgeschwister

Sie haben längst eine eigene Familie – trotzdem können Sie die Eifersucht Ihrer Kindheit nicht abstreifen. Sie haben nach wie vor das Gefühl, dass Ihnen Ihre Halbgeschwister vorgezogen wurden, dass sie mehr Liebe erfahren haben, als Sie bekamen. Und dass das bis heute so geblieben ist. Sie verdächtigen jeden, sich ständig »lieb Kind« zu machen und in Konkurrenz zu Ihnen zu stehen. Sie leiden unter diesem Eifersuchtsdruck und haben Sorge, auch Ihre Liebe vielleicht nicht gerecht unter Ihren Kindern zu verteilen.

*L*esen Sie

Die Aprilhexe von Majgull Axelsson.

Damit haben Sie die Chance, ein unvergessliches Buch zu entdecken – eines, das Ihre Einstellung zu vielen Dingen des Lebens nachhaltig verändern wird. Die schwedische Autorin, gleichzeitig eine der bekanntesten Journalistinnen ihres Landes, hat einen scharfen, von manchem Leser vielleicht sogar als gnadenlos empfundenen Blick auf die Gesellschaft. Die ja aus uns allen besteht und die auf der Basis der Konventionen agiert, auf die wir uns geeinigt haben. Da passt jedoch vieles nicht ins Raster. Die Folgen nennen wir dann Schicksal (mit dem wir – uns mit denen vergleichend, die es scheinbar besser getroffen haben – hadern).

Die faszinierende Protagonistin des Buches ist die spastisch gelähmte, von epileptischen Schüben heimgesuchte Desirée, die nicht glauben kann, wie man jemanden wie ihr diesen Namen – die Ersehnte – geben konnte. In ihrem absolut funktionsuntüchtigen Körper wohnt jedoch ein überdurchschnittlicher Verstand. Den ihr Arzt – einer von der Sorte, wie man ihn sich nur wünschen kann, und dennoch alles andere als ein Tugendbold – mit viel Engagement und Mühe entdeckt, weil er nicht einfach nur ihren zerstörten Körper sieht. So wie der Rest des Personals im Pflegeheim, das nach Desirées Meinung »bereit ist, in ihrem Kampf um das Gute über Leichen zu gehen«. Mit Hilfe von Dr. Hubertsson lernt Desirée, sich über den Bildschirm eines Behindertencomputers verständlich zu machen. Der Arzt ist es auch, von dem sie erfährt, dass sie drei Schwestern hat. Pflegekinder, die ihre Mutter Ellen annahm, nachdem sie ihr behindertes Kind den medizinischen Einrichtungen übergeben hat.

Und noch etwas erfasst Desirée mit ihrem scharfen Verstand: Sie ist eine sogenannte Aprilhexe und kann die Körper von Tieren benutzen, um ihren eigenen zu verlassen. Mit Hilfe von Vögeln heftet sie sich an die Fersen ihrer Ziehschwestern, von denen sie annimmt, dass sie ihr die Liebe ihrer Mutter gestohlen haben und damit – im Gegensatz zu ihr – zu Lebensglück gekommen sind. Doch nichts ist so, wie es der wütenden und eifersüchtigen Desirée auf den ersten Blick erscheint: Christina ist zwar Ärztin geworden, ist aber gefühlsarm und nicht in der Lage, Glück zu empfinden. Die Physikerin Margareta benutzt und manipuliert die Menschen ihrer Umgebung und ist bereit, alles dem äußeren Schein zu opfern. Und Birgitta, die einmal so schön war wie Marilyn Monroe, sich in jungen Jahren jedoch in den falschen Mann verliebte und in den Sog von Drogen und Alkohol geriet. Als Desirée ihr »begegnet«, ist sie eine Obdachlose. Desirée findet mit der Gabe, ihren Körper verlassen zu können (ein Kunstgriff der Autorin, der niemals auch nur annähernd esoterisch, sondern eher wie phantastischer Realismus daherkommt), einen Weg, die Schwestern wieder zusammenzubringen. Und sie weiß am Schluss des Buches, dass all ihre Wut und ihr Hass unberechtigt waren, da keine der Frauen ihr Liebe oder gar das für sie bestimmte Leben gestohlen hat. Liebe und Güte sind vielleicht die einzigen »Güter« des Lebens, die sich nicht stehlen lassen. Und sie weiß, dass Liebe (in ihrem Fall die unerfüllbare zu Dr. Hubertsson) zwar Gutes schaffen, aber Negatives nicht verhindern kann.

Majgull Axelsson erzählt diese Lebensgeschichten auf so eindrückliche Weise, dass man die Figuren des Buches als real empfindet und in sein Leserherz schließt – egal, was sie tun oder getan haben. Die Lektüre vermittelt zudem eine völlig neue Einstellung zu jeglicher Art von Behinderung. Sie baut Vorurteile ab, macht die Seele weit und wandelt die Überheblichkeit von Mitleid in die wohltuende Kraft von Güte. Und entlarvt die unsinnige, zerstörerische Kraft von Eifersucht. Welch eine Leistung für ein Buch!

Sie leiden darunter, Ihre leiblichen Eltern und Verwandten nicht zu kennen

Sie lieben Ihre Adoptiv- oder Pflegeeltern, die Ihnen eine behütete Kindheit bereitet und Sie wie ein eigenes Kind aufgezogen haben. Doch seit Sie erfahren haben, dass sie nicht Ihre leiblichen Eltern sind, machen Sie sich Gedanken, wer Sie eigentlich sind, welche Eigenschaften (gute und/oder schlechte) und Gene Ihre wirklichen Eltern Ihnen vererbt haben. Ob und wo sie leben und ob es zumindest Ihrer Mutter schwergefallen ist, Sie zu fremden Leuten zu geben. Sie sind auch heute – als erwachsener Mensch – noch immer traurig, dass das Schicksal Ihrer leiblichen Eltern im Dunkeln liegt und Sie dadurch nichts über Ihre Wurzeln und Herkunft erfahren konnten. Sie fühlen sich oft ungeliebt.

*L*esen Sie

Kalla vom Löwenclan von Laura Feuerland.

Schon die Widmung des Buches ist ungewöhnlich und macht neugierig auf die Lektüre: »Für unsere Mütter und unsere Väter. Und zur Erinnerung an alle Mütter und Väter, die tausend Generationen hindurch vor uns gelebt haben.« Dass wir alle unzählige Vorfahren haben, ist ein schöner Gedanke. Denn über unsere Urgroßeltern-Generation gehen die Überlieferungen in normalen (nichtadeligen) Familien selten hinaus. Mit jedem Tod eines alt gewordenen Familienmitglieds geht wieder ein Stück individuelle Erinnerung an »viel früher« verloren. Selten denkt jemand von uns heute daran, dass wir Nachfahren von Überlebenden sind. Von starken, widerstandsfähigen Menschen, die den Naturgewalten und dem Hunger erfolgreich getrotzt haben.

In *Kalla vom Löwenclan* erzählt Laura Feuerland vom Leben unserer Vorfahren vor 30 000 Jahren. Im Mittelpunkt des Geschehens stehen das halbwüchsige, intelligente Mädchen Kalla und Mauk, der Anführer der letzten Überlebenden des Clans der Feuerpferde. Seit die roten Pferde verschwunden sind, liegen Unglück und Tod über seinem Clan, und er hat sich aufgemacht, die Feuerpferde zu suchen. Der Löwenclan weiß noch nicht, dass Fremde in ihr Ottertal eingedrungen sind. Kalla lauscht wie alle Clan-Mitglieder den Erzählungen und Geschichten des »Sängers«, der vom Leben jenseits des Clans und von der Entstehung der Welt berichtet, von großen Taten und Jagden, aber auch von den Naturgeistern und deren allumfassender Macht (denn sie bestimmen über Glück und Unglück eines Clans). Kalla sammelt bei ihren Streifzügen in ihrem Findesack aus Wieselfell alles, was schön ist: bunte Federn, schimmernde Steine und Schneckenhäuser. Knochenfunde oder besonderes Holz bringt sie dem geschickten Werkzeugmacher des Clans mit. Inzwischen beobachtet Mauk zusammen mit seinen Gefährten das Leben im Ottertal und überlegt, wann der günstigste Zeitpunkt zur Kontaktaufnahme sei. Er hat friedliche Absichten, ist aber auf der Suche nach einer Frau, um das Überleben des Clans der Feuerpferde zu sichern.

Laura Feuerland hat ihren Roman nicht willkürlich in die Zeit des Anfangs unserer Kultur gesetzt – sie hat unzählige Höhlen nicht nur im Süden Europas besucht, sondern sich auch intensiv mit den wissenschaftlichen Erkenntnissen aller damit zusammenhängenden Fachgebiete beschäftigt. Ihre Geschichte ist spürbar auf so sicherem Wissensgrund basierend erzählt, dass der Leser glaubt, seinen eigenen Vorfahren über die Schulter schauen zu können: So wie man es lesend mit erhöhtem Puls erlebt, so kann es wirklich gewesen sein. Dass Kalla sich – auf der Suche nach ihrem Freund Tomo – in unterirdischen Höhlen verirrt, die von Frauen nicht betreten werden dürfen, beschert auch ihr den ersten, überwältigenden Anblick der dort befindlichen Malereien. Ein Erlebnis, das Kalla mit uns Heutigen teilt, die diese frühe, prachtvolle Kunst zum ersten Mal sehen. Ab diesem Höhlenabenteuer (bei dem Tomo in die Welt der erwachsenen und jagenden Männer aufgenommen wird) überschlagen sich die Ereignisse. Die Fremden aus dem Norden, die auf der Suche nach den Schutzgeistern der roten Pferde sind, geraten in der Jagdsaison zwischen den Löwen- und den Hirschclan.

Laura Feuerland hat ihrer Geschichte einen positiven Ausgang gegeben – schließlich sind wir, die Leser, Nachfahren von Überlebenden. Unsere Steinzeitahnen waren keine Wilden: Sie hatten Emotionen wie wir, konnten Gut und Böse unterscheiden, machten Musik und hatten Sinn für Schönheit. Es gab große Talente und künstlerisch Begabte unter ihnen, und sie hatten Achtung für die Natur, die sie beschützte und am Leben ließ. Ihre Gene sind in einer endlos langen Kette an uns weitergegeben worden. Wir sind nicht allein. Jeder von uns trägt das Leben sehr vieler in sich.

SIE HABEN PROBLEME
MIT IHRER MUTTER

Alle sagen, dass sie es nur gut mit Ihnen meint. (Weil alle Mütter es gut mit ihren Kindern meinen?) Sie möchten das gerne glauben – tun es in friedlichen Momenten sogar manchmal –, können aber nicht verstehen, dass sie so gut wie nie Ihrer Meinung ist. Schon in Ihrer Kindheit hat sie Ihnen alles verboten, was Ihnen Freude gemacht hat. Dabei war sie oft inkonsequent – Sie konnten nicht erkennen, welchem Muster ihre Erziehungsmethoden folgten. Sie kennen die Gründe für die Distanz zwischen Ihnen nicht. Ihre Mutter spricht nicht über ihre eigene Jugend und wie ihr Leben war, bevor Sie (und Ihre Geschwister) geboren wurden. Sie sind sich fremd. So fremd, als seien Sie nicht miteinander verwandt.

*L*esen Sie

Der Liebhaber von Marguerite Duras.

Dieser Roman ist ein Paradebeispiel dafür, wie vielschichtig gute Bücher sind und wie verschieden man sie lesen kann. Mit dem »Liebhaber« ist ein junger Chinese gemeint, der in Französisch-Indochina (heute Vietnam) ein Verhältnis mit einer noch nicht sechzehnjährigen Französin beginnt (das vom Mädchen ausgeht). Ein Skandal, nicht nur wegen der Minderjährigkeit der kleinen Geliebten, sondern wegen des »Rassenproblems«. Eine weiße Französin und ein Chinese –, und sei er noch so reich –, das ging im Saigon der vierziger Jahre auf keinen Fall. Es geschah trotzdem. Geduldet – teilweise sogar forciert – von der verwitweten Mutter, die sich aufgrund der Charakterlosigkeit des ältesten Sohnes in argen finanziellen Nöten befand. Und das Geld aus der »Prostitution« nahm, um die Spielschulden des über alles geliebten und immer bevorzugten Erstgeborenen zu bezahlen. Den Spender dabei tief verachtend und ihm keine Demütigung ersparend. Das ist der Kern der Geschichte, so wie er von fast allen Profi-Kritikern herausgearbeitet und hochgelobt wurde.

Hinter und neben dieser Geschichte einer »Amour fou« steckt jedoch noch eine ganz andere, viel anrührendere und dramatischere – die einer schmerzhaften Beziehung des Nichtverstehens zwischen Mutter und Tochter, die die Halbwüchsige schwer belastet: »Ich wurde verrückt bei vollem Verstand.« Die Geschichte einer Familie (hinter vorgehaltener Hand »das Gaunerpack« genannt), deren Los von der Brutalität des älteren Bruders bestimmt war, dem »Schrankdurchwühler« und Traktierer seiner Geschwister; von seiner Haltlosigkeit, während die Mutter mit liebesgetrübtem Blick darüber hinwegsah. Und die Kinder in Abständen immer wieder fotografieren ließ, um die Bilder zu betrachten. »Wir schauten uns gegenseitig nie an, aber unsere Fotos.«

Der Liebhaber ist der Roman einer schwierigen Mädchen-Kindheit auf der Schwelle des Erwachsenwerdens, einer Kindheit, der die guten Vorbilder fehlten. Diese Lücke füllt die verbotene Liebe.

Die Autorin, selbst in Indochina geboren, wurde für diesen Roman mit dem höchsten Literaturpreis Frankreichs, dem »Prix Goncourt«, ausgezeichnet, *Der Liebhaber* wurde in über vierzig Sprachen übersetzt und auf hohem Niveau verfilmt. Die Sprache dieses Buches ist von einer anspruchsvollen Schlichtheit und der gewissen philosophisch-nachdenklichen Raffinesse, die so vielen französischen Autoren eigen ist. Der Leser wird nie überfordert, aber gezwungen, das Geschehen Leseschritt für Leseschritt selbst zu einem ganzen Bild zusammenzusetzen. Das ist bei aller Melancholie des Erzählten ein großes Vergnügen und erweckt an manchen Stellen den Eindruck, der Lesende sei zugleich der Schreibende. Schreiben ist es auch, was die kleine Chinesen-Geliebte aus dem Buch später unbedingt tun will. »Aber erst, wenn du das Mathematikabitur gemacht hast!«, sagt die Mutter.

Die Lektüre dieses Romans wird eine schwierige Mutterbeziehung nicht in Luft auflösen, aber sie weckt höchstwahrscheinlich Verständnis und Mitgefühl für die Person, die Sie geboren hat. Verständnis dafür, dass sie auch einmal ein anderes Leben hatte, andere Pläne und andere Ziele. Und vielleicht nur nicht die richtigen Schlüsse aus einem Leben vor dem Hintergrund verlorener Träume gezogen hat. Es mag schon helfen aufzupassen, dass Ihnen nicht ähnliche Irrtümer unterlaufen.

Sie leiden unter einem übermächtigen Vater

Er kann alles, Sie können nichts. Ihre Existenz verkümmert in seinem Schatten. Der Vater ist das Maß aller Dinge, die letzte Instanz. Seiner prallen Lebenstüchtigkeit stehen Ihre eigene Schwäche, Ihr stetes Misslingen gegenüber. Sie schwanken zwischen Auflehnung und Unterwerfung. Ihr Unglück ist, dass Sie sich für keines von beidem entscheiden können und ein mittlerer Weg Ihnen versperrt erscheint. Ihnen ist der Glaube abhandengekommen, einen Platz aus eigenem Recht auf der Welt finden zu können.

*L*esen Sie

Brief an den Vater von Franz Kafka.

Dieser 1919 geschriebene Brief ist Kafkas Vater nie zugestellt worden. Max Brod, der Nachlassverwalter, hat diesen Text deshalb nicht Kafkas Korrespondenz zugeordnet, sondern seinem literarischen Werk. Er stellt, nach Brods Worten, Kafkas »umfassendsten Versuch einer Selbstbiographie« dar.

Kafkas Vater Hermann war kein Feingeist, er war aber auch, nach allem, was wir wissen, kein bösartiger Gewaltmensch. (»Es ist auch wahr, dass Du mich kaum einmal wirklich geschlagen hast«, schreibt Kafka im *Brief*).

In ärmlichen Verhältnissen geboren, hatte der Vater es mit Tatkraft und zäher Beharrlichkeit zu einer bürgerlichen Existenz gebracht. Er unterhielt in Prag ein florierendes Geschäft. Verständlich, dass er sich seinen einzigen Sohn als Nachfolger wünschte. Franz Kafka aber fühlte sich von der

Geschäftswelt abgestoßen, im Schreiben erblickte er die einzige Möglichkeit einer sinnerfüllten Existenz. Sein Vater wiederum betrachtete die Schriftstellerei als nutzlose Tätigkeit, mittels derer der Sohn sich den Anforderungen des bürgerlichen Lebens entziehen wollte.

Allein die Physis von Vater und Sohn hätte unterschiedlicher kaum sein können. Franz Kafka, so heißt es im *Brief,* fühlte sich »schon niedergedrückt durch Deine bloße Körperlichkeit«. Der gemeinsame Besuch des Schwimmbads ist ihm eine einzige Pein. »Ich mager, schwach, schmal, Du stark, groß, breit.« An der Hand des massigen Vaters sieht er sich als »kleines Gerippe, unsicher, bloßfüßig auf den Planken, in Angst vor dem Wasser«.

Ausführlich schildert Kafka die Leiden, die ihm durch den Vater zugefügt worden sind. Zugleich betont er immer wieder dessen Schuldlosigkeit. Das einzige Ziel des Briefes ist es offenbar, seine eigene Schuldlosigkeit zu beweisen, sich vor dem Vater zu rehabilitieren. In einer Schlüsselszene wird erzählt, wie er seinen Eltern einmal den Vorwurf machte, ihn nicht aufgeklärt und vor Gefahren gewarnt zu haben. Dass er »unbelehrt gelassen« worden sei und sich die Mitschüler seiner hätten »annehmen müssen«. Der Vater gab ihm den damals üblichen Rat, ins Bordell zu gehen, wo er ohne Gefahr »diese Dinge werde betreiben können«. Der Sohn fühlt sich vom Vater in den Schmutz gestoßen, erhebt aber keinen Vorwurf. Die Tragik ihres wechselseitigen Nichtverstehens liege in ihrer Wesensverschiedenheit: Keiner von ihnen trägt Schuld, »weil A Du bist und B ich bin«.

Kafkas *Brief an den Vater* zeigt einen Vater-Sohn-Konflikt *in extremis*. Gegen des Vaters psychische und physische Robustheit stehen die tiefe Verletzlichkeit, die neurotischen und hypochondrischen Züge des Sohns. Angesichts dieses heillosen Konflikts wird Ihnen das eigene Problem in milderem Licht erscheinen.

Hilfreich ist die Lektüre auch heute noch, weil sie dazu anregen kann, den Vater nicht zu überhöhen, sein Bild nicht mit übertriebenen Erwartungen zu belasten. Ihm als Erwachsener ebenbürtig zu werden heißt nicht, ihm blind nachzueifern, aber auch nicht, sich in eine ausweglose Opposition zu verrennen. Das ist keine geringe Aufgabe. Wie Sigmund Freud schrieb: »Die Ablösung des heranwachsenden Individuums von der Autorität der Eltern ist eine der notwendigsten, aber auch schmerzlichsten Leistungen der Entwicklung.«

Sie haben sich in jungen Jahren heillos mit Ihren Eltern über die NS-Zeit gestritten und deshalb bis heute ein distanziertes Verhältnis zu ihnen

Sie sind ein erwachsener Mensch, haben Kinder, vielleicht sogar Enkelkinder, leiden aber nach wie vor unter dem Trauma des »Deutschseins«. Sie ertappen sich manchmal sogar dabei, bei Sportveranstaltungen den Gegnern Deutschlands den Sieg zu wünschen, sprechen das aber natürlich nicht offen aus. Sie haben in Ihrer Jugend mit Ihren Eltern und Großeltern über die NS-Zeit harte Diskussionen geführt oder ihnen – auf deren hartnäckiges Schweigen hin, das Sie als Verstocktheit und Uneinsichtigkeit interpretierten – dermaßen aggressive Vorwürfe gemacht, dass das Verhältnis zu ihnen nachhaltig gestört ist. Politik ist seither – zumindest in Anwesenheit der Alten – in Ihrer Familie ein Tabuthema. Egal, ob es um die Vergangenheit oder die Gegenwart geht. Ihre Eltern sind inzwischen sehr alt, und Sie beginnen an Ihrer eigenen Unversöhnlichkeit zu zweifeln und zu leiden.

*L*esen Sie

Der Vorleser von Bernhard Schlink.

Lesen Sie es nicht »nebenbei«, nicht ausschließlich zu Unterhaltungszwecken, dazu eignet sich dieses schnörkellos geschriebene Buch nicht: Es zieht jeden Leser in einen Strudel von widersprüchlichen Emotionen, und ab einem bestimmten Punkt der Handlung ist selbst eine Flut von Tränen nicht ausgeschlossen. Dabei fängt diese Geschichte zunächst relativ harmlos an.

Der fünfzehnjährige Erzähler trifft Anfang der fünfziger Jahre eine attraktive Mittdreißigerin und macht mit ihr seine ersten Liebeserfahrungen. Das geheime (weil moralisch gesehen »unerhörte«) Verhältnis nimmt bald obsessive Züge an und wird auf seltsame Weise ritualisiert: Vor dem Liebesakt sind beispielsweise Badewannen-»Orgien« angesagt, und das »Jungchen« muss seiner Geliebten aus Büchern vorlesen. Über das Schicksal der Frau erfährt der Junge – und damit auch der Leser – so gut wie nichts, nur, dass sie Straßenbahnschaffnerin ist. Die Geliebte droht mit Sex-Entzug, wenn der Junge nicht lernt, was ihn zu schulischen Höchstleistungen antreibt. Eines Tages ist die Frau verschwunden und lässt einen Jungen zurück, der jede Frau an der verlorenen Geliebten misst und immer wieder feststellt, dass an den neuen Frauen etwas »nicht stimmt«.

Einige Jahre später besucht der Erzähler im Rahmen eines Jurastudiums einen NS-Prozess. Drei Richter und sechs Schöffen haben über mehrere KZ-Aufseherinnen zu urteilen. Gelähmt vor Entsetzen, erkennt der Erzähler darunter seine ehemalige Geliebte. Und er entdeckt – als Einziger im Gerichtssaal –, dass diese Frau Analphabetin ist. Für sie ist die Schande, nicht lesen und schreiben zu können, größer als die entsetzlichen Unmenschlichkeiten, die ihr (zu Recht) vorgeworfen werden: Lieber nimmt sie (die Mittäterinnen dadurch entlastend) eine lebenslange Gefängnisstrafe auf sich, als den Analphabetismus zuzugeben.

Bernhard Schlink macht anhand dieser ungewöhnlichen Geschichte überdeutlich, wie sehr der Generationenkonflikt der 68er mit den Nazi-Eltern alle Beteiligten traumatisiert hat. Und dass es dabei keine Rolle spielte, ob Familienmitglieder in diese Schreckensherrschaft schuldhaft verwickelt waren oder nicht. Das war der Vater des Erzählers eindeutig nicht, was den Sohn aber nicht milder stimmte. Das im Roman geschilderte Gerichtsverfahren diente den Studenten als Grundlage für eine Diskussion über »rückwirkende Bestrafung« (ein juristisches Thema, das heute im wiedervereinigten Deutschland immer noch oder vielmehr wieder anhaltend aktuell ist) – und sie alle fühlten sich als »Avantgarde der Aufarbeitung«. Der Erzähler stellt fest, dass die Jungen damals, nach dem Krieg, mitten im Wiederaufbau und beginnenden Wirtschaftswunder, ihre Eltern »zur Scham verurteilt« haben. Und wie wir wissen, nicht nur sie, sondern auch uns, die Nachkommen.

Der Vorleser ist ein großer internationaler Bucherfolg, wurde in 39 Sprachen übersetzt und war der erste aus dem Deutschen übersetzte Roman, der auf Platz eins der *New York Times*-Bestsellerliste stand. Und das ist nicht verwunderlich: Das Buch gibt einen tiefen Einblick in die seelische Zerrissenheit der deutschen Nachkriegsgeneration. Über deren vergebliche und aussichtslose Bemühungen zu »verstehen«, was angesichts der Geschehnisse schon deshalb nicht funktionieren kann (und durfte), weil es ein Verurteilen behindern und einschränken würde. Eine unauflösliche Situation. Die umso schmerzlicher ist, wenn die Anzuklagenden Menschen sind, die man liebt (oder geliebt hat, bevor man »wusste«).

Bernhard Schlink wurde von einigen Kritikern vorgeworfen, dass er durch seinen Roman die Schreckenszeit der Naziherrschaft entpolitisiert hätte, indem er sie privatisierte. Ob dieser Vorwurf in Schlinks Fall berechtigt ist, muss letztendlich jeder Leser selbst entscheiden. Aber er wird es nicht tun können, ohne sich sehr viele, intensive Gedanken gemacht zu haben. Vielleicht sollte man nach *Der Vorleser* auch die Bergpredigt wieder einmal in die Hand nehmen – um unter dem Eindruck dieser beiden Lektüren womöglich doch noch in Frieden von unseren Alten Abschied nehmen zu können.

IHR VATER GEHT IHNEN MIT SEINEN MAROTTEN SCHRECKLICH AUF DIE NERVEN

Es gibt wenig, worüber Sie sich mit ihm einig sind. Je älter er wird, umso hartnäckiger hält er an seinen Vorurteilen fest und umso unangenehmer treten bestimmte Charaktereigenschaften an ihm hervor. Aber er ist inzwischen alt und kränklich, und Sie werden von einem schlechten Gewissen geplagt, weil Sie seine Nähe nie lange aushalten. Zugleich versuchen Sie, ihn zu verstehen und herauszufinden, welche Ereignisse und Lebensumstände ihn in dieser Weise geprägt haben.

*L*esen Sie
Maus. Die Geschichte eines Überlebenden
von Art Spiegelman.

Maus ist ein zweibändiger Comic, eine *graphic novel,* und erzählt die Geschichte eines Überlebenden des Holocaust. Der New Yorker Autor Art Spiegelman hat darin die Geschichte seines Vaters Wladek gezeichnet und aufgeschrieben. Ein tollkühnes Projekt: Auschwitz als Comic zu erzählen, Juden als Mäuse, Deutsche als Katzen, Polen als Schweine, Amerikaner als Hunde auftreten zu lassen. Um es vorwegzunehmen: Dieses riskante Unterfangen ist auf wunderbare Weise geglückt.

Wladek ist ein jüdischer Textilkaufmann aus dem polnischen Tschenstochau. 1937 heiratet er die Fabrikantentochter Anja

Zylberberg und wird Teilhaber seines Schwiegervaters. Dann kommt der Krieg, der Einmarsch der Deutschen in Polen. Wladek gerät in Kriegsgefangenschaft, kommt wieder frei. Er gerät in den Alptraum, den die SS mit Schikanen, die sich rasch ausweiten, gegen die jüdische Bevölkerung in Gang setzt. Willkürliche Verhaftungen, die Arisierung jüdischer Geschäfte und Betriebe greifen um sich, Gettos werden eingerichtet, erste Selektionen finden statt. Immer wieder gelingt es Wladek, den Kopf aus der Schlinge zu ziehen, ein »Mauseloch« zu finden. Aber als er mit der Hilfe von Mäuseschmugglern versucht, nach Ungarn zu fliehen, wird er verraten und zusammen mit Anja nach Auschwitz deportiert. Sie überleben diese Hölle, wandern nach Ende des Krieges über Schweden in die USA aus. Wladeks Lebensgeschichte ist nur ein winziger Teil der moralischen und politischen Katastrophe des vergangenen Jahrhunderts – des Massenmords an den europäischen Juden – und spiegelt doch diese Katastrophe in ihrer Totalität wider. Spiegelmans äußerst reduzierte Zeichnungen, sein Verzicht auf Farbe und auf alle artistischen Finessen machen seine Darstellung so glaubwürdig und bewirken, dass diese der Ungeheuerlichkeit des Gegenstands standhält.

Das Buch hat eine zweite Ebene. Art Spiegelman lässt den Leser an der Entstehung des Werks teilhaben, ihm beim Schreiben und Zeichnen über die Schulter blicken. Wir sehen ihn bei den oft quälenden Unterhaltungen mit seinem Vater in dessen Haus oder in der Sommerfrische in den Catskill Mountains, wie er mit Stift und Tonbandgerät Wladeks Erinnerungen protokolliert. Das Verhältnis zum Vater ist gespannt. Nur schwer erträglich findet Sohn Artie, der liberale Stadtneurotiker, Wladeks rassistische Vorurteile gegen Schwarze, seinen unglaublichen Geiz, seine Pedanterie, seine Streitsucht und seinen Hang zur Rechthaberei. Wladek ist der Schrecken seiner Familie. »In mancher Hinsicht«, befindet Artie, »entspricht er genau der antisemitischen Karikatur des geizigen alten Juden.« Aber der Sohn begreift nach und nach, dass ein Teil dieser Eigenschaften, die auf ihn so befremdlich wirken, einstmals seinem Vater das Überleben ermöglichten. »Das Leiden macht aus den Leidenden keine besseren Menschen«, sagt er. Er hat, indem er sich selbst und seinen Vater nicht schonte, die eigenen Schwächen und die Deformationen seines Gegenübers radikal entblößte, ein zutiefst wahrhaftiges Buch geschrieben. Es zeigt an einem extremen Beispiel, dass es möglich ist, Charaktermerkmale unserer Väter, die uns abstoßen, nicht zu ignorieren, sondern sie zu verstehen; die frühen Prägungen und Beschädigungen, die sie verursacht haben, zu entziffern. Indem wir ihnen (den Vätern, den Müttern) zuhören, solange noch Zeit ist. Art Spiegelman hat das getan, über Jahre hinweg.

Sein Comic hat die Kraft eines großen, komplexen Romangebildes. Er hat ein einzigartiges Werk visueller Literatur geschaffen, welches das immer noch existierende Vorurteil der Trivialität gegenüber diesem Genre glänzend widerlegt. Unter der Flut der Bücher über den Holocaust ragt *Maus* hervor, es ist gewiss eines der ergreifendsten und anrührendsten.

IHRE ELTERN WERDEN ALT, UND SIE HABEN SORGE, BALD EIN BETREUUNGSPROBLEM LÖSEN ZU MÜSSEN

Noch können sich Ihre Eltern selbst versorgen, weil einer von ihnen noch gesünder und agiler ist als der andere. Aber die Kräfte beider lassen sichtlich und rasch nach, was mit emotionalen »Forderungen« verbunden ist, die Sie (und Ihre Geschwister) ständig in Gewissenskonflikte stürzen. Die Frage eines Umzugs in betreutes Wohnen oder ein Seniorenheim steht ihm Raum, wird aber nicht offen aus- und angesprochen, weil die Eltern eine eindeutig negative Haltung dazu haben. Das ungelöste Problem belastet die ganze Familie.

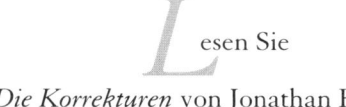

*L*esen Sie

Die Korrekturen von Jonathan Franzen.

Dieser Familienroman lässt seinen Lesern stellenweise in erschrockenem Wiedererkennen den Atem stocken. Und obwohl er hauptsächlich in Amerikas provinziellem Mittelwesten spielt, macht er auf verblüffende Weise deutlich, wie sich unsere europäische Lebensweise der oft geschmähten amerikanischen inzwischen angenähert hat.

Franzen erzählt die Geschichte der Familie Lambert: von Mutter Enid, die es ständig nervenaufreibend gut meint und in ihrer freundlich-nörgelnden Naivität kein anderes Ziel hat, als die drei erwachsenen Kinder zu einem »letzten gemeinsamen Weihnachten« in die Provinz von St. Jude und das leicht reparaturbedürftige Haus der Kindertage zu locken. Vater Alfred, ein pensionierter Ingenieur, ist an Parkinson erkrankt, nimmt das aber nur in sehr seltenen Momenten zur Kenntnis und hat das Zepter (vermeintlich) immer noch fest und enorm rechthaberisch in der Hand. Aus Enids Sicht ist er »die regierungsunfähige Regierung«, vor der sie Unliebsames verbirgt. Der älteste Sohn Gary – ein erfolgreicher Banker – verheimlicht vor sich selbst eine schwere Depression sowie eine bedrohliche Ehekrise und versteckt das Ganze hinter einer Überdiszipliniertheit, die kalt und hart auf die Familienmitglieder prallt. Sein Bruder Chip – Liebling der Eltern – begegnet dem Leser als intellektueller Loser, der seinen Universitätsjob verlor, schon seit Ewigkeiten an einem unverkäuflich schlechten Drehbuch arbeitet und sich schließlich in eine betrügerische, litauische Finanzaffäre verwickeln lässt. Das Nesthäkchen Denise brach das Studium ab und wurde eine von den Medien gefeierte Köchin mit unglücklichem Sexual- und Privatleben. Während des am Ende doch noch – wenn auch mit Mühe – zustande gekommenen gemeinsamen Weihnachtsfestes erfährt sie, dass sie ihren überkorrekten Vater als Jugendliche (aufgrund einer Affäre mit einem Untergebenen des Vaters) zur Frührente »zwang« und ihn um viel Geld gebracht hat.

Das sind die Protagonisten dieser hochaufgeladenen Alltags-Familiengeschichte. Der Autor hat diese Charaktere mit liebevoller psychologischer Genauigkeit gezeichnet – allein diese Tatsache verdient die Bezeichnung »Meisterwerk«. Er tut das aber auch mit Witz und Ironie, in einer sprachlichen Virtuosität, die einem so jungen Autor wohl selten zuvor auf vergleichbare Weise gelungen ist.

Franzen ist gelegentlich vorgeworfen worden, er hätte in diesem Roman keinen einzigen Sympathieträger geschaffen.

Das mag im herkömmlichen Sinne stimmen, aber aufmerksame Leser werden schnell den Grund dafür erkennen: Das wirkliche Leben – und davon ist in diesem Buch die Rede und von nichts anderem – schafft keine Sympathieträger, sondern lediglich ganz normale Menschen mit ihren Eigenschaften. Menschen, die Entscheidungen treffen (oder sie vermeiden), die glauben, ihre individuellen Wege zu gehen (auch wenn sie sich als falsch herausstellen), und Menschen, die anders leben wollen als in der Weise, die ihnen vorgelebt wurde. Also Menschen, die, im Fall der Lambert-Sprösslinge, das Leben ihrer Eltern für sich »korrigieren« wollen. Keinem von den dreien ist das bis zu diesem Weihnachtsfest wirklich gelungen, auch wenn sie sich das vielleicht eingebildet haben. Was schlicht und einfach daran liegt, dass es schon Enid und Alfred nicht gelungen ist, ein »richtiges« Leben miteinander zu führen, so dass schon die elterliche »Lebens-Vorlage« eine falsche war.

Wenn es ein Buch gibt, das eindringlich zeigt, wie es alten Eltern und ihren erwachsen gewordenen Kindern miteinander geht (oder gehen kann), was auf beide Seiten vor dem endgültigen Abschied zukommen kann, dann dieses. Wer alternde Eltern hat, muss es unbedingt gelesen haben. Zum literarisch Eindringlichsten gehört übrigens die Innen- und Außensicht eines an Parkinson und Demenz Erkrankten. Etwas ähnlich Berührendes und Erschreckendes wird man kaum ein zweites Mal in einem Buch finden.

Die Korrekturen ist ein komisches und trauriges Buch zugleich. Kein Roman, der den Leser träumen lässt, ihn in andere Welten entführt und billigen Trost verspricht. Franzen hat aufgeschrieben, wie das Leben ist. Das wir alle aushalten müssen, weil wir nur dieses eine haben. In dieser Erkenntnis liegt mehr Trost, als es im Alltag oft den Anschein hat.

SIE HABEN VIEL ZU FRÜH GEHEIRATET

Es gibt bekanntermaßen mehr unglückliche Ehen als glückliche. Eine früh geschlossene Ehe ist für einen unglücklichen Ausgang besonders prädestiniert. Sie haben diese allgemeine Erfahrung in den Wind geschlagen. Jetzt sehen Sie sich an der Seite eines Partners, der Ihnen zunehmend fremd erscheint. Das Glück, das Sie sich erhofft haben, entpuppt sich als Seifenblase.

*L*esen Sie

Effi Briest von Theodor Fontane.

Der Schriftsteller, einer Hugenottenfamilie entstammend, war gelernter Apotheker, später Journalist und Kriegsberichterstatter. Erst als nahezu Sechzigjähriger begann er mit dem Schreiben von Romanen. *Effi Briest* erschien 1894/95 als Fortsetzungsroman in einer Zeitschrift.

»Das ist ein zu weites Feld«, sagt der Ritterschaftsrat von Briest immer wieder mal, wenn er sich in philosophischen Betrachtungen zu verheddern droht, und so lautet auch der Schlusssatz des Romans. In den Zwischenräumen wird das Leben seiner Tochter Effi erzählt. Sie wächst auf dem Herrensitz ihrer Eltern im Havelland heran und ist ein temperamentvolles, mit natürlichem Charme gesegnetes Mädchen. Mit siebzehn Jahren wird sie an einen früheren Verehrer ihrer Mutter, den über zwanzig Jahre älteren Baron von Innstetten, verheiratet. Eine vermeintlich gute Partie, standesgemäß, preußischer Adel unter sich. Der Baron ist Landrat in einem hinterpommerschen Küstenstädtchen, und Effi tut sich schwer, in der wenig anregenden Umgebung zurechtzukommen. Obendrein scheint es in ihrem düsteren Haus zu spuken. Was aber schwerer wiegt: Es mangelt dieser Verbindung an Liebe. »Innstetten war lieb und gut, aber ein Liebhaber war er nicht. Er hatte das Gefühl, Effi zu lieben, und das gute Gewissen, dass es so sei, ließ ihn von besonderen Anstrengungen absehen.« Aber auch ohne besondere Anstrengungen – im Zuge des natürlichen Gangs der Dinge wird Effi schwanger und bringt, selbst fast noch ein Kind, eine Tochter, Annie, zur Welt.

Effi leidet unter der Monotonie ihres Alltags, es fehlt ihr an Anregung und Abwechslung. Gelegentliche Besuche bei den in der Umgebung lebenden Adelsfamilien langweilen sie zu Tode.

Frischer Wind kommt in das Städtchen, als Major von Crampas seine Stelle als Landwehrbezirkskommandeur antritt. Er ist charmant, ein eleganter Causeur, eine Spielernatur, ein »Damenmann«, das glatte Gegenteil von Innstetten. Sein Motto: »Ohne Leichtsinn ist das ganze Leben keinen Schuss Pulver wert.« Crampas' Aufmerksamkeiten schmeicheln der Eitelkeit Effis, und schließlich erliegt sie seinen Avancen. Das Verhältnis bleibt unentdeckt, für lange Zeit.

Inzwischen schmiedet Innstetten an seiner Karriere, wird ins Ministerium nach Berlin berufen. Effi, von schlechtem Gewissen geplagt, ist heilfroh, dass ihr Doppelleben nunmehr zu Ende ist. Die Hauptstadt bietet, so meint sie, genug Zerstreuung, um sie ihre langweilige, konventionelle Ehe ertragen zu lassen. Aber eine Verkettung unglücklicher Umstände bringt ihren Fehltritt an den Tag: Ein Bündel Liebesbriefe des Majors, verwahrt in Effis Nähkasten, fällt Innstetten in die Hände. Er tut, was er seiner Stellung und seinem Rang als preußischer Adeliger schuldig zu sein glaubt: Er fordert

Crampas zum Duell, obwohl die Affäre nun schon Jahre zurückliegt. Crampas wird tödlich getroffen. Instetten, ganz Mann von Ehre, verstößt seine untreue Ehefrau. Fast noch härter trifft es Effi, als sich auch ihre Eltern von ihr lossagen und ihr die Rückkehr ins Elternhaus verbieten. Man weiß in diesen Kreisen auf die Konvention zu achten und einen unbefleckten Ruf zu schätzen. Effi fügt sich in ihr Los, nur einmal, als sie bei einem langersehnten Wiedersehen von ihrer Tochter gekränkt wird, begehrt sie auf: »Mich ekelt, was ich getan, aber was mich noch mehr ekelt, das ist eure Tugend. Weg mit euch. Ich muss leben, aber ewig wird es ja wohl nicht dauern.« Lange währt dieses Leben tatsächlich nicht mehr. Zwar ermöglicht der alte Briest, inzwischen milder gestimmt, Effi die Rückkehr in ihr Haus, aber Effis Lebensmut ist längst dahin. Sie stirbt an gebrochenem Herzen. Eine frühzeitige Blüte, auf die der Frost gefallen ist. Leider meint sie, kurz vor dem Tod, das Tun ihres Ehemanns noch billigen, sein Verhalten rechtfertigen zu müssen. Das bekümmert die mitfühlende Leserin. Effis Mutter aber beschleicht – viel zu spät – dann doch noch der Verdacht, ob ihre Tochter für die von ihr eingefädelte Ehe nicht vielleicht etwas zu jung war. Briest entgegnet: »Ach, Luise, lass … das ist ein zu weites Feld.«

Zum Glück muss man heute einen Seitensprung in aller Regel nicht mehr mit dem Leben bezahlen. Es gibt nur noch wenige äußere Zwänge, die einen bestimmen könnten, im Kerker einer unglücklichen Ehe zu verharren. Aber es gibt sie. Handeln Sie also rechtzeitig und entschlossen.

Sie glauben, im Schatten Ihrer Vorgängerin zu stehen

Sie haben das Gefühl, ständig mit Ihrer Vorgängerin verglichen zu werden. Alle schwärmen von der Außergewöhnlichkeit dieser Person, ihrer Tüchtigkeit und ihren faszinierenden Eigenschaften. Ihr Selbstbewusstsein leidet enorm darunter, und Sie werden unter diesem Vergleichsdruck immer unsicherer. Sie fühlen sich wie eine graue Maus und fürchten, für Ihre Umgebung unsichtbar zu werden. Sie können sich selbst dabei beobachten, wie Sie immer neurotischer werden.

*L*esen Sie

Rebecca von Daphne du Maurier.

Heute würden die vorwiegend in Cornwall, an der englischen Küste, spielenden Romane dieser Autorin unter dem buchhändlerischen Genre »englischer Landhauskrimi« eingeordnet. Womit man der Autorin unrecht täte, denn ihre Geschichten sind sehr viel mehr als spannende Handlungen vor einer beliebten Kulisse. Es ist kein Zufall, dass der Psycho-König Alfred Hitchcock ihre Stoffe entdeckte und oscarreif verfilmte. Daphne du Maurier ist eine Meisterin des psychologischen Tiefgangs – die stimmungsvollen Beschreibungen der englischen Landschaft setzen dem Roman lediglich Glanzlichter auf, nicht umgekehrt.

Die Geschichte wird von der jung verheirateten Mrs de Winter im Rückblick erzählt. Aufgrund dieser Erzählperspektive erfährt der Leser niemals den Vornamen der jungen, sympathischen, aber unerfahrenen und schüchternen Frau. Dafür kommt der ihrer Vorgängerin – de Winter ist Witwer, zwar noch jung, aber wesentlich älter als seine zweite Frau – umso öfter vor. Vor allem nachdem das frisch verheiratete Paar auf dem sagenhaft schönen Landsitz Manderley eintrifft, der das vielbewunderte Eigentum von Maxim de Winter ist. Die junge Frau ist eingeschüchtert von der Größe und dem gediegenen Luxus ihrer neuen Umgebung. Es ist ungewohnt für sie, mit Personal umzugehen und sich bedienen zu lassen. Und immer wieder taucht der Name von Rebecca, ihrer Vorgängerin, auf. Vor allem die eiskalte und Angst einflößende Haushälterin setzt diesen Namen wie eine Waffe gegen die neue Frau des Hauses ein, der sie ständig und gezielt das Gefühl gibt, ein unerwünschter Eindringling zu sein. Seltsame Vorkommnisse häufen sich und bauen wachsenden Druck auf. Daphne du Maurier erzählt ihren Roman so, wie Maurice Ravel seinen *Bolero* komponiert hat: Kapitel für Kapitel kommt ein weiteres Instrument – in unserem Fall ein Stück Information – hinzu, das die Spannung ins immer Unheimlichere steigert. Das Haus, ja das ganze Anwesen, scheint ein Erinnerungsschrein für Rebecca, die verstorbene erste Frau Maxim de Winters, zu sein. Keine Spur von Honeymoon, im Gegenteil. Je länger sich das Paar im Paradies von Manderley aufhält, desto mehr verdüstert sich das Gemüt des Hausherrn. Die junge Ehefrau fühlt sich ungeliebt. Der Schatten Rebeccas wird immer lebendiger – wofür Mrs Danvers, die Haushälterin, mit großem intrigantem Geschick sorgt: Das Schlafzimmer der ehemals mehr als lebenslustigen Toten wird täglich mit frischen Blumen versorgt, und in ihren prachtvollen Kleidern und Pelzen (die der jungen Frau in ihren schlichten Baumwollkleidern höhnisch von der Danvers vorgeführt werden) hängt noch Rebeccas Parfüm. Die Situation wird immer unerträglicher.

An einem schwülen Hochsommertag, kurz vor der Entladung eines Gewitters, lässt Daphne du Maurier den Psychothriller in einen höchst raffinierten Kriminalroman übergehen. Und selbst dann, wenn man erleichtert aufatmet und sicher ist, Rebecca, der böse Geist, sei endlich gebannt, beschert die geniale Autorin dem Leser noch einmal eine überraschende Wendung.

Wenn je eine Schriftstellerin die Einordnung »gehobene Unterhaltung« verdient hat, ist es die ganz zu Unrecht etwas in Vergessenheit geratene Daphne du Maurier. Ihre Romane sind Kopfkino-Drehbücher vom Feinsten. Ihre *Rebecca* ist mit dem Begriff »Rebecca-Mythos« sogar in den Sprachgebrauch der Sozialwissenschaft eingegangen und steht für Vergangenheitsverklärung. Es stimmt eben nicht, dass »früher alles besser war«. Es war nur anders. Wir sind wir. Und das ist gut so.

Sie sind eine
berufstätige Mutter –
mit schlechtem Gewissen

Die Familie braucht Ihren Zuverdienst – Sie wären aber eigentlich lieber zu Hause bei Ihren Kindern. Die Großeltern leben in einer anderen Stadt, und Kindergartenplätze sind rar, zumindest stehen Sie noch immer auf der Warteliste. Sie sind also auf Fremde angewiesen, die Ihre Kinder betreuen. Unter zahlreichen »Bewerbern« haben Sie auch eine Person gefunden, der Sie glauben vertrauen zu können. Trotzdem machen Sie sich ständig Sorgen, ob es den Kindern mit dieser Person auch wirklich gutgeht. Obwohl sich längst alles eingespielt hat, haben Sie ständig ein leises schlechtes Gewissen.

*L*esen Sie

Tote reden nicht vom Wetter von Joan Aiken.

Der Titel ist etwas merkwürdig und hat mit dem Inhalt nur so viel zu tun, als am Ende des Buches zumindest einer von den »Bösen« tot und viel vom Wetter die Rede ist, weil es fast andauernd regnet. Aber die englische Autorin ist prima – es könnte sogar sein, dass Sie mit ihr eine weiterführende Neuentdeckung gemacht haben. Joan Aiken beherrscht ihr erzählerisches Handwerk perfekt, sie trumpft sprachlich nicht auf, gibt also gar nicht erst vor, nobelpreiswürdige Literatur schreiben zu wollen, sondern will nicht mehr und nicht weniger als einen spannenden Psychothriller erzählen. Das allerdings gelingt ihr mühelos und mit bewundernswert leichter Hand. Sie schafft es beispielsweise, in einem einzigen Nebensatz Zeitgeist zu vermitteln, indem sie die Protagonistin einen »Mary-Quant-Mantel« anziehen lässt, »der ihr immer gute Dienste getan hat«. (Mary Quant hat nicht nur den Minirock erfunden, sondern auch die ersten regentauglichen Mäntel aus PVC gemacht. Wir befinden uns also in der Twiggy-Zeit!)

Das Grauen kommt auf leisen Sohlen daher: Jane ist mit ihrem Ehemann und den beiden noch kleinen Kindern aufs Land gezogen, doch der Unterhalt des neuen, eigenen Hauses scheint ihre finanziellen Möglichkeiten erheblich zu übersteigen. Was Jane zunächst gar nicht registriert und erst bemerkt, als immer öfter Briefe mit dem Vermerk »Letzte Mahnung« ankommen. Trotzdem stellt Graham zur Verblüffung Janes einen Gärtner ein. Da trifft es sich gut, dass Janes früherer Arbeitgeber ihr einen gutbezahlten Aushilfsjob anbietet. Graham – der sich in der letzten Zeit verändert hat, fahrig, nervös und unzugänglich wirkt – ist begeistert und drängt Jane anzunehmen. Für die Betreuung der Kinder hat er auch bereits eine Lösung parat: die Ehefrau des Gärtners. Jane lässt sich darauf ein, obwohl ihr das Ehepaar eigentlich unsympathisch, ja sogar ein bisschen unheimlich ist. Von nun an hetzt sie sich jeden Abend ziemlich ab, um trotz der komplizierten Verkehrsverbindungen rechtzeitig aus London zurück ins Dorf zu kommen: Die neue Haushälterin verlässt pünktlich um 18.00 Uhr das Haus und lässt darüber nicht mit sich reden – egal, ob Zug und Bus die Fahrpläne einhalten oder nicht. Sie hat auch nicht die geringsten Skrupel, die Kinder allein zu lassen, ja, stellt das sogar drohend in den Raum. Jane – inzwischen im innerlichen und äußeren Dauerstress – stellt fest, dass sich ihre vierjährige Tochter Caroline verändert, immer ängstlicher wird, wieder am Daumen lutscht und ihr Bett nässt. Die Atmosphäre im Haus wird immer angespannter, aber mit Graham ist nicht zu reden. Im Gegenteil: er besteht darauf, dass sie auf das Ehepaar McGregor angewiesen seien und keinesfalls auf sie verzichten könnten.

Während man lesend den Alltag von Jane und ihrer kleinen Familie verfolgt, stellen sich die Nackenhärchen nach und nach immer steiler auf, und man möchte Jane gerne schütteln, damit sie etwas unternimmt. Doch die ist so sehr mit der Bewältigung ihrer Doppelbelastung beschäftigt, dass sie alle Merkwürdigkeiten – und die häufen sich – viel zu lange verdrängt. So nehmen die Dinge ihren verhängnisvollen Lauf. Es sei nur so viel verraten: Eine Scheidung ist am Ende der Geschichte nicht mehr vonnöten. Und alle Guten (aber nur sie) kommen wider Erwarten davon. Als Erkenntnis nimmt man mit, dass es in England wirklich unglaublich oft regnet – und dass man sich seine Babysitter, egal, wo man lebt, wirklich sehr genau anschauen sollte.

SIE GELTEN ALS »STARKE FRAU« —
BLEIBEN DABEI ABER SELBST
AUF DER STRECKE

Sie sind entschluss- und meinungsfreudig, wissen immer einen Rat und lösen Probleme im Handumdrehen. Sie sind deshalb der Mittelpunkt Ihrer Familie (oder Abteilung), werden geschätzt und geliebt. Doch manchmal geht Ihnen dieser Ruf, eine »starke Frau« zu sein, ziemlich auf die Nerven (an besonders stressigen Tagen sogar an die »Nieren«). Sie fühlen sich Ihrem Ruf verpflichtet, immer perfekt und immer für andere da zu sein — und das ist sehr anstrengend. Sie haben zunehmend das Gefühl, eine Rolle zu spielen, bei der Ihre eigenen Wünsche und Sehnsüchte ins Hintertreffen geraten.

*L*esen Sie

Die Frauen des Hauses Wu von Pearl S. Buck.

Es ist eines dieser wunderbaren Bücher, die schon unsere Mütter und Großmütter »verschlungen« haben. Die US-amerikanische Autorin war Tochter eines Missionars und verbrachte ihre Kindheit in China, als es noch ein Kaiserreich war. Nach ihrem Studium in den Vereinigten Staaten war sie zehn Jahre lang Professorin für englische Literatur in Nanking. Für ihren Roman *Die gute Erde* erhielt sie 1938 zum Leidwesen der führenden Literaturkritiker und -experten den Nobelpreis für Literatur: Diese professionellen Leser hielten ihre Romane für Trivialliteratur und liefen gegen die

Entscheidung der Stockholmer Sturm – seither ist es gemäß der »Lex Buck« notwendig, mindestens zweimal nominiert gewesen zu sein, um diesen begehrtesten aller Literaturpreise zu erhalten.

Millionen Lesern auf der ganzen Welt waren diese hitzigen Debatten ziemlich egal. Sie lieben die Bücher dieser Frau, die im vergangenen Jahrhundert den im Westen Lebenden wie niemand sonst Einblick in den Alltag Chinas verschaffte. Während *Die gute Erde* den bäuerlichen Alltag Chinas schildert, befindet man sich in der Welt der *Frauen des Hauses Wu* in einem reichen, in ganz China gesellschaftlich hochangesehenen Haus. Dieser Reichtum basiert auf ertragreichen Landgütern, deren Bücher ebenso von der »ersten Frau« – Madame Wu – kontrolliert werden, wie die der Köche, Handwerker und Näherinnen. Madame Wu ist der liebenswürdige und lebenskluge Mittelpunkt des palastartigen Hauses und seiner zahlreichen Bewohner: Sie verwaltet und organisiert das Leben von an die achtzig Personen (die zahlreichen Dienstboten mitgezählt).

Der Roman setzt kurz vor Madame Wus vierzigstem Geburtstag ein, für den sie eine weitreichende Veränderung ins Auge gefasst hat: Sie wird ihrem Mann eine Zweitfrau »schenken«, weil sie ihren ehelichen Pflichten nicht mehr nachkommen will. Worüber sich westliche Männer – gestern wie heute – unsäglich freuen würden, Herr Wu ist darüber gar nicht erbaut. Aber Madame Wu ist eine Meisterin der Manipulation und versteht es, immer und überall ihren Willen durchzusetzen. Nicht mit sturem Kopf oder gar Streit: Alle von ihrem Willen »Beglückten« haben das Gefühl, Madame Wus Entscheidungen seien die ihren gewesen oder sehen zumindest ein, dass alles Geschehen nur von Vorteil ist. Madame Wu, die eine Stimme »wie über Steine gleitendes Wasser« hat, will mit der Zweitfrau – die natürlich sie aussucht, damit sie alle Fäden nach wie vor in der Hand behält – mehr Freiraum gewinnen. Sie will endlich die Bücher der Bibliothek ihres verstorbenen Schwiegervaters lesen (»Bei einer Frau ist es nicht gut, wenn das Gehirn über den Körper hinauswächst« – was bedeutete, dass Frauen nicht lesen sollten und in einer Bibliothek nichts zu suchen hatten) und geistigen Interessen nachgehen. Das war und ist mit Herrn Wu, der von seiner Mutter als Einzelkind verzärtelt, verwöhnt und eher zum Genuss- als zum Geistesmenschen erzogen wurde, bisher nicht möglich gewesen.

Madame Wu fädelt alles ein – auch die Heirat ihres dritten Sohnes –, um endlich frei für ihr eigenes Leben zu sein. Damit bringt sie jedoch so viel Unruhe ins Haus, dass von einer neuen Freiheit nicht die Rede sein kann. Außerdem wirft die moderne Zeit ihre Schatten voraus: Die zweite Schwiegertochter ist entsetzt über die Zweitfrau, hat sie doch in ihrer Schulzeit in Schanghai gegen solch hinterwäldlerische Lebensformen auf der Straße demonstriert (und ihre Ehe leidet ohnedies unter dem absoluten Muttergehorsam ihres Mannes); die ins Auge gefasste Schwiegertochter für den dritten Sohn ist zur Heirat nur bereit, wenn der Englisch als Zweitsprache lernt. Madame Wu holt also einen Ausländer ins Haus, einen Priester, der dem Jungen Englischunterricht erteilt. Madame Wu, die eigentlich auf Kontemplation und Ruhe aus ist, erlebt die bisher stressigste Zeit ihres Lebens.

Und wie nebenbei erfährt der Leser, unter welchen Bedingungen Pfingstrosen, Orchideen und Bambus gedeihen, wie man mit Dienstboten richtig umgeht, welche Schlaf- und Badegewohnheiten im China der vorletzten Jahrhundertwende üblich waren, welche Gemüse angebaut und in welcher Zubereitungsart auf den Tisch kamen. (»Kein guter Koch hat eine saubere Schürze!«) Dass Herr Wu erst anfing, ins »Blumenhaus« (sprich: Bordell) zu gehen, als ihm eine

»zweite Frau« verpasst wurde, machte Frau Wu schließlich klar, dass sie einen Fehler und ihren Mann fast unglücklich gemacht hätte. Wenn er sich nicht eine »dritte Frau« aus dem Blumenhaus geholt hätte – eine Kröte, die Frau Wu schlucken muss, nicht ohne die Drittfrau sofort »einzuordnen«.

Die Frauen des Hauses Wu ist ein wunderbarer Roman über das untergegangene China der vorletzten Jahrhundertwende. Ein großer Roman über starke Frauen und nicht ganz so starke Männer. Und über die Liebe (»Die Liebe ist die schärfste Waffe in den Händen einer Frau«) – denn die lernt Frau Wu am Ende auch noch kennen. Ein Lehrstück, wie eine »starke Frau« loslassen lernt.

Sie haben Probleme mit Ihrem pubertierenden Kind

Klar, werden Sie sagen, die Pubertät ist immer eine schwierige Zeit – für alle Beteiligten. Aber Sie empfinden Ihren Fall als besonders gravierend. Ihr Kind wirkt desorientiert und ist in einem Zustand der Daueropposition. In der Schule geht es mit ihm bergab, Besserung scheint nicht in Sicht.

*L*esen Sie

Der Fänger im Roggen von J. D. Salinger.

Der amerikanische Autor war 32, als sein erster und einziger Roman erschien. Er wurde ein internationaler Millionenerfolg.

Die Geschichte spielt im Jahr 1949. Der Ich-Erzähler heißt Holden Caulfield, ist 16 Jahre alt und schwer von der Rolle. Seine Schwierigkeiten beginnen mit der Schule, einem angesehenen Internat in Pennsylvania, wo Holden einen krachenden Misserfolg hinlegt. Er fliegt, wieder einmal. Holden ist in vier von fünf Fächern durchgerasselt und bekommt mitgeteilt, dass er nach Weihnachten erst gar nicht wieder antreten müsse. Dabei ist er eigentlich ziemlich helle, liest viel und ist entschieden in seinen Urteilen (er liebt Ring Lardner und Fitzgeralds *Gatsby,* er verabscheut Hemingways *In einem andern Land*). Er weiß nicht so recht, was er will, aber sehr genau, was er nicht will. Er hasst alles, was ihm als verlogen, angeberisch, heuchlerisch und unecht erscheint. Und das ist ziemlich viel. Dinge, Personen, Verhaltensweisen, von denen er sagt: »Das macht mich fertig.« Die Schule ist ihm ein Greuel, sie »ist voll mit verlogenen Typen, und du büffelst bloß, damit du genug lernst, damit du schlau genug bist, um dir dann irgendwann einen verfluchten Cadillac kaufen zu können …«.

Holdens Vater ist Firmenanwalt, die Familie lebt in gehobenen Verhältnissen in New York. Es gibt eine kleine Schwester, Phoebe, die Holden innig liebt. »Ihr solltet sie mal sehen. So ein hübsches und kluges Mädchen habt ihr in eurem ganzen Leben nicht gesehen.« Seinen älteren Bruder, D. B., hält er für einen talentierten Schriftsteller, verübelt ihm aber, dass er sich in Hollywood prostituiert. Einen weiteren Bruder, Allie, der früh gestorben ist, verehrt er als Genie.

Nachdem Holden die Mitteilung erhalten hat, dass er von der Schule fliegt, fasst er den Beschluss, das Internat auf der Stelle zu verlassen. Aber es zieht ihn erst mal nicht nach Hause. Er will ein paar Tage verstreichen lassen, bis die Eltern den verfluchten Brief vom Direktor bekommen und verdaut haben. »Außerdem brauchte ich irgendwie einen kleinen Urlaub. Ich war runter mit den Nerven.« Er nimmt sich ein Zimmer in einem miesen Hotel in Manhattan. Drei Tage und Nächte lang treibt er sich in Bars und Nachtclubs herum, raucht und trinkt exzessiv, bestellt sich eine Hure auf das Zimmer. Danach ist er immer noch Jungfrau. Auch das macht ihn fertig. »Sex«, sagt er, »das verstehe ich einfach nicht. Das schwöre ich bei Gott.« Er ist ständig auf Achse, telefoniert viel, trifft sich mit einer Schulfreundin, schlägt ihr vor, nach Vermont durchzubrennen, und erntet eine Abfuhr. Während der nächtlichen Taxifahrten durch Manhattan stellt er den Fahrern seine Lieblingsfrage: Wissen Sie, was aus den Enten wird, wenn der kleine See im Central Park zufriert? Das interessiert ihn brennend, viel mehr als die alten Ägypter, mit denen er sich in der Schule herumschlagen musste. Und immer wieder denkt er an Phoebe, seine kleine Schwester. Um sie zu sehen und ein wenig mit ihr zu plaudern, schleicht er sich des Nachts in die elterliche Wohnung. Weil er inzwischen knapp bei Kasse ist, leiht ihm Phoebe ihre »Weihnachtskohle«. Als die Eltern von einer Party heimkehren, versteckt er sich im Kleiderschrank, ehe er sich zu einem früheren Lehrer aufmacht, von dem er Rat und Verständnis erwartet. Er wird auch freundlich aufgenommen, ist aber gänzlich verwirrt, als er aus dem Schlaf erwacht, weil ihm der Lehrer zärtlich über das Haar streicht. Holden gerät in Panik und verlässt fluchtartig seinen Gastgeber. Er will nur noch weg. Weg von den Menschen, irgendwo in den Westen, in die Einsamkeit. Aber nicht, ohne sich von Phoebe zu verabschieden, er will ihr auch zurückgeben, was von der »Weihnachtskohle« übrig geblieben ist. Die beiden verabreden sich. Als Phoebe zum vereinbarten Treffpunkt kommt, schleppt sie einen riesigen Koffer mit sich. Sie will mit in den Westen. In diesem Moment erfährt Holden eine Erleuchtung. Er beschließt zu bleiben, um Phoebes willen, und ist auf einmal »verdammt glücklich«.

Ein Geniestreich, ein hinreißendes, aberwitziges, komisches und trauriges Buch, das nicht im Geringsten Staub angesetzt hat. Es könnte Ihnen helfen, das Lebensgefühl Ihres Sohnes oder Ihrer Tochter besser zu verstehen und Krisenzeiten gemeinsam zu meistern. Am besten, Sie geben es, nach eigener Lektüre, an Ihr Kind weiter. Was es mit dem merkwürdigen Titel für eine Bewandtnis hat, müssen Sie selbst herausfinden. Viel Spaß dabei!

Sie haben ein hochbegabtes Kind und fühlen sich manchmal von seiner Phantasie überfordert

Ihr Kind hat eine schnelle Auffassungsgabe und meint meist schon nach einem Halbsatz zu wissen, was Sie ihm sagen wollen. Es wird schnell ungeduldig und langweilt sich rasch mit den Büchern, die Ihnen für sein Alter empfohlen wurden. Es stört den Schulunterricht, weil es den Stoff schneller bewältigt als die meisten Klassenkameraden. Seine ausgeprägte Phantasie überfordert Sie zunehmend, weil es alle Geschichten, die Sie sich ausdenken, selbst zu Ende erzählt, und zwar viel spannender, als Sie das könnten. Sie suchen nach einem Mittel, das Interesse Ihres Kindes zu fesseln, damit es nicht unterfordert und dadurch unstet wird.

*L*esen Sie

Harry Potter und der Stein der Weisen
von Joanne K. Rowling.

Ohnedies schon von Ihrem phantasievollen Kind »geschult«, werden Sie bereits nach wenigen Seiten nicht mehr das Gefühl haben, ein Kinder- oder Jugendbuch zu lesen. Die Zauberwelt, die die Autorin geschaffen hat, fasziniert auch jeden Erwachsenen, der noch nicht gänzlich an den grauen Alltag der »Muggels« verloren ist. Damit sind wir ganz normalen Menschen gemeint, die mit der Welt der Zauberer und Magier – die parallel zur unseren existiert – nichts gemein haben. Und es ist ja wahr: Durch die ständige Anhäufung von (größtenteils unnützem) Wissen haben wir »Muggels« die Welt entzaubert, technisiert und kalt gemacht. Das erlebt der Waisenjunge Harry Potter bei den Dursleys mehr als schmerzhaft. Bis er an seinem elften Geburtstag die Nachricht erhält, er solle sich in der Zauberschule Hogwarts einfinden. Erst jetzt erfährt er von seinen zauberhaften Eltern, die durch die dunkle Kraft von »Du-weißt-schon-wem« bzw. »Ihm-dessen-Name-nicht-genannt-werden-darf« umgekommen sind. Und dass er nicht nur ihr hochbegabter Sohn ist, sondern auch die Hoffnung der ganzen Zauberwelt auf ihm ruht, denn Lord Voldemort (der Unaussprechliche und Inbegriff alles Bösen) kann nur von ihm, Harry Potter, besiegt werden. Nur er kann Voldemorts Todesfluch standhalten, was die kleine Narbe in Form eines Blitzes auf seiner Stirn beweist.

Die Welt, die Joanne K. Rowling geschaffen hat, fasziniert auf Anhieb. Auf die Idee, dass es auf dem Bahnhof King's Cross ein »Gleis 9¾« gibt, das, für Muggels unsichtbar, das Tor in die Parallelwelt der Zauberer und Magier ist, muss man erst mal kommen. Dasselbe gilt für die Winkelgasse, die, verborgen für die Augen von kalten Vernunftmenschen, eine Einkaufsstraße der ganz besonderen Art ist. Und wäre es nicht wunderbar, wenn ein sprechender Hut auf dem Kopf unserer Kinder blitzschnell deren Begabung und Potenzial erkennen würde? Harry Potter weist er den richtigen Internatskomplex auf Hogwarts zu, zusammen mit seinen neuen Freunden Ron Weasly und Hermine Granger. Ron leidet darunter, der jüngste von fünf Brüdern zu sein, und Hermine fällt auf, weil sie so überaus klug und wissbegierig ist. (In einem späteren Band belegt sie so viele Studienfächer, dass sie einen »Zeitumkehrer« braucht, um an mehreren Vorlesungen gleichzeitig teilnehmen zu können!) Sie sehen:

In der Potterschen Anderswelt gibt es alle Probleme, die wir »Muggels« auch haben (und sogar ein paar mehr), nur die

Lösungen schauen anders aus. Es kommt zum Beispiel nicht vor, dass ein Brief nicht zugestellt werden kann oder verlorengeht. Das lässt Frau Rowling durch Eulen erledigen. Sie finden jeden, überall, jederzeit.

Wem Harry Potter und seine Abenteuer – die er mit Hilfe seiner Freunde und Lehrer fast immer heil, wenn auch oft nur knapp, übersteht – nicht ans Leserherz wachsen, der ist ein »Muggel«. Selten hat es eine Buchreihe gegeben, die in der Lage ist, Eltern und Kinder so sehr in einer gemeinsamen Lesewelt zu vereinen. »Mir ist langweilig!« ist ein Satz aus dem Mund Ihres Kindes, den Sie, Harry Potter sei Dank, ab sofort vergessen können. Und noch besser: Sie sind ab sofort mit Ihrem Kind in einer Phantasiewelt vereint, die mehr Kreativität und Überraschungen bereithält als je eine moderne literarische Parallelwelt zuvor.

IHR KIND IST EIN DUCKMÄUSER, UND SIE FÜRCHTEN, ES WIRD SO BLEIBEN

Sie haben sich ein braves Kind gewünscht. Aber jetzt hängt es an Mamas Rockzipfel, ist ängstlich und gar zu fügsam. Es hat Schwierigkeiten, sich unter Gleichaltrigen zu behaupten, tritt in Konfliktsituationen meist sofort den Rückzug an. Sie fragen sich mit Sorge, wie es sich einmal in einer Welt harter Konkurrenz wird behaupten können.

*L*esen Sie

Die rote Zora und ihre Bande von Kurt Held –
und schenken Sie das Buch anschließend Ihrem Kind.

Kurt Held hieß eigentlich Kurt Kläber, war ein Arbeiterschriftsteller und überzeugter Kommunist. 1933, nach dem Reichstagsbrand, wurde er verhaftet, kam wieder frei und emigrierte zusammen mit seiner Frau Lisa Tetzner in die Schweiz. Er durfte dort aber nicht veröffentlichen, deshalb erschien sein Buch *Die rote Zora und ihre Bande* (1941) unter dem Pseudonym Kurt Held. Es wurde sehr erfolgreich und gilt als Klassiker der Jugendliteratur.

In dem kroatischen Hafenstädtchen Senj treibt eine Bande von Halbwüchsigen ihr Unwesen. Es sind Waisenkinder, Verstoßene, *outlaws,* die in der städtischen Gemeinschaft keinen Platz gefunden haben. Ihr Schlupfwinkel liegt im Turm einer halbverfallenen Burg, hoch über der Stadt gelegen. Von dort aus brechen sie, angeführt von der kühnen Zora, immer wieder zu kleinen Raubzügen auf, stehlen an Lebensmitteln, was ihnen unter die Finger gerät. Ihre natürlichen Feinde sind die Gendarmen, der Bürgermeister, hartherzige Bürger und deren arrogante Sprösslinge, die Gymnasiasten, mit denen die Bande sich immer wieder heftige Scharmützel liefert. Die wilden Kinder begreifen sich als Nachfahren der Uskoken, eines tapferen, freiheitsliebenden Volksstamms, der im 16. Jahrhundert die Venezianer wie die Osmanen in Angst und Schrecken versetzte. Ihr (fast) einziger Freund ist der alte Fischer Gorian. Mächtige Fischereigesellschaften bedrohen seine Existenz als freier Fischer. Die Kinder helfen ihm beim Fischfang und erweisen sich als treue Verbündete in seinem Kampf gegen die Geschäftemacher.

Zora, Branko, Pavle, Duro und Nikola bilden eine verschworene Gemeinschaft, in der feste Regeln gelten. Ihr unumstößlicher Grundwert ist die Solidarität. Aber auch in dieser kleinen Gruppe gibt es Eifersüchteleien, Neid, kleine Intrigen. Branko, den Zora zu ihrem Kronprinzen erkoren hat, verliebt sich in die schöne Zlata, die Tochter des Bürgermeisters. Dies führt zu erheblichen Verwicklungen und bedroht den Zusammenhalt der Bande. Aber der Druck von außen, die Repression der Obrigkeit, die Gefahr, im Gefängnis zu landen, schweißt sie immer wieder zusammen. Auch in aussichtslos erscheinenden Situationen gelingt es den streunenden Kindern, den Kopf aus der Schlinge zu ziehen.

Die rote Zora ist ein antiautoritäres Kinderbuch, auch wenn es diesen Begriff damals noch nicht gab. Ein nicht geringes Freiheitspathos durchweht den Roman, das bis in die beeindruckenden Beschreibungen von Land und Meer hinein bildhaft Gestalt gewinnt. Das Buch feiert die Aufmüpfigkeit, den Kampf der Kinder um Autonomie, ermuntert dazu, sich vor angemaßter Autorität keinesfalls zu ducken. Und es zeigt, wie ein angeborenes, natürliches Gerechtigkeitsempfinden mit bürgerlichen Normen und Gesetzen in Konflikt geraten kann. Fast möchte man am Ende etwas enttäuscht sein darüber, dass der alte Gorian die Kinder zwar vor dem Gefängnis bewahren kann, ihnen aber zugleich den Weg in eine bürgerliche Existenz zeigt. Es bleibt zu hoffen, dass es den ungebärdigen Kindern gelingt, auch in Zukunft etwas von ihrem rebellischen Geist zu bewahren. »Die Uskoken sind tot, es leben die Uskoken.« So lautet das trotzige Schlusswort der roten Zora.

Dieses schöne Buch hat nichts an Aktualität verloren: Unterwürfigkeit, Feigheit und Opportunismus regieren noch immer die Welt – vielleicht mehr denn je. Eines aber steht fest: Die auf herzerfrischende Weise erzählten Abenteuer der roten Zora und ihrer Gefährten wird auch den heutigen Leser, egal welchen Alters, in Bann schlagen. Und ihn ermuntern, den Weg ins Freie zu suchen.

Sie suchen einen Weg, Ihre Kinder vom Konsumzwang wegzubringen und ihre Sinne für die Ungerechtigkeit der Welt zu schärfen

Mit Besorgnis beobachten Sie den konsumistischen Gruppenzwang, der aus dem schulischen Umfeld Ihrer Kinder resultiert, in dem Markenartikelkleidung den sozialen Status bestimmt. Ihre Hinweise auf den Zusammenhang zwischen westlichem Überfluss und dem Hunger in der Dritten Welt, Kindersterblichkeit und Kinderarbeit wirken auf Ihre Sprösslinge nur kurzfristig. Ihre Versuche, politisches Bewusstsein zu wecken, kommen Ihnen selbst oft hoffnungslos altmodisch vor. Sie fühlen sich auf verlorenem Posten, möchten aber auch den »Gutmenschen«-Effekt derer vermeiden, die glauben, in Bioläden einzukaufen und vegetarisch zu leben wäre bereits die Lösung.

esen Sie

Die schwarzen Brüder von Lisa Tetzner.

Dieses Buch ist ein weltweiter Kinderbuch-Klassiker, wurde mehrfach verfilmt (u. a. in Japan als mehrteiliger Trickfilm) und sogar zum Musical-Stoff. Da es Anfang der vierziger Jahre erschien, ist es vielen jüngeren Eltern heute nicht mehr bekannt. Der Roman beruht auf der Tatsache, dass noch im 19. Jahrhundert Tessiner Kinder armer Leute verkauft wurden, um beispielsweise – so wie in unserer Geschichte – Arztrechnungen bezahlen zu können. Ähnliches geschah nicht nur in der Schweiz (die damals noch nicht so reich war wie heute), sondern beispielsweise auch im österreichischen Vorarlberg und Tirol, wo Kinder als Arbeitssklaven zu reichen Bauern ins Allgäu geschickt wurden. Dabei reden wir nicht vom als »dunkel« geschimpften Mittelalter, sondern von der Zeit, als unsere Urgroßeltern lebten.

»Die schwarzen Brüder« bezeichnet die sogenannten »Spazzacamini«, Kaminfegerbuben, die im Fall unserer Geschichte die Schornsteine Mailands quasi als lebendige Kaminbürsten reinigen mussten. Giorgio stammt aus Sonogno im Verzascatal und wird vom »Mann mit der Narbe« an den Mailänder Kaminfegermeister Rossi verkauft, der unter der Fuchtel seiner bösartigen und geizigen Ehefrau den Jungen fast verhungern lässt. Sein Sohn Anselmo demütigt und quält ihn, wo er kann – nur dessen kranke Schwester Angelella steckt ihm ab und zu etwas Essbares zu und rettet ihm dadurch das Leben. (Sie wird am Ende der Geschichte seine Frau.)

Allein die Leidensgemeinschaft der »schwarzen Brüder« wirkt wie ein Lichtstreifen am Horizont und gibt den kleinen, geschundenen Kindern ein wenig Wärme. Sie führen einen ständigen Kampf gegen »die Wölfe«, eine Bande von Mailänder Gassenjungen, mit denen es aber am Grab von Giorgios Freund Alfredo, der an Tuberkulose stirbt, zu einem Friedensschluss kommt. Als Giorgio eines Tages in einem Kamin fast erstickt, tritt der – ebenfalls aus dem Tessin stammende – Arzt Dr. Casella in sein Leben und stellt den Jungen unter seinen Schutz. Mit Hilfe der ehemaligen Feinde, der »Wölfe«, kann Giorgio der lebensgefährlichen Sklaverei entfliehen. Er kehrt nach neun Jahren mit seiner jungen Mailänder Frau als ausgebildeter Lehrer in sein Heimatdorf ins Verzascatal zurück und nimmt seiner verzweifelten Familie damit eine unendliche Gewissenslast von der Seele.

Lisa Tetzner hat diese Geschichte in Archiven gefunden und begonnen, sie aufzuschreiben. Beendet wurde sie von ihrem Mann Kurt Held (dem Autor des Jugendbuch-Bestsellers *Die rote Zora und ihre Bande*), der sie jedoch unter dem Namen seiner Frau veröffentlichte, weil politische Flüchtlinge wie er damals in der Schweiz nicht publizieren durften.

Wer die Geschichte der »schwarzen Brüder« gelesen hat, wird sämtliche Hebel in Bewegung setzen, damit alle in der Familie sie kennenlernen. Sie ist in einem klaren, unsentimentalen Stil geschrieben und damit auch für die Kids von heute »cool« genug erzählt. Nur wenige Blicke in TV-Berichte genügen, und es wird erkennbar: All das findet heute immer noch statt. Nicht mehr bei uns, aber nur wenige Flugstunden entfernt. Bei denen, die nach einem 12–14-Stunden-Tag die Logos auf unsere Markenartikel kleben oder nähen und von ihrem Hungerlohn dennoch kaum satt werden. Dieser Erkenntnis wird sich kein Kind nach der Lektüre dieses Buches entziehen. Bestimmt nicht.

Ihr Kind verschanzt sich immer öfter und immer länger hinter dem Computer

Sie erkennen neidlos und sogar mit einem gewissen Stolz an, dass Ihr Sprössling spielerisch und mit leichter Hand mit jedem Computer umgeht (und in der Lage ist, Ihre eigenen Computerprobleme im Nu zu lösen). Sorge bereitet Ihnen jedoch, dass das Kind immer mehr Zeit in seinem Zimmer und immer weniger im Freien und mit Freunden verbringt: Denn die Kids kommunizieren per Mail oder Chat und spielen stundenlang Computerspiele. Da Sie wissen, wie kontraproduktiv Verbote sind, suchen Sie nach Möglichkeiten, das Kind vom Computer wegzulocken und – so wie früher – wenigstens wieder zum Lesen zu bringen.

*L*esen Sie

Tintenherz von Cornelia Funke.

Dieser Weltbestseller ist der erste Band der *Tintenwelt*-Trilogie und schlägt, was Phantasie und Handlung betrifft, jedes noch so spannende Computerspiel um Längen. Und hat zudem den (pädagogischen) Vorteil, dass die Handlung zunächst in unserer realen Welt spielt und nicht im Irgendwo eines künstlichen Universums.

Im Mittelpunkt der Geschichte stehen die zwölfjährige Meggie (die Bücher über alles liebt, ihre Favoriten mehrmals liest und behandelt, als seien es Familienmitglieder) und der alleinerziehende Buchbinder Mortimer Folchart, von seiner

Tochter Meggie liebevoll Mo genannt. Als eines Nachts ein unheimlicher alter Freund des Vaters mit dem merkwürdigen Namen »Staubfinger« auftaucht, beginnt eine für das Mädchen rätselhafte Flucht in den Süden. Dabei werden sie von Staubfingers gehörntem Marder begleitet, der seinem Herrn nicht von der Seite weicht. Als alle drei – samt Marder – bei Meggies Tante Elinor, einer obsessiven Büchersammlerin, in deren riesiger Villa am Gardasee unterschlüpfen, fangen die Ereignisse an, sich zu überschlagen. Und Meggie erfährt nach und nach, dass ihr Vater die ungewöhnliche Gabe hat, Dinge und Menschen beim Vorlesen aus ihren Büchern »herauszulesen« und damit in unsere reale Welt zu katapultieren. Auch der Gaukler und Feuerspucker Staubfinger und sein gehörnter Marder sind auf diese Weise aus dem Buch *Tintenherz* herausgekommen – und wollen mit aller Macht wieder dahin, in ihre vertraute Welt, zurück. Leider fielen Staubfinger und sein spitzzahniges kleines Raubtier nicht allein in unsere Welt: Während Meggies Mutter vor vielen Jahren bei diesem Lesevorgang spurlos verschwand, tauchten der schreckliche Bösewicht Capricorn und seine genauso schlimmen »schwarzen Männer« zusammen mit Staubfinger auf. Und sind nun hinter Meggies Vater Mo her, damit er ihnen Gold aus anderen Büchern herauslese. Nur mit Hilfe des Verfassers von *Tintenherz,* des Dichters Fenoglio, geht die unglaublich spannende und gar nicht immer zartbesaitete Geschichte gut aus: Meggies Mutter ist nach neun Jahren endlich wieder bei ihrer Familie – aber der Schriftsteller Fenoglio verschwindet in der Welt seines eigenen Buches. (Die Suche nach ihm ist unter anderem auch der Anlass für den nächsten Band mit dem Titel *Tintenblut*.)

Wer *Tintenherz* gelesen hat – das ebenso wie *Harry Potter* jedem Erwachsenen genauso viel Lesespaß bringt wie jungen

Lesern –, wird bei den gemeinsamen Familienmahlzeiten so viel zu erzählen haben, dass selbst beim computersüchtigsten Kind Neugier geweckt werden wird. Geschickte Fragestellung – »Wie machen das denn die Macher von Computerspielen plausibel und glaubhaft, wenn jemand verschwindet und woanders wieder auftauchen soll?« o. Ä. – kann dabei helfen und wird den kleinen, nach Virtuellem Süchtigen über kurz oder lang in die *Tintenherz*-Welt hinüber- und hineinlocken. Cornelia Funke hat in ihrer unglaublich faszinierenden Geschichte zudem sehr viele Motive aus anderen Büchern eingebaut, die ein wissbegieriges Kind (und auch Computerspiele basieren ja auf Wissbegier und kindlichem Tatendrang) neugierig auf andere Bücher machen können.

Mit ein bisschen Glück und viel Geschick können Sie mit Hilfe von *Tintenherz* und den zwei Folgebänden dem Lesen in Ihrem Kinderzimmer wieder zu seinem Recht verhelfen. Wenn Sie den ersten Schritt – den Lese-Einstieg Ihres Kindes in *Tintenherz* – schaffen, werden die virtuellen Spiele auf ihren Platz verwiesen werden, nämlich den zweiten. Maximal.

SIE BEFÜRCHTEN, IHR KIND SEI IN EINE CLIQUE VON WOHLSTANDSVERWAHRLOSTEN JUGENDLICHEN GERATEN

Schon seit geraumer Zeit beobachten Sie mit Misstrauen, wie Ihr heranwachsendes Kind sich immer mehr von Ihnen abkapselt. Es bewegt sich in einem engen Zirkel von Freunden. Sie sind aus guten Verhältnissen, verhalten sich aber höchst sonderbar. Sie sprechen in merkwürdigen Codes. Was sie miteinander treiben, ist Ihnen ein Rätsel. Immerhin auffällig, wie viel Geld Ihr Sprössling auf einmal verbraucht.

*L*esen Sie

Die geheime Geschichte von Donna Tartt.

Das Buch, ein Debütroman, erschien 1992 in den USA und war ein Sensationserfolg.

Richard Papen, Sohn eines Tankstellenbesitzers, ist in einer kalifornischen Kleinstadt aufgewachsen. Er will Arzt werden, besucht ein kleines College und beginnt im Nebenfach Altgriechisch zu studieren. Die Sprache fasziniert ihn mehr als die vormedizinischen Kurse. Um den engen Verhältnissen und seinen ewig streitenden Eltern zu entkommen, bewirbt er sich für das Hampden College, eine renommierte Ausbildungsstätte in Vermont. Er wird angenommen und gerät an einen geheimnisumwitterten, charismatischen Lehrer, Julian Morrow, der Altgriechisch unterrichtet und eine kleine verschworene Gruppe von Schülern um sich versammelt hat.

Es sind ihrer fünf: Henry, ein blasierter Intellektueller, die aufeinander fixierten Zwillinge Charles und Camilla, Bunny, ein fröhlicher Schnorrer, und Francis, ein reicher Bohemien. Sie sind elitär bis zum Snobismus, und Richard hat Mühe, sich zu akklimatisieren. Aber schon bald steht auch er im Bann von Julian, der seinen Schülern das Denken der Antike nahezubringen versteht. Julian entfacht in ihnen die Leidenschaft für »die geheime, die strahlende, die schreckliche Klarheit des Altgriechischen …, das seltsame, harte Licht, das Homers Landschaften durchdringt und Platons Dialoge erleuchtet«. Er weckt in ihnen das Interesse an den griechischen Mysterienkulten, an einer besonderen Form des Wahnsinns, des Außersichseins im Zeichen des Dionysos. Angeführt von Henry, versuchen die vier (Richard und Bunny bleiben ausgeschlossen), sich mit Hilfe von Fasten und allerlei Rauschmitteln in einen Zustand göttlicher Raserei zu versetzen. Die Situation gerät außer Kontrolle, und Henry erschlägt einen Farmer, der ihnen in der dunklen Nacht zufällig über den Weg läuft. Sie versuchen, die Tat geheim zu halten (»… es war nicht Voltaire, den wir da umgebracht haben«, sagt Francis zynisch), aber Bunny entdeckt schließlich, was passiert ist. Und beginnt, die anderen zu erpressen. Deshalb muss er sterben. Mag die erste Tat eine Art Unfall gewesen sein, so ist diese zweite ein kaltblütiger Mord. Von nun an sind sie vor allem damit beschäftigt, ihr Verbrechen zu vertuschen, aber sie sind dieser Situation nicht gewachsen. Ihre Gemeinschaft bekommt Risse, die Konflikte eskalieren, Alkoholexzesse tun ein Übriges. Eifersucht, verwirrte Gefühle treiben eine sich rasch vertiefende Kluft in die Gruppe. Als ihr Lehrer hinter ihr dunkles Geheimnis kommt, entzieht er sich seiner Verantwortung, macht sich aus dem Staub. Insbesondere Henry, sein Lieblingsschüler, verliert den letzten Halt, und es kommt zu einem blutigen Finale.

Donna Tartts Roman *Die geheime Geschichte* ist weit mehr als ein atemberaubend packender Krimi. Er ist eine höchst raffiniert geschriebene psychologische Studie, leuchtet die Charaktere bis in deren tiefste Abgründe aus. Es gelingt der Autorin zu zeigen, dass unter der Oberfläche eines mehr oder minder angepassten Verhaltens ein gefährliches Potenzial lauert. Das beim Zusammentreffen ungünstiger Umstände explodieren kann. Ein Rezept bietet dieses grandiose Buch nicht, aber es erweitert das Verständnis für die fragile Existenz von Jugendlichen, denen es an Orientierung und an den richtigen Vorbildern mangelt. Und das ist doch eine ganze Menge. Sie werden von diesem Buch gefesselt sein.

Ihr Kind kommt in der Schule nicht zurecht, und der Traum von einer akademischen Karriere droht zu zerplatzen

Sie haben immer gewollt, dass Ihr Kind es einmal »besser haben« soll als Sie. Deswegen haben Sie alles dafür getan, dass es eine gute Ausbildung erhält. Jetzt aber scheint es plötzlich auf der Schule überfordert zu sein, und es steht zu befürchten, dass es später nicht als Chirurg/in oder Richter/in hohen Status und ein entsprechendes Einkommen genießen, sondern gezwungen sein wird, sich mit einem ganz normalen Beruf zufriedenzugeben.

*L*eser Sie

Unterm Rad von Hermann Hesse.

Diese längere Erzählung ist ein 1903/4 entstandenes Frühwerk des Autors, der in ihm ganz eindeutig auf Erinnerungen an die eigene, noch nicht so lange vergangene Jugend zurückgreift.

Hans Giebenrath, der jugendliche Held von *Unterm Rad*, hat in biographischer Hinsicht vieles mit seinem Schöpfer gemein. Er wächst in einem »kleinen Schwarzwaldnest« auf, das vorwiegend von Spießbürgern bewohnt ist, zu denen auch sein Vater, ein Kaufmann, zählt, dessen »inneres Leben … das des Philisters« ist. Überraschenderweise erweist der Sohn dieses Durchschnittsmenschen sich in der Lateinschule als überaus begabt, und da Giebenrath senior wie die

meisten anderen »warmgesessenen, wohlhabenden Bürger …
keinen höheren Ehrgeiz kennt«, als den Sohn studieren und
etwas Besseres werden zu lassen, wird dieser zum »Landex-
amen« angemeldet. Nach entsprechender Vorbereitung – von
lauter »wohlmeinenden« Erziehern wird mit Hilfe von »Ex-
tralektionen« und »Repetitionsstunden« so viel Wissen in ihn
reingestopft, wie überhaupt nur möglich – besteht er dieses
Examen auch als Zweitbester. Dieser Erfolg, auf den beinahe
das ganze Städtchen stolz ist, bewirkt, dass alle diejenigen,
die es doch so gut mit ihm meinen – seine Lehrer und der
Pfarrer –, ihre Anstrengungen, ihm Kenntnisse auf allen
möglichen Gebieten einzutrichtern, noch verdoppeln, damit
er beim Eintritt ins Seminar bestens präpariert ist. Ihr Ehrgeiz überträgt sich auf ihn; er beginnt sich besser zu dünken
als seine gleichaltrigen Kameraden, auf die er jetzt als »Da-
ckel« und »Dickköpfe« herabsieht. Er hat keine Freude mehr
an den üblichen »Raufereien und Spielen«, muss aber bald
auch notgedrungen auf jeden erholsamen Zeitvertreib – wie
das früher von ihm so geliebte Angeln – verzichten. Einzig
ein Angehöriger der sozialen Unterschicht, ein Schuhmacher,
mit dem Hans befreundet ist, ahnt, dass das nicht gutgehen
kann. Er bezeichnet es als »Unsinn … und eine Sünde dazu«,
dem Jungen auf diese Weise seine Kindheit zu rauben, und
warnt ihn: »In deinem Alter muss man ordentlich Luft und
Bewegung und sein richtiges Ausruhen haben. Zu was gibt
man euch denn Ferien? Doch nicht zum Stubenhocken und
Weiterlernen.«

Wie recht dieser Mann mit seinen Befürchtungen hatte,
zeigt sich wenige Monate später. Nach einigen Monaten im
Maulbronner Seminar, in dem Giebenrath sich anfangs als
intelligenter und wissbegieriger Schüler der Zuneigung seiner Lehrer erfreut, wird er immer öfter von Kopfweh und
nicht näher zu bestimmenden Erschöpfungszuständen ge-

plagt. Seine Leistungen lassen nach, er wird ermahnt: »Nur nicht matt werden, sonst kommt man unters Rad«, vermag aber nichts gegen den schleichenden Verfallsprozess in seinem Inneren zu unternehmen: Er fühlt sich immer nur noch »müde«. Doch: »Keiner dachte etwa daran, dass die Schule und der barbarische Ehrgeiz eines Vaters und einiger Lehrer dieses gebrechliche Wesen so weit gebracht hatten.«

Hans Giebenrath wird aus dem Maulbronner Seminar nach Hause geschickt, zur Erholung, wie es offiziell heißt, doch jedem ist klar, dass er nicht wieder zurückkehren wird. In seinem Heimatort denkt der »Versager« zunächst an Selbstmord, dann tritt das Leben noch einmal an ihn heran, in Gestalt des Eros – er verliebt sich in ein junges Mädchen – und in Gestalt eines bürgerlichen Berufes – er tritt eine Mechanikerlehre an. Doch ist er beiden Begegnungen nicht mehr gewachsen. Als die Geliebte sich an ihn presst, wird er von einem Schwächeanfall ergriffen: »Da er so Puls und Atem des fremden Lebens heiß und nah erfühlte, stockte ihm der Herzschlag, und er glaubte sterben zu müssen, so schwer ging ihm der Atem.« Und als er von einem Ausflug mit anderen Lehrlingen, bei dem man, den üblichen Männlichkeitsritualen huldigend, sehr viel Alkohol getrunken hat, allein nach Hause zurückzukehren versucht, ertrinkt er im Fluss – wobei offen bleibt, ob er einem Unfall zum Opfer gefallen ist oder schließlich doch den Freitod gewählt hat.

Hesse schaltet in die Handlung seiner Erzählung immer wieder explizite Angriffe auf das Schulsystem der damaligen Zeit ein, dessen Hauptziel es seiner Meinung nach war, den Willen des Individuums zu brechen und dem Staat Untertanen zu schaffen. Er hat sich in *Unterm Rad* außer in dem Protagonisten noch in einer zweiten Person porträtiert, in Giebenraths Mitseminaristen Hermann Heilner, der aus Maulbronn flieht, weil er eine freiheitliche Existenz führen will – und zwar als Dichter. In den Augen vieler war so jemand – und ist es vielleicht auch heute noch – kein nützliches Glied der Gesellschaft, in der modernen Terminologie ein *drop out,* letztlich ein Asozialer. Doch Hesse macht energisch Front gegen ein solches Urteil. Gerade diese Menschen sind für ihn die »wertvolleren Geister« – und er beteuert: »Immer wieder sind es vor allem die von den Schulmeistern Gehassten, die Oftbestraften, Entlaufenen, Davongejagten, die nachher den Schatz unseres Volkes bereichern.«

Machen Sie sich das bewusst, wenn es Ihnen so großen Kummer bereitet, dass Ihr Kind auf seiner »höheren Lehranstalt« fehl am Platze zu sein scheint. Und fragen Sie sich einmal, ob es nicht Ihr persönlicher Ehrgeiz ist, der es dorthin geschickt hat. Wollen Sie wirklich *sein* Bestes?

Sie entdecken, dass Ihre Frau Sie mit Ihrem besten Freund betrogen hat

Die Erkenntnis trifft Sie wie der sprichwörtliche Blitz aus heiterem Himmel. Nie hätten Sie es für möglich gehalten, dass der geliebte Ehepartner Sie hintergeht, aber die Indizien scheinen eindeutig zu sein. Sie sind in Ihrem Stolz derart verletzt, dass Sie sich außerstande fühlen, mit dieser Situation umzugehen, sich auszusprechen – weder mit Ihrer Frau noch mit Ihrem Freund. Ihnen bleiben nur die Isolation und das Schweigen.

*L*esen Sie

Die Glut von Sándor Márai.

Bücher haben ihre Schicksale, wie man von alters her sagt, in diesem Fall trifft das in besonderem Maße zu. Márai, aus einer reichen ungarischen Familie stammend und im Jahr 1900 geboren, emigrierte 1948 angesichts des aufkommenden Kommunismus in die Schweiz, später in die USA. Sein Roman *Die Glut* erschien (damals unter dem Titel *Die Kerzen brennen ab*) 1950 auf Deutsch und fand wenig Beachtung. 1999, zehn Jahre nach dem Tod des Autors, wurde das Buch neu veröffentlicht und ein Riesenerfolg.

Henrik, ein alter General und kaiserlicher Gardeoffizier, lebt einsam und zurückgezogen auf seinem Schloss am Rande der Karpaten. Von seiner Geburt an immer auf der Sonnenseite des Lebens, von Reichtum umgeben, machte er eine glänzende Offizierskarriere, hatte Umgang mit dem Kaiser, verkehrte in den besten Gesellschaftskreisen. Bis zu jenem verhängnisvollen Tag vor einundvierzig Jahren, an dem sein Leben zerbrach. Es war der Tag, an dem sein Freund Konrád bei einem Jagdausflug im Morgengrauen das Gewehr auf ihn anlegt und Henrik entdeckt, dass Konrád eine Liebschaft mit seiner Frau Krisztina pflegt. Zumindest glaubt er das, nachdem Konrád fluchtartig Haus und Regiment verlassen hat. Aber es ist kein Schuss gefallen, und für die Untreue Krisztinas gibt es allenfalls Indizien. In seinem Stolz und seiner Ehre gekränkt, spricht der General mit seiner Frau kein Wort mehr und zieht in sein Jagdhaus. Auch als sie acht Jahre danach auf dem Sterbebett liegt, kommt er nicht, um von ihr Abschied zu nehmen. Nun, nach einundvierzig Jahren, erhält er eine Nachricht von Konrád, die dessen Besuch ankündigt. Als der Gast eintrifft, ist alles arrangiert wie am letzten Abend, den die beiden gemeinsam mit Krisztina verbrachten, die Tafel, das Geschirr, die Gläser, das Besteck, die Kerzen. Nur das Porträt Krisztinas hängt nicht mehr in der Reihe der Ahnengalerie, an seiner Stelle ist ein leerer Fleck. Die Stunde der Abrechnung ist gekommen. Die Asche der Jahre konnte die Glut im Herzen des Generals, sein Verlangen nach Rache, nicht ersticken. Das Essen wird aufgetragen, die Unterhaltung kommt in Gang. Der Gast erzählt von der Zeit, die er als englischer Staatsbürger in den Tropen zugebracht hat. Aber schon bald wird das Gespräch höchst einseitig, auf Henriks Fragen gibt Konrád nur ausweichende Antworten, oder er schweigt. Der alte General beschwört die glücklichen Jahre der Freundschaft herauf, die in der Kadettenanstalt begann, damals, in der längst untergegangenen Donaumonarchie. In geschliffenen Sätzen, unterlegt mit philosophischen Gedanken, stimmt er das Hohelied auf die Männerfreundschaft an, erklärt sie zum Kostbarsten, was einem im Leben begegnen kann, nur um den Verrat, den Betrug, den Konrád an ihm begangen hat, in einem umso schlimmeren Licht erscheinen zu lassen. Die genauen Umstände, die Tatsachen interessieren ihn dabei weniger, zu lange liegt das Geschehen zurück. Er will die Absichten, die Motive hinter der Tat ergründen. Ist es der Standesunterschied (Konrád stammt aus einer verarmten galizischen Adelsfamilie), der ihn fast zum Mörder seines Freundes werden ließ, ist es die Leidenschaft gegenüber Krisztina, die ihn antrieb? Ist Konrád, ein weitläufiger Verwandter Chopins, von der Musik, dieser verdächtigen Kunst, infiziert worden? Und schließlich: Hat Krisztina von dem Plan, Henrik zu ermorden, gewusst? Antworten auf diese Fragen bekommt der General nicht. Es ist ein Duell, in dem sein Kontrahent sich weigert, die Pistole zu erheben.

Am Ende bleibt Henrik nur die Resignation: »Allmählich versteht man die Welt, und dann stirbt man.« Aber hat er wirklich verstanden, oder ist er einem Hirngespinst hinterhergejagt?

Die Glut ist ein tiefgründiger Roman von äußerster Intensität. Ein Kammerspiel, in dem wenig passiert und das einen trotzdem immer wieder den Atem stocken lässt. Ein glänzendes Beispiel dafür, was Literatur vermag. Es ist nicht klug, wie das Beispiel des Generals zeigt, sich das Leben durch den Gedanken der Rache vergiften zu lassen, so gnadenlos den anderen und sich selbst gegenüber zu sein. Dennoch werden Sie am Ende dieser Gestalt den Respekt, ja, die Sympathie kaum versagen können.

Sie fühlen sich
von einem Freund verraten

Niemals hätten Sie das für möglich gehalten: Ein Freund, dem Sie blind vertraut haben, hat Ihr Vertrauen missbraucht. Freundschaft ist etwas überaus Kostbares im menschlichen Zusammenleben. Der Verrat einer Freundschaft wiegt deshalb schwer. Zumal dann, wenn es sich um einen Menschen handelt, den man fest ins Herz geschlossen hat. Wenn es nicht einer von vielen Freunden ist. Menschen, die sich vieler Freunde rühmen, wissen meist nicht, was Freundschaft ist. Das Schmerzliche am Verlust eines Freundes besteht darin, dass man eine tiefe Seelenverwandtschaft mit ihm empfunden hat. Er hat uns eine Verletzung zugefügt, die nur langsam heilt.

*L*esen Sie

Der lange Abschied von Raymond Chandler.

Der Roman ist 1953 erschienen, sein Held ist (wie schon in Chandlers vorausgegangenen Romanen) der Privatdetektiv Philip Marlowe. Er ist ein melancholischer und zugleich stolzer Charakter. Melancholisch, weil die Welt, in der er lebt, so ist, wie sie ist. Stolz, weil er in einer Umgebung, in der alles käuflich ist, nicht käuflich ist. Er ist aufgrund dieser Eigenschaften ein einsamer Mann. Mit sentimentalen Anflügen.

In *Der lange Abschied* begegnet er vor einem Nachtclub in Los Angeles einem Mann namens Terry Lennox. Lennox hängt in einem Rolls-Royce auf dem Parkplatz vor dem Lokal und ist sturzbetrunken. Die übliche Geschichte – er war an die falsche Frau geraten. Sie macht sich dann mit dem Rolls davon, und er sitzt auf dem Asphalt – wie ein herrenloser Hund. Marlowe nimmt ihn mit zu sich nach Hause und hilft ihm wieder auf die Beine. Terry hat weißes Haar, obwohl kaum älter als Marlowe, und ein Narbengesicht. Marlowe mag seine Art und seine Manieren. Sie treffen sich gelegentlich in einer Bar auf einen Drink oder zwei. Eine Männerfreundschaft entsteht. Sie trägt Züge einer zarten Liebesgeschichte, ist frei von eigennützigen Absichten oder der Suche nach persönlichem Vorteil. Zumindest, was Marlowe betrifft. Aber dann steckt Terry plötzlich in der Klemme, steht unter Mordverdacht. Marlowe glaubt an seine Integrität und bringt ihn über die Grenze nach Tijuana. Als er von diesem kleinen Ausflug zurückkommt, nimmt ihn die Polizei übel in die Mangel. Marlowe schweigt eisern. Er gehört nicht zu der Sorte, die einen Freund verrät. Den Bullen, mit denen er es in der Untersuchungshaft zu tun hat, hätte er aber vermutlich nicht einmal einen Feind verraten.

Im Fortgang der Geschichte muss er feststellen, dass Terry ihn auf üble Weise hintergangen hat. Am Ende treffen sie sich noch einmal. Terry glaubt, einfach da wieder anknüpfen zu können, wo es aufgehört hat. Marlowe macht ihm klar, dass das nicht geht: »Hören Sie, Terry. Sie hatten ein großes Stück von mir gekauft. Für ein Lächeln, ein Nicken, ein Winken mit der Hand und ein paar stille Drinks hin und wieder in einer stillen Bar. Es war nett, solange es währte. Machen Sie's gut, Amigo. Groß Abschied nehmen wollen wir nicht. Das haben wir getan, als es etwas bedeutete. Als es ein trauriges, einsames und endgültiges Wort war.«

Keine Frage: Es liegt im Wesen einer Freundschaft, dass sie enttäuscht werden kann. Chandler erzählt ihr Erlöschen als Prozess einer schmerzlichen Desillusionierung. Aber die

Konsequenz, die daraus zu ziehen wäre, kann nicht darin bestehen, sich abzukapseln, sich künstlich zu vereisen. Die kostbaren Momente des Lebens, die sich aus Begegnungen mit anderen Menschen ergeben, sind nicht ohne Risiko zu haben. Dieses Risiko sollten Sie immer wieder eingehen.

Sie haben einen Ihnen nahestehenden Menschen verloren

Der Tod Ihres Vaters oder Ihrer Mutter kam unerwartet und traf Sie wie ein Schock. Jetzt versuchen Sie des Verstorbenen zu gedenken, ihn sich zu vergegenwärtigen. Aber es will Ihnen nicht gelingen, die Bruchstücke aus Erinnerungen zu einem fest umrissenen, klaren Bild zusammenzufügen. Es bleibt ein unaufhebbarer Rest von Fremdheit.

*L*esen Sie

Wunschloses Unglück von Peter Handke.

Das schmale Buch beginnt lapidar mit einer Zeitungsnotiz: »In der Nacht zum Samstag verübte eine 51-jährige Hausfrau aus A. (Gemeinde G.) Selbstmord durch Einnehmen einer Überdosis von Schlaftabletten.« Die Verstorbene ist Peter Handkes Mutter. Der Dichter versucht, die »stumpfsinnige Sprachlosigkeit«, die ihn beim Erhalt der Nachricht vom Selbstmord befallen hat, schreibend zu überwinden. Er spricht von seinem Entsetzen, von Momenten »der äußersten Sprachlosigkeit« und dem »Bedürfnis, sie zu formulieren«.

Es sind karge, ärmliche Verhältnisse, in die die Mutter hineingeboren wird. Eine ländliche Gemeinde im Kärnten der 1920er Jahre: »Praktisch herrschten noch die Zustände von 1848, gerade, dass die formelle Leibeigenschaft aufgehoben war.« Der Großvater, slowenischer Abkunft, besitzt ein kleines Anwesen und kommt in Zeiten von Inflation und Arbeitslosigkeit so recht und schlecht über die Runden. Die Mutter ist das vorletzte von fünf Kindern. Ein kluges, munteres Mädchen in sehr beengten Verhältnissen. »Selten wunschlos und irgendwie glücklich, meistens wunschlos und ein bißchen unglücklich.« Nach der Schule will das Mädchen einen Beruf lernen. Ihr Wunsch wird mit einer Handbewegung abgetan. Das genügt, es ist »undenkbar«. Mit fünfzehn oder sechzehn Jahren bricht sie aus, verlässt das Elternhaus, lernt kochen in einem Hotel am See. Es gibt keine andere Möglichkeit für sie: »Abwaschhilfe, Stubenmädchen, Beiköchin, Hauptköchin«. Dann kommt der Führer nach Kärnten und verkündet den »Anschluss« seiner Heimat an das Deutsche Reich. Gemeinschaftserlebnisse, Fackelzüge und Feierstunden – das triste Landleben nimmt Formen an. Die junge Frau lernt einen deutschen Parteigenossen kennen und wird schwanger. Leider ist der Parteigenosse verheiratet. »Um dem Kind einen Vater zu geben«, heiratet sie einen Unteroffizier der Deutschen Wehrmacht. Inzwischen ist Krieg. Sie bleibt mit ihrem Sohn in ihrer Heimat.

Nach Kriegsende ziehen die beiden zu ihrem Ehemann nach Berlin. Es ist eine unglückliche Ehe, der Mann ist Alkoholiker. Ein weiteres Kind, mehrere Abtreibungen. Von Berlin zieht die Familie in ihren Kärntner Heimatort. Sie lebt dort in Armut. Demütigende Gänge auf die Ämter. Das Verhältnis der Mutter zum trunksüchtigen Ehemann schwankt zwischen stummer Resignation und offener Feindschaft. Nach und nach wird ihr Selbstbehauptungswillen gebrochen. Sie weiß, dass ihr Leben auch anders hätte verlaufen können. »Was wirklich geschah: Ein Naturschauspiel mit einem menschlichen Requisit, das dabei systematisch entmenscht wurde«, schreibt Handke. Sie bekommt chronische, schlimme Kopfschmerzen, ein Arzt findet einen Namen für ihre Beschwerden: Nervenzusammenbruch. Nach einer Urlaubsreise und einer kurzen Phase der Besserung treibt sie immer mehr in die Depression. Am Tag vor ihrem Selbstmord geht sie zum Friseur und zur Maniküre. Am nächsten Abend hängt sie ihr zweiteiliges braunes Kleid an den Schlafzimmerschrank, nimmt eine Überdosis von Schlaftabletten und Antidepressiva, bindet sich mit einem Kopftuch das Kinn fest und legt sich hin zum Sterben.

Es ist ein erschütterndes Schicksal, was Handke hier erzählt, und es nimmt umso schärfere Konturen an, als der Autor an kaum einer Stelle von seinen Gefühlen spricht. Immer wieder ist seine Erzählung von Reflexionen unterbrochen, in denen er sich über die Grenzen des Darstellbaren Rechenschaft ablegt. Er fürchtet »das schmerzlose Verschwinden einer Person in poetischen Sätzen«. Er versucht, sich »mit gleichbleibendem starrem Ernst an jemanden heranzuschreiben, den ich doch mit keinem Satz ganz fassen kann …«. *Wunschloses Unglück* ist ein radikal aufrichtiges, ein schonungsloses Buch. Es ist keine Bewältigung, keine »Trauerarbeit«. »Es stimmt nicht, daß mir das Schreiben genützt hat«, schreibt Handke gegen Ende. Wo bleibt der Trost? Es gibt keinen. Aber vielleicht ist es besser, sich der scharfen, bitteren Erkenntnis eines Verlusts auszusetzen, anstatt sich mit geschönten Bildern und billigen Floskeln des Trosts darüber hinwegzuschwindeln.

SIE UND DER REST
DER WELT

Sie werden oft belächelt, weil Sie — immer noch — Feministin sind

Obwohl Sie sich schon in den sechziger und siebziger Jahren aktiv für die Gleichberechtigung der Frauen engagiert haben, sind Sie keine »Männerfeindin«. Aber Sie wundern und ärgern sich über das Desinteresse der jungen Frauen von heute, die glauben, das »Frauenproblem« sei mit dem Hosenanzug gelöst. Sie finden, die Androgynisierung der Menschheit ist keine Lösung und auch nicht der Spagat zwischen »Germany's next Topmodel« und dem dunkelblauen Kostüm (als Tarnanzug) auf dem Weg in die Vorstandsetage. Es macht Sie wütend, als »Alt-Feministin« abgestempelt zu werden.

esen Sie

Das Buch von Blanche und Marie von Per Olov Enquist.

Stellen Sie sich vor, Sie entdecken unverhofft auf dem Dachboden eine schon äußerlich sehr besondere Schatulle und finden sie gefüllt mit faszinierenden kleinen, unbekannten Gegenständen: Diese Wirkung hat der auf Tatsachen beruhende Roman schon auf den ersten Seiten auf seine Leser. Die Erzählweise ist eine Mischung aus direkten Handlungsszenen und ebenso brillanten, reportagehaften Passagen, die offensichtlich auf Dokumenten beruhen. (»Dokumente werden immer von denen geschrieben, die schreiben können, oder von den Siegern!« – ein versteckter Hinweis des Autors, dass sich nicht alles in diesem Roman belegen lässt.)

Per Olov Enquist katapultiert uns ans Ende des vorvorigen Jahrhunderts, mitten hinein in die »schmutzige Geschichte der Moderne«. Es geht darin um das Leben der zweifachen Nobelpreisträgerin Marie Curie und das ihrer Freundin Blanche Wittman, die der Autor miteinander verknüpft. Beide sind Opfer der Wissenschaft. Blanche, die weltberühmte »Königin der Hysterikerinnen«, wird von Jean-Martin Charcot – dem Begründer der modernen Neurologie – wöchentlich vor großem Publikum vorgeführt wie eine Marionette (festgehalten auf einem bekannten Bild von A. Brouillet). Und Marie Curie wird von der französischen Presse »hingerichtet«, weil sie nach dem Tod ihres Mannes ein Verhältnis mit einem verheirateten Kollegen hat. Beide Frauen sterben an der Liebe, an der Liebe zu schwachen Männern – und an der Strahlung von Radium, mit dem sie beide in Madame Curies Labor arbeiten.

Das alles ist »nur« rund hundert Jahre her, die wissenschaftlichen Erkenntnisse von damals wirken bis heute nach, sind Fundamente unseres heutigen Forschungsstandes, dennoch fühlt man sich bei der Lektüre in ein dunkles Zeitalter zurückversetzt. Sechstausend Patientinnen vegetieren im Pariser »Hôpital Salpêtrière«, von denen nur die attraktivsten wie Zirkustiere zur Schau gestellt werden. Ohne dass die Ärzte begreifen, dass viele von ihnen lediglich – in Anpassung geübt – als begabte Schauspielerinnen diejenigen »Stücke« aufführen, die von ihnen (zu weiblichen Maschinen degradiert) erwartet werden. Sigmund Freud führt Protokoll, und der »Frauenhasser« August Strindberg schaut fasziniert zu. Die wissenschaftlichen Erforscher der weiblichen Seele zu dieser Zeit nehmen immer noch Anleihen bei der Mystik und meinen, die Frau an sich reagiere auf bestimmte Druckpunkte, die von den männlichen Kapazitäten auf ihre Körper gezeichnet werden.

Und Madame Curie? Sie ist eine brillante Wissenschaftlerin, was ihr allerdings noch lange nicht erlaubt, auch eine liebende Frau zu sein. Sie macht Skandal und wird von den Schweden daraufhin sogar gebeten, ihren zweiten Nobelpreis aus Gründen der Moral nicht persönlich in Empfang zu nehmen. Einem Mann wäre man wohl in vergleichbarer Situation nicht mit einem solchen Ansinnen zu nahe getreten.

Dieser Roman ist ein sehr besonderes, unverwechselbares Buch und wird nicht nur kritischen feministischen Frauen ein großes Lesevergnügen bereiten. Auch wenn es sehr deutlich macht, dass durchschnittliche Männer Angst vor nicht durchschnittlichen Frauen haben. *Das Buch von Blanche und Marie* schärft die Sinne sowohl männlicher wie weiblicher Leser für gegenseitig vorhandenes Nichtverstehen. Und es ist ein ganz großes Buch über die Liebe und ihre Nebenwirkungen.

Sie fühlen sich schon seit Ihrer Kindheit als Aussenseiter

Sie sind lieber Beobachter als Akteur und fühlen sich im Rudel nicht wohl. Sie misstrauen jeder Art von Hype, meiden große Menschenansammlungen, stehen nicht gern im Mittelpunkt. Sie haben sehr ausgeprägte eigene Meinungen und können Mittelmaß nicht leiden, was Sie – manchmal zum Leidwesen Ihrer Umgebung – auch nicht verbergen. Deshalb hält man Sie manchmal für arrogant (seltener für schüchtern). Beides sind Sie nicht. Ein Missverständnis, unter dem Sie manchmal leiden.

*L*esen Sie

Ein gesegnetes Kind von Linn Ullmann.

Die Autorin – Tochter der berühmten Schauspielerin Liv Ullmann und des renommierten Regisseurs Ingmar Bergman – hat ein großes Gespür für die Erlebniswelt von Kindern. Die einfühlsame und facettenreiche Geschichte der Halbschwestern Erika, Laura, Molly und der anderen Ferienkinder, insbesondere die des sensiblen und begabten Außenseiters Ragnar, wird bei fast jedem Leser längst vergessene (Ferien-)Erinnerungen heraufbeschwören. Denn die Ausnahmesituation der Ferien, das Dasein an lockerer Leine, lässt Kinder oft mehr vom künftigen Leben erahnen, als Eltern es wahrhaben wollen. Da werden gefährliche Experimente gemacht, ebenso wie erste sexuelle Erfahrungen, und in der Erinnerung wird einem wieder bewusst, wie grausam Kinder sein können. Wichtige Hintergrundfigur in dieser

Sommerzeitgeschichte ist der gemeinsame, despotische Vater, ein erfolgreicher Arzt, der eine bedeutende Erfindung gemacht hat und dem eine große amerikanische Zeitung einen »glänzenden Verstand« bescheinigte. In seinen frühen Jahren war er ein »Weiberheld«, daher hat jedes der drei Mädchen eine andere Mutter. Es herrscht jedoch Frieden und Zuneigung unter den Kindern der Patchworkfamilie – zumindest in den Sommerferien auf der Insel Hammarsö. Wo fast immer »Draußen-Zeit« herrscht, weil der Vater in seinem Arbeitszimmer unter keinen Umständen gestört werden darf. Die Mädchen vermeiden selbst das Umblättern einer Illustrierten, denn das Geraschel könnte einen cholerischen Brüllanfall des Patriarchen auslösen. So freunden sich die Mädchen mit den anderen Inselkindern an und machen jede Menge haarsträubenden Blödsinn.

Da wird nur vordergründig von einem Sommeridyll erzählt: Die Geschichte treibt unaufhaltsam auf ein unerhörtes Ereignis zu, das den liebenswerten Außenseiter Ragnar das Leben kostet. Erika hat sich mit ihm angefreundet, leugnet diese Freundschaft jedoch vor den anderen, weil Ragnar von der Gruppe nicht akzeptiert wird. Laura, die mittlere der Schwestern, offenbart den Inselkindern diese heimliche Beziehung bei Erikas Geburtstagsfeier und löst damit eine Jagd auf den Jungen aus. Sie endet mit einem »unbeabsichtigten« Mord. Die kleine Molly, gerade erst knapp fünf Jahre alt, hat alles beobachtet und wird mit einer grausamen, traumatisierenden Drohung zum Schweigen verdonnert. Von diesem Tag an ist das Paradies von Hammarsö für die Erwachsenen und die Kinder verloren. Es gibt dort keine Ferien mehr, und die Halbschwestern haben von da an nur noch lose Verbindung zueinander.

Die tragische Geschichte wird innerhalb einer Rahmenhandlung erzählt – während einer winterlichen Fahrt der drei Schwestern auf die Insel, wo der alt gewordene und verwitwete Vater inzwischen lebt. Sie wollen ihn noch einmal besuchen. Der Vater hat sie nicht gerufen, und es ist fraglich, ob er sich über den Besuch der Töchter freuen wird. Genauso fraglich ist, ob über den »Unfall« von damals – denn als solcher wurde er von den Erwachsenen eilig und nicht näher hinterfragt eingeordnet – gesprochen werden wird.

Die klare, bisweilen kühle Sprache der Autorin ist durchwoben von großartigen poetischen Bildern, die die Grausamkeit des Geschehens (die sich auf ganz leisen Sohlen heranpirscht) umso deutlicher hervortreten lassen. Obwohl sie nicht die Hauptfiguren des Romans sind, wird man den Außenseiter Ragnar (der – so die Mädchen – »eigentlich in einer Stadt wie New York leben müsste«) und den polterndliebevollen Vater (den im Zusammenhang mit Ragnars Tod ein Geheimnis zu umgeben scheint, das jeder Leser für sich ganz individuell erahnt) niemals vergessen. Fest steht auch: Ragnar, der Außenseiter und Individualist, wäre ein toller Mann geworden – in New York oder anderswo –, wäre er nicht zum Opfer einer verhängnisvollen Konstellation geworden. Dieses Buch vermittelt eine tiefe Einsicht in gruppendynamische Prozesse und macht deutlich, dass man als Außenseiter darüber Bescheid wissen sollte.

Ihnen mangelt es an Zivilcourage und Offenheit

Sie sind nicht gern der Überbringer schlechter Botschaften und halten sich aus allem, das Ärger bringen könnte, am liebsten heraus. Außerdem haben Sie Sorge, dass Ihnen die Weitergabe von Informationen, die Sie nicht selbst betreffen, als Vertrauensbruch oder Klatschsucht ausgelegt werden könnte. Diese Zurückhaltung, von der Sie selbst wissen, dass es sich eigentlich um Feigheit handelt, hat Sie schon so manche Freundschaft gekostet. Sie würden gerne mehr Zivilcourage an den Tag legen.

*L*esen Sie
Chronik eines angekündigten Todes
von Gabriel García Márquez.

Der große kolumbianische Schriftsteller und Nobelpreisträger für Literatur, im spanischen Sprachraum liebevoll »Gabo« genannt, arbeitet darin die erschütternde Geschichte eines Freundes auf. Sie spielte sich in der kolumbianischen Heimat des Autors ab, in einem Dorf nahe der Karibikküste, und konnte von Márquez erst nach dem Tod der Mutter des Ermordeten aufgeschrieben werden.

Im Zentrum des Geschehens, das in faszinierend hohem Erzähltempo den Ablauf weniger Morgenstunden protokollartig wiedergibt, steht eine Hochzeit. Keine gewöhnliche Hochzeit, sondern die eines reichen Fremdlings mit der naiven Schönheit Ángela Vicario. Protzig ausgerichtet, nimmt das gesamte Dorf daran teil. So wie das gesamte Dorf daran teilhat – die einen mehr, die anderen weniger –, als die Brüder der Braut am Morgen einen Mord begehen. Die Tradition zwingt sie zu dieser öffentlichen Bluttat: Denn die Braut war nicht unberührt und wurde noch in der Hochzeitsnacht vom Bräutigam »zurückgegeben«. Nachdem die Mutter den Namen des (angeblichen) »Täters« aus der verstoßenen Braut herausgeprügelt hatte, schritten die Brüder zur Tat. Ganz offen und jeden, der ihnen auf der Suche nach dem todgeweihten (vom Erzähler als »Türke« bezeichneten) Santiago Nasar begegnete, über die bevorstehende Tat informierend.

Márquez setzt dieses Puzzle aus Zeugenaussagen dermaßen virtuos zusammen, dass der Leser schon nach kurzer Zeit alle Dorfbewohner zu kennen glaubt. Ihre Charaktere, Befindlichkeiten und ihre individuelle Verstrickung in die Katastrophe – sei es durch Feigheit, Desinteresse oder Verfolgung eigener Ziele – fügen sich zur minutiösen Chronik eines Verbrechens, das die »Familienehre« zu gebieten scheint.

Der Leser hört, riecht und schmeckt: das Dorf, den Fluss, die Menschen, das Blut. Er spürt die Macht der Mythen und magischer Praktiken, die im Leben und Bewusstsein dieser Menschen eine prägende Rolle spielen. Das reicht bis in kleine Details: So wird von einem Bischof erzählt, dessen Boot am Hochzeitsmorgen nicht, wie von den Bewohnern erhofft, in dem unbedeutenden Dorf anlegt, der aber die am Ufer Stehenden gedankenverloren und geistesabwesend segnet (auch dann noch, als er schon längst an ihnen vorbei ist) und von dem man weiß, dass er gerne Hahnenkämme verspeist, den Rest der Tiere aber in den Müll wirft. (»Von so einem möchte ich nicht getraut werden!«, so die Braut). Oder man erfährt von einem Hinweis an die Mädchen, sich nachts nicht zu kämmen, weil sich sonst die Heimkehr der Seeleute verspäte. Vom Wirken eines Bürgermeisters, der den Dorfpolizisten zum Einkauf seiner vielfältigen Frühstückszutaten missbraucht, und viele weitere Schlaglichter auf scheinbare Nebensächlichkeiten mehr.

Wer dieses Protokoll eines Mordes gelesen hat, wird zwar nie erfahren, ob der Tod einen »Schuldigen« oder »Unschuldigen« getroffen hat, aber viel darüber, was mit Informationen (in unserem Fall Warnungen) geschieht, wenn sie auf Menschen treffen, die sich aus Feigheit nicht für »zuständig« halten. Der Leser wird Zeuge der Eigendynamik, die Nachrichten entwickeln, und begreift: Es ist völlig egal, ob sie in einer Szenerie traditioneller Gesellschaften ihre Wirkung tun oder in unserer hochmodernen Welt. Informationen können sich selbständig machen und gefährlich werden, wenn man sie nicht in die richtigen Kanäle lenkt oder selbst mutig darauf reagiert. Es stimmt eben nicht immer, dass Reden Silber und Schweigen Gold ist. Dieses Buch zeigt, warum Zivilcourage überlebenswichtig sein kann.

Sie verfolgen einmal gesetzte Ziele rigoros. Ihre Umgebung leidet darunter und wirft Ihnen Blindwütigkeit vor

Sie haben einen Lebenstraum, den Sie sich unbedingt erfüllen wollen. Sie verachten Menschen, die im Laufe ihres fremdbestimmten Alltagslebens die Wünsche und Ziele ihrer Jugend vergessen haben – so möchten Sie nicht werden, und so seinsvergessen wollen Sie nicht leben. Ihre Familie und Ihre Umgebung halten Ihren »Traum« für unerreichbar, für zu hoch gesteckt, was Sie nur selten nachdenklich, meistens eher wütend macht und nur noch mehr anstachelt. Doch befällt sogar Sie gelegentlich der Verdacht, dass Ihre Rigorosität vielleicht schwer zu ertragen ist, und dann bekommen Sie Angst, den Kontakt zum Rest der Welt zu verlieren. Zumal die Verwirklichung Ihres Traums trotz größter Bemühungen nach wie vor in weiter Ferne liegt.

*L*esen Sie

Das Parfum. Die Geschichte eines Mörders
von Patrick Süskind.

Aber Vorsicht: Dieser internationale Millionen-Bestseller ist dermaßen prall mit Leben und all seinen Auswirkungen (besser noch: Ausdünstungen) gefüllt, dass Zartbesaitete womöglich zunächst geschockt sind.

Süskind erzählt die Geschichte von Jean-Baptiste Grenouille, dessen unwürdiger Eintritt ins Leben sein Schicksal eigentlich schon erahnen lässt: Er wird im Paris Mitte des 18. Jahrhunderts unter einem Fisch-Schlachter-Tisch geboren und von seiner Mutter für eine Totgeburt gehalten (sie hat damit Erfahrung), die sie unauffällig mit den Fischabfällen zu entsorgen gedachte. Der kräftige Lebensschrei des Säuglings jedoch stempelt sie zur Kindsmörderin und bringt sie aufs Schafott. In der Folge wird das Kind zu einer Art »Wanderpokal«, von einem zum anderen weitergereicht – keine Amme will es behalten, es ist allen unheimlich, denn: »dieses Kind riecht nicht, wie ein Kind riechen soll – es hat gar keinen Geruch«.

Zu dieser Zeit gibt es in Paris jedes Jahr an die zehntausend Findelkinder, aber keines davon dürfte einen dermaßen ausgeprägten Überlebenswillen gehabt haben – und den hat der kleine Jean-Baptiste wahrlich nötig, denn es bleibt ihm keine Widrigkeit erspart. Die Tätigkeit des Halbwüchsigen bei einem Gerber (dem die Kinderarbeiter wegsterben wie die Fliegen) führt unseren Helden aufgrund einer Lieferung zum Parfümeur Baldini, dem er ein duftendes Zauberkunststück vorführt und sich damit als Lehrling empfiehlt: Der sprach- und verhaltensgestörte, hässliche, linkische Junge hat ein unglaubliches Talent – seine Nase kann alle Gerüche dieser Welt (gute wie schlechte) selbst auf große Entfernungen riechen und unvergesslich in seinem Gedächtnis speichern. Der Junge macht Baldini, dessen Stern als Parfümeur in Paris bereits am Sinken war, zu einer Weltberühmtheit und sagenhaft reich. All das interessiert unseren Helden jedoch nicht – er will den ultimativen Geruch, das beste Parfüm der Welt finden. Und eines Tages hat er ihn in der Nase. Dieser besondere Duft gehört zu einem kleinen Mädchen, das dieses Zusammentreffen mit Jean-Baptiste nicht überlebt. Ab sofort beschäftigt den nur noch die Frage, welche Methoden der Speicherung es für diesen ganz besonderen Menschenduft geben könnte.

Sein Weg führt ihn zunächst in ein selbstgewähltes siebenjähriges, an Kaspar Hauser erinnerndes Höhlendasein, weil er die auf ihn einströmenden Gerüche der Welt nicht mehr aushalten kann. Dann macht er sich auf den Weg in den Dufthimmel von Grasse, um die letzten Feinheiten des Parfümeurhandwerks zu erlernen. Und damit beginnt in Grasse und Umgebung das große Sterben. Immer sind die Opfer junge Mädchen auf der Schwelle zum Frauwerden, und immer sind sie strahlend schön – und unschuldig. Unser Held ist erneut zum Mörder geworden. Ohne Gewissen, kalt bis in den letzten Winkel seines Herzens. Nur am Duft der unschuldigen Liebe interessiert, den er inzwischen gelernt hat, auf Flakons aufzuziehen. Nur eine fehlt ihm noch, die Schönste und die Wohlriechendste. Er wartet Monat für Monat geduldig auf die rechte Stunde, er, der gefühllose »Zeck«, der bisher gelebt und überlebt hat wie »eine resistente Bakterie«. Der Mann mit der besten Nase der Welt erjagt den ultimativen Duft der Liebe, nur um zu erfahren, dass er ihm – dem Geruchlosen und daher als Mensch nicht Wahrgenommenen – gar nichts nützt. Er kann die Welt betören, sich mit dem Duft seines lieblichsten Opfers sogar vom Galgen retten, aber sich selbst lieben und wahrnehmen kann er trotzdem nicht. Denn: Wer sich selbst nicht mag, den können auch die anderen nicht »riechen«. Als ob uns das Chemiker nicht schon immer gepredigt hätten. Doch für uns Normalsterbliche muss es ja nicht so drastisch ausgehen, wenn wir das Ziel unserer Träume konsequent verfolgen. Wie das geht, lehrt uns der Held dieses Buches. Man muss ja nicht gleich übertreiben …

Sie haben Angst vor sozialem Abstieg und wollen Ihre Kinder davor schützen

Sie wissen, dass diese Angst angesichts der Zeiten, in denen wir leben, nicht ganz unbegründet ist. Dabei sorgen Sie sich weniger um sich selbst als um die Zukunft Ihrer Kinder. Aufgrund der finanziellen Misere und Ungerechtigkeit unseres Bildungswesens tun Sie alles, um Ihren Kindern eine optimale Ausbildung zu verschaffen, vielleicht sogar um den Preis der Verschuldung. Ihre Sprösslinge halten Ihre Maßnahmen – und die damit verbundene Strenge – für übertrieben und zeigen wenig Verständnis für Ihre Sorgen.

*L*esen Sie

Engelsgift von Susanne Ayoub.

Die in Bagdad geborene und in Österreich lebende Drehbuch-, Hörspiel-, Theater- und Romanautorin erzählt in diesem Roman eine Familientragödie, die zu Unrecht in die Kategorie Thriller eingeordnet wurde. Damit soll nichts gegen dieses Genre gesagt werden (die dafür notwendige Spannung erfüllt die Autorin allemal mit Bravour), aber *Engelsgift* ist eben viel mehr. Auf jeden Fall auch ein Sittengemälde der Stadt Wien zur Zeit der Weltwirtschaftskrise in der ersten Hälfte des vorigen Jahrhunderts und des sich anschließenden Nationalsozialismus.

Im Mittelpunkt steht Karoline Streicher, das »Ergebnis« einer nicht standesgemäßen Beziehung – herumgereicht, herumgestoßen und in der Unterschicht gegen geringes Entgelt von einer Wäscherin aufgezogen. Die perversen Gelüste eines arrivierten Mannes ermöglichen der Kindfrau mit dem kalten Herzen den Aufstieg in eine bessere Gesellschaftsschicht – und sogar das Unwahrscheinliche: eine Heirat. Das Leben als Ehefrau, die nächtens das Schulmädchen spielen muss, währt nicht lange, und Karoline hat nun – begleitet von Neid und bösen Gerüchten – auf ihre Visitenkarte »Versicherungsdirektorswitwe« drucken lassen. Als solche angelt sie sich in kurzfristiger Verliebtheit einen jungen, mittellosen Kriegsheimkehrer und hebt ihn durch Heirat auf ihr finanzielles Niveau. Die Vorzeichen für diese Verbindung sind schlecht – schon am Hochzeitstag brennt die geerbte Villa der Braut ab, und als Karoline, die von Anfang an in dieser Ehe das uneingeschränkte Sagen hat, ihr gesamtes Vermögen in ein falsches Projekt investiert, ist der erneute Abstieg programmiert. Die Geburt eines ungeliebten Sohnes macht das Unglück für alle Beteiligten perfekt. Selbst ein mysteriöser Versicherungsbetrug, der die schöne Karoline zum ersten Mal in die Schlagzeilen bringt, schafft aufgrund ihrer Verschwendungssucht nur kurzfristig finanzielle Linderung. Und dann beginnt – parallel zu einer hysterischen Rattenphobie – das große Sterben.

Susanne Ayoub hat diese faszinierend-grausame Geschichte nicht erfunden. Sie basiert auf dem realen Fall der wegen vierfachen Giftmordes verurteilten und 1938 in Wien hingerichteten Karoline Streicher. (Die Autorin hat den realen Namen aus Rücksicht auf die Nachkommen geändert.) Die Guillotine dafür wird aus München herangeschafft, nachdem Hitler ein Gnadengesuch mit persönlichem Schreiben abgelehnt hat. Aufgrund von Gerichtsakten und Recherchen in Zeitungsarchiven – der »Dämon mit dem Engelsgesicht«

war damals wochenlang Serienheldin der Boulevardpresse – setzte die Autorin diese Tragödie in Szene. Und das auf höchst raffinierte Weise: In einer Rahmenhandlung lässt sie die Drehbuchautorin Marie Horvath den Fall von damals recherchieren, wobei sie schließlich auf den Sohn, Hermann Streicher, stößt. Mosaikstein für Mosaikstein wird die Geschichte zusammengesetzt – und jedes Mal, wenn der Leser meint, er sei dem wahren Geschehen näher gekommen, nimmt die Handlung eine unerwartete Wendung. Am Ende steht die Erkenntnis, dass der Sohn Hermann das späte Aufrollen der Affäre bewusst provoziert hat. Das gequälte und ungeliebte Kind Hermann Streicher, der als Erwachsener der recherchierenden Marie Horvath versichert, dass »in jedem von uns das Kind lebt, das man einmal gewesen ist«, und in dem »ewiger Herzenswinter« herrscht, hat zurückgeschlagen.

Es gibt nur wenige Autoren, die so tief in seelische Abgründe zu schauen und so intensiv nach dem »Warum« zu fragen vermögen, wie Susanne Ayoub. Wer wissen will, was Armut und Verzweiflung sowie eine daraus resultierende Erziehung auslösen können, der sollte diesen sprachlich und dramaturgisch höchst raffinierten, auf der Basis von Fakten komponierten Roman unbedingt lesen.

Sie schämen sich Ihres Mitläufertums und nehmen sich vor, radikal mit Ihrem bisherigen Leben zu brechen

Sie fühlen sich von Zwängen und Regeln umstellt. Der Anpassungsdruck ist so groß geworden, dass Sie ihm kaum noch standhalten können. Dabei haben Sie jahrelang getan, was von Ihnen erwartet wurde, waren ein funktionierendes Rädchen in einem Getriebe, dessen Sinnhaftigkeit Sie nicht hinterfragt oder angezweifelt haben. Jetzt beginnen Sie zu durchschauen, dass Sie Opfer einer Selbsttäuschung geworden sind, dass Sie ganz gewöhnlichen Konformismus mit individueller Freiheit verwechselt haben. Ihre Psyche droht Schaden zu nehmen. Sie begreifen, dass es Zeit ist, nein zu sagen, sich der Fremdbestimmung zu widersetzen, einen unabdingbaren Rest von Unabhängigkeit und Würde zu verteidigen. Selbst um den Preis, von der Außenwelt angefeindet oder geächtet zu werden.

*L*esen Sie

Fahrenheit 451 von Ray Bradbury.

Der 1953 in den USA erschienene Roman entwirft ein zutiefst pessimistisches Bild von der künftigen Entwicklung der westlichen Zivilisation. Er zeichnet die Züge einer Gesellschaft, die von Selbstaufgabe, krudem Materialismus und Geistfeindlichkeit geprägt ist. Dabei ist es beklemmend zu sehen, wie die Menschen sich freiwillig einem totalitären

Regime unterwerfen, so dass die Staatsgewalt kaum noch zu repressiven Mitteln greifen muss.

Der Held des Romans ist der Feuerwehrmann Guy Montag. Die Aufgabe der Feuerwehr ist es, Bücher aufzuspüren und zu verbrennen. In ihren Reihen hat man vergessen, dass es einmal ihre Pflicht war, Menschen und ihre Häuser zu schützen. In den Augen der Machthaber sind Bücher gefährlich: Sie verleiten zu eigenem Denken, stören den allumfassenden Konformismus. Montag liebt seinen Beruf. Es ist ihm »eine Lust, Feuer zu legen«, wie es gleich zu Beginn heißt. Die mit Kerosin getränkten Bücher sind das Einzige, was brennt, in dieser Gesellschaft; aus den menschlichen Beziehungen ist jede Wärme gewichen.

Eines Nachts begegnet Montag auf dem Heimweg einem zauberhaften Wesen, dem Mädchen Clarisse, »das Gesicht leuchtend wie Schnee im Mondschein«. Eine Begegnung, die dem Panzer, den Montag um sich trägt, erste Risse zufügt. Clarisse sagt von sich, sie sei »siebzehn und nicht ganz bei Trost«. Sie erzählt vom Tau, der morgens auf dem Gras liegt, vom Mann im Mond, von den magischen Eigenschaften des Löwenzahns, und sie weiß, wie der Regen schmeckt. Sie ist in psychiatrischer Behandlung. Vielleicht deshalb, weil das Mädchen nicht wissen will, »*wie* etwas gemacht wird, sondern *warum*«. Clarisse mag die Schule nicht: »Man trichtert uns eine Menge ein, schüttet Wasser in den Trichter, unten läuft es wieder aus, und dann behauptet man noch, es sei Wein.« Die Menschen werden abgerichtet und abgelenkt. Abgerichtet, indem das Kindergartenalter Jahr für Jahr herabgesetzt und die Kinder fast schon aus der Wiege unter staatliche Obhut gebracht werden. Abgelenkt durch sportliche Großveranstaltungen, durch »Jubel, Trubel und Gemeinschaftsgefühl«. Oder man beschäftigt die Leute »mit Wettbewerben – wer am meisten Schlagertexte kennt oder

Hauptstädte aufzählen kann ...«. Zu Hause sind sie umgeben von riesigen Bildwänden, auf denen Reality-Shows laufen, die an die Big-Brother-Serie erinnern. In all diesem Treiben nehmen sie einen drohenden Krieg nicht zur Kenntnis. Man kann die visionäre Kraft, mit der Bradbury diese höllisch-infantile Welt beschreibt, nur bewundern – und wird zugleich das Gefühl nicht los, dass wir dieser Welt einen erheblichen Schritt näher gekommen sind.

Gänzlich aus der Bahn geworfen wird Montag, als er bei einer Feuerwehraktion Zeuge wird, wie sich eine Frau mit ihren Büchern selbst verbrennt. »Es muss etwas dran sein an den Büchern«, denkt er, »wenn eine Frau sich deswegen verbrennen lässt.« Bei dieser Aktion geschieht es, dass er heimlich ein Buch verschwinden lässt und es zu Hause versteckt. Aber er hat dieses Delikt nicht zum ersten Mal begangen. Auf der Feuerwache hat man längst Verdacht geschöpft, und schließlich wird Montag von seiner Ehefrau denunziert. Der nächste Einsatz der Feuerwehreinheit führt zu Montags Haus. Er wird gezwungen, das eigene Haus mit dem Flammenwerfer niederzubrennen. Als er aber auch noch einen Freund verraten soll, richtet er den Flammenwerfer gegen den Hauptmann.

Eine wilde Verfolgungsjagd schließt sich an. Montag gelingt es zu entkommen. Über den Fluss und in die Wälder. Er trifft auf eine Gruppe von alten Männern, Landstreicher, Ausgestoßene, die sich die Hände an einem Feuer wärmen, Philosophen, Literaturwissenschaftler, ein Pfarrer. Sie tragen die verbrannten Bücher in ihren Köpfen mit sich, haben sie auswendig gelernt. Sie *sind* Platons *Staat,* Swifts *Gullivers Reisen,* sind Marc Aurel, Schopenhauer, Darwin, Einstein ... »Willkommen aus dem Totenreich«, so wird Montag von ihrem Anführer begrüßt.

In der Nacht sehen sie, wie Bomben auf die Stadt fallen –

wie auf Hiroshima oder wie einst das Feuer auf Sodom und Gomorrha. Aber Montag kommen mitten in diesem apokalyptischen Geschehen Bruchstücke aus der Bibel, aus dem Prediger Salomo, in den Sinn, Sätze, die er vor einiger Zeit gelesen hat. Er wird sich weiter erinnern und so Teil einer neuen menschlichen Gemeinschaft werden.

Ray Bradbury wurde lange Zeit als Verfasser von Science-Fiction-Romanen von den Gebildeten unterschätzt. Er ist ein großer Autor. *Fahrenheit 451* ist ein flammender Appell an die Menschen, sich nicht dumm machen zu lassen, und zugleich ein eindringliches Zeugnis für Bradburys Liebe zu den Büchern. *Fahrenheit 451* ist der Hitzegrad, bei dem Bücherpapier Feuer fängt und verbrennt …

Sie schwärmen für einen Menschen, der Ihnen als absolutes Ideal erscheint, und erleben eine herbe Enttäuschung

Es gibt einen Menschen in Ihrer Umgebung, der eine unwidersteh-
liche Faszination auf Sie ausübt. Er ist Ihnen ein hehres Vorbild,
und Sie halten ihn für einen makellosen Charakter. Seine Nähe
bringt Freude und Wärme in Ihr Leben. Umso bitterer ist die Ent-
täuschung, als Sie feststellen müssen, dass das idealistische Bild, das
Sie sich von ihm gemacht haben, von der Realität Lügen gestraft
wird.

*L*esen Sie

Die Frau, die sich verlor von Willa Cather.

Der Roman ist 1923 unter dem Titel *A Lost Lady* in den USA
erschienen. Willa Cather war eine sehr erfolgreiche Journalis-
tin und Kritikerin, ehe sie – relativ spät – mit dem literarischen Schreiben begann. In Virginia geboren, wuchs sie in
dem Städtchen Red Cloud auf, mitten in den weiten Prärien
Nebraskas gelegen. Nicht ganz zu Unrecht hat man diese
amerikanische Klassikerin eine »Tochter der Prärie« genannt. Ihre Geschichten und Romane spielen zum Gutteil
in der Pionierzeit, als der Westen noch nicht vollständig
erschlossen war. Diese Landnahme wurde zum großen amerikanischen Mythos – Willa Cather hat an ihm mitgewirkt.

Sie hat in ihrem Buch Red Cloud in Sweet Water umbenannt, vielleicht aus Rücksicht auf damals noch lebende Personen, die im Roman porträtiert sind. (Seltsamerweise, aber vielleicht nicht ganz zufällig heißt die einsame Bahnstation in dem Film *Spiel mir das Lied vom Tod* ebenfalls Sweet Water.) Ohne Zweifel zeichnet Willa Cather ein authentisches Bild vom Leben in diesem Städtchen ihrer Jugend, seiner Gesellschaft und ihrer Umgangsformen.

Marian Forrester, die junge Frau eines Eisenbahnaristokraten, der sich zur Ruhe gesetzt hat, tritt auf als strahlende Heldin des Geschehens. Die Leser beobachten sie mit den Augen eines heranwachsenden Jungen, Niel Herbert, der ihre Schönheit, ihren Charme und ihren Zauber grenzenlos bewundert und Marian schwärmerisch verehrt. Am kostbarsten aber erscheint ihm ihr verständnisvoller Umgang mit dem alternden Captain Forrester und ihre Treue zu ihm. »Das war … etwas, das nie abgenutzt oder schäbig werden konnte, Damaszenerstahl.« Aber der menschliche Charakter ist nicht aus Stahl geformt, wie Niel allmählich schmerzlich erkennen muss. Die lebenslustige junge Frau umsorgt zwar aufopferungsvoll ihren Ehemann, der einen Schlaganfall erlitten hat, aber sie fängt an, sich junge Liebhaber zu nehmen. Weil sie über ihre Situation unglücklich ist, beginnt sie zu trinken. Nicht länger kann Niel die Augen vor dem Niedergang Marians verschließen. Ihm wird bewusst: Nur Idealbilder bleiben sich gleich, Menschen verändern sich.

Parallel zu diesem Prozess verändert sich auch die Gesellschaft. »Der alte Westen war von Träumern, großherzigen Abenteurern besiedelt worden, … eine ritterliche Bruderschaft, stark im Angriff, aber schwach in der Verteidigung, die erobern konnte, aber nicht halten.« An ihre Stelle treten Spekulanten und gerissene Geschäftsleute, mit nichts anderem beschäftigt als mit der Jagd nach dem schnellen Dollar. Eine Bank in Denver, an der Forrester stark beteiligt ist, macht aufgrund von Fehlinvestitionen und einer landesweiten Finanzpanik Bankrott. Der Captain verliert sein Vermögen, und einige Zeit später stirbt er. Als Marian sich einem jungen Parvenü, einem durchtriebenen Anwalt, an den Hals wirft, geht Niel, ohne sich von ihr zu verabschieden, um sein Studium in Boston wieder aufzunehmen. »Mit müder Verachtung für sie im Herzen«, wie es heißt. Er verliert sie aus den Augen, und es dauert Jahre, bis er »ohne Verdruss« an sie denken kann. Aber das Bild der zauberhaften Frau, die sie einmal gewesen war, trägt er für immer im Herzen.

Diese Lady hat sich dann doch nicht ganz verloren. Bei einer Zufallsbegegnung erzählt ein Bekannter Niel, dass er Marian in Buenos Aires an der Seite eines reichen Engländers gesehen und sie an ihrem wunderbaren Lachen wiedererkannt habe. Da stellt sich bei Neil und beim Leser ein beglücktes Gefühl ein. Dankbarkeit darüber, dass Willa Cather ihrer Heldin, einer Ehebrecherin, nicht ein ähnliches Schicksal bereitet hat wie ihre männlichen Kollegen Tolstoi, Flaubert, Fontane: Anna Karenina, Emma Bovary und Effi Briest mussten für ihre Verfehlung sterben. Die Geschichte Marian Forresters aber mag uns lehren, Menschen nicht zu überhöhen, sie und ihre verschlungenen Wege nicht mit allzu rigiden moralischen Maßstäben zu messen.

Sie sind die Nummer eins auf Ihrem Gebiet — und beginnen, sich zu langweilen. Sie fürchten um Ihren Ruhm

Sie waren schon als Kind außergewöhnlich talentiert und haben mit Fleiß und Engagement aus Ihren Begabungen das Beste gemacht. Sie haben einen guten Ruf, vielleicht sogar so etwas wie Ruhm erworben. Als Experte sind Sie gefragt und umschwärmt — das frisst jedoch Ihre Zeit und hält Sie davon ab, sich weiter um Ihre eigentlichen Interessen, die Ihre wahren Freuden sind, zu kümmern. Sie fürchten, dass die Zeit über Sie hinweggeht und Ihre Kreativität sich erschöpft hat.

*L*esen Sie

Die Vermessung der Welt von Daniel Kehlmann.

Falls Sie zu den Lesern gehören, die den Hypes des Literaturbetriebes (oder jeglichem Hype) prinzipiell misstrauen, wäre das im Fall dieses Buches ein Fehler. Der junge in Wien lebende Autor wurde für diesen ganz und gar mainstreamfernen Roman zu Recht zu einem Starautor dieses neuen Jahrhunderts. Die Art und Weise, wie Kehlmann zwei Genies des 19. Jahrhunderts — Alexander von Humboldt und Carl Friedrich Gauß — in den Mittelpunkt seines faszinierenden Romans stellt, ist ein Geniestreich. Er schenkt diesen beiden »Vermessern der Welt« ein Alltagsleben — und was für eines. Dem Leser wird klar: Auch große Geister haben nicht nur von ihren Talenten und Geistesblitzen gelebt. Die Morgenröte der Wissenschaft in der späteren Neuzeit bekommt in diesen beiden kunstvoll verzahnten Romanbiographien nicht nur Farbe, sondern auch Geruch, Geschmack und Emotionen.

Humboldt, der jüngere von zwei Brüdern, hat sich früh entschlossen, »dem Leben auf die Schliche zu kommen«. Das jedoch erst, nachdem er drei sehr drastische, charakterstärkende Erziehungsmaßnahmen seines Bruders überlebte, die man heute zweifellos als Mordanschläge bezeichnen würde. Er untersuchte nicht nur Pflanzen und Tiere, sondern vermaß alles, was sich nur mit Instrumenten und Berechnungen enträtseln ließ. Und das so gründlich und nervtötend, dass der Kapitän seiner Südamerika-Überfahrt – an dessen Navigationskünsten er (das Landei!) herumkrittelte – ihn am liebsten über Bord geworfen hätte. Nach seinen Expeditionen gab es auf diesem Kontinent keinen Stein und keinen Fluss mehr, den Humboldt unter Einsatz seines Lebens (und dessen seines Assistenten) nicht wissenschaftlich erfasst hätte. Von Pflanzen, Tieren und Einheimischen ganz zu schweigen. Seine Abenteuer standen denen des spanischen Konquistadoren Aguirre (»des Wahnsinnigen«) in nichts nach. Und brachten dank seiner ausführlichen Briefberichte den gebildeten europäischen Zeitungsleser zum Staunen. Die Veröffentlichung seiner Berichte als Bücher kosteten Humboldt sein Vermögen, wurden im Gegensatz zu den Publikationen der ihn nur kurz begleitenden Journalisten aber keine Erfolge. (Bis heute nichts Neues unter der Sonne – es siegt immer der Boulevard!)

Parallel zu Humboldts Leben und Taten erfahren wir von Gauß, dem Daheimgebliebenen, wie sich dessen mathematisches, nach den Gestirnen schauendes Genie ebenfalls zum Weltruhm entwickelte. Von seinem Vater (dessen langsames

Denken den Knaben innerlich zur Weißglut brachte) erfuhr er nur, dass das Wesen des Deutschen sei, »nie krumm zu sitzen«. Er lernte in wenigen Stunden allein lesen und erfuhr dabei, »dass niemand den Verstand nutzen wollte, weil niemand denken will«. Und fand, dass man – wenn man schon ungefragt auf der Welt sein musste – »auch versuchen müsse, etwas zustande zu bringen«. Und befürchtete in seiner Hochzeitsnacht (in der er mitten im Vollzug aufsprang, um eine mathematische Formel zu notieren), dass »Glück dumm macht«.

Daniel Kehlmann flicht diese beiden Leben zu einem grandiosen Zöpfchenmuster, lebensprall, voll herrlicher Geschichten und so humorvoll, wie die beiden von Gottes Genieblitz getroffenen Protagonisten im wahren Leben vermutlich nie gewesen sind. Kehlmann lässt die beiden Weltgrößen im Alter aufeinandertreffen und ein paar letzte Abenteuer auf gesellschaftlicher Ebene erleben – fern von ihren eigentlichen »Künsten«. Ein Spaziergang im nächtlichen Berlin, einer Stadt, die Gauß wegen ihrer Menschenansammlungen verabscheut und in der Humboldt seinen Lebensunterhalt als Kammerherr des Regenten verdienen muss, beflügelt die alten Herren, ein letztes Mal zu neuen Ufern der »Vermessung« aufzubrechen. Gauß ahnt angesichts der Laternen, wie es enden wird: »bald würden sie mit Gas funktionieren«. Und findet, »sie seien beide in einer zweitklassigen Zeit geboren«. So wie wir alle – denn nach uns kommt immer das Neuere. Wer das weiß und akzeptiert, wird friedlicher leben als die, die ihren frühen Heldentaten nachtrauern.

Es fällt Ihnen schwer,
sich anzupassen

Sie sind nach festen Regeln und Werten erzogen worden, die Ihnen in Fleisch und Blut übergegangen sind. Jetzt leben Sie jedoch in einem privaten/beruflichen Umfeld, in dem andere gesellschaftliche Regeln herrschen, Gesetze, die Ihnen nicht vertraut sind und Sie verunsichern. Die Anpassung fällt Ihnen schwer, ist aber erforderlich, weil Sie weder zum Außenseiter werden, noch Ihre Überzeugungen verraten wollen. Sie fühlen sich manchmal so, als würden Sie zwischen allen Stühlen sitzen.

*L*esen Sie

Das Dschungelbuch von Rudyard Kipling.

Vergessen Sie die zuckersüße, verniedlichende Disney-Zeichentrickverfilmung und alle anderen – vermeintlich kindgerechten – Nacherzählungen. Lesen Sie den Originaltext, der seit einigen Jahren in einer Neuübersetzung von Gisbert Haefs wieder in deutscher Sprache vorliegt. Sie werden staunen, was diese Geschichte von Mowgli, dem kleinen indischen Holzfällerkind, das von Shir Khan, dem Tiger, geraubt wurde und flüchtend in eine Wolfshöhle krabbelte, Lesern in jedem Alter zu bieten hat: Sie öffnet weit das Fenster zur Welt der Natur – in dem Fall zu der des indischen Dschungels.

Mowgli, »der nackte Frosch«, wird von den Wölfen wie ein eigenes Junges aufgezogen, nachdem er in der Ratsversammlung zwei Fürsprecher für diese ungewöhnliche Adoption fand: Balu, den Bären, der sein weiser Lehrer wird, und Bagheera, den Panther, der aus eigener Erfahrung weiß, was es heißt, unbeschützt in fremder Umgebung aufzuwachsen. Mowgli lernt die Gesetze des Dschungels, und er lernt Respekt vor allen, die anders sind. Dabei hat er viele Abenteuer zu bestehen, bei denen ihm seine Freunde zur Seite stehen.

Als ihn die Bandar-Log, die im Dschungel nicht gerade in hohem Ansehen stehenden Affen (die alles, was sie hören, sofort weitererzählen und alles, was sie sich vornehmen, schon nach kurzer Zeit wieder vergessen), entführen, um für sich eine Art PR-Aktion zu starten, setzen seine Freunde mit Hilfe von Kaa, der von allen gefürchteten Python, eine beispiellose Rettungsaktion in Gang. Mowgli macht eine spannende Entwicklung durch, wird vom Rat der Wölfe jedoch zu den Menschen zurückgeschickt. Dort wird er – verbunden mit großem Misstrauen – zwar aufgenommen, aber es fällt ihm schwer, das »schlechte Benehmen« der Menschen und ihre merkwürdige Art zu denken zu verstehen. Auch missfällt ihm, dass sie es mit der Wahrheit nicht sonderlich genau und ihm seine offene, direkte Art krummnehmen. Als er mit Hilfe seiner Wolfsbrüder und viel List seinen alten, bei allen Dschungelbewohnern unbeliebten Widersacher Shir Khan – der hinkende Tiger hat es immer noch auf ihn abgesehen – erlegt, wird er der Zauberei beschuldigt und unter Steinwürfen aus dem Dorf gejagt. Jetzt ist Mowgli auf sich gestellt – er ist erwachsen geworden und muss allein entscheiden, welchen Regeln er gehorchen will.

Der in Bombay geborene Engländer Kipling, der 1907 den Nobelpreis für Literatur erhielt, war ein Anhänger der Kolonalisierungspolitik, was ihm über seinen Tod hinaus vorgeworfen wurde. Seine Inhalte und seine Sprache machen jedoch deutlich, dass weder Machtstreben noch Unterdrückungsideologien die Triebfedern seiner Einstellung waren, sondern eher dem damaligen Zeitgeist geschuldet sind. Kiplings Feststellung »East is East, and West is West, and never the twain shall meet!« kann man ihm durchaus schräg auslegen. Aber – Globalisierung hin oder her – ganz falsch ist sie nicht, oder? In Anbetracht von Mowglis Schicksal im übertragenen Sinn zumal.

Kiplings Lyrik, deren freier Rhythmus der Alltagssprache nachempfunden ist und die zu seiner Zeit zahlreiche Dichter beeinflusst hat, unter anderem auch Bert Brecht (denken Sie an *Surabaya Johnny*!), kommt im *Dschungelbuch* besonders schön zur Geltung: Er stellt jedem Kapitel ein Lied als einfühlsames Leitmotiv voran. Wer dieses Buch liest, wird merken, dass wir alle lernen müssen, uns auch ein Leben »zwischen den Stühlen« so lebenswert wie möglich zu machen.

Sie fühlen sich heimatlos

Aus beruflichen Gründen Ihrer Eltern haben Sie schon als Kind in vielen verschiedenen Ländern und verschiedenen Kulturen gelebt (oder Ihre eigene Berufslaufbahn hat Sie immer wieder in andere Länder und Umgebungen geführt). Dabei haben Sie viel gelernt – nicht nur Sprachen und Toleranz –, mussten aber immer wieder Abschied nehmen und haben verlernt, sich auf eine Umgebung ganz einzulassen – Sie sind ein Weltbürger geworden. Flexibel und immer »auf dem Sprung«. Sie sehnen sich nach Sicherheit und nach Heimat. Auch wenn Sie diesen Wunsch gleichzeitig als spießig empfinden.

*L*esen Sie

Nirgendwo in Afrika von Stefanie Zweig.

Der autobiographische Bestsellerroman der Frankfurter Feuilletonjournalistin wurde 1995 als bestes Jugendbuch des Jahres mit dem Gläsernen Globus ausgezeichnet (und die Verfilmung von Caroline Link mit einem Oscar und dem Deutschen Filmpreis) – und ist dabei doch ein Roman für Menschen jeden Alters. Stefanie Zweig erzählt darin von der Emigration des jüdischen Rechtsanwalts Walter Redlich nach Kenia, der es auch mit viel Glück noch schafft, seine Frau Jettel und die fünfjährige Tochter Regina in das afrikanische Land nachzuholen. Der Vater, die Schwester, die Schwiegermutter und die Schwägerin bleiben in der Heimat zurück und geraten in die Fänge der Nazis.

Die Eingewöhnung der Redlichs ist schwierig – nur die

Tochter verliebt sich von der ersten Stunde an in die schöne neue Heimat. Der deutschsprachige Jurist Redlich trägt plötzlich – lediglich für Kost und Logis – die Verantwortung für die Farm eines Engländers, obwohl er von Landwirtschaft nicht die geringste Ahnung hat. Ohne den treuen Boy Owuor, der auch Regina sofort unter seine Fittiche nimmt, hätte er keine Chance. Erst als es ihm dank Owuors Hilfe gelingt, eine Heuschrecken-Invasion abzuwehren, die die gesamte Ernte vernichtet hätte (so wie bei den Nachbarsfarmen), ist der Farmbesitzer so beeindruckt, dass er dem Deutschen ein festes monatliches Salär bezahlt. Regina lernt mühelos Owuors Sprache und später auf einem strengen englischen Internat auch Englisch, eine Sprache, mit der sich ihre Eltern äußerst schwertun.

Nach Kriegsausbruch wird die kleine deutsche Familie, die schon vorher wie alle Emigranten nicht gern gesehen war, endgültig zu »Enemy Aliens« abgestempelt und interniert. Jettel, die mit den veränderten Realitäten nicht gut klarkommt (nach Afrika nahm sie lieber ein nutzloses Abendkleid mit als den Kühlschrank, den Walter erbeten hatte), klärt die britischen Militärbehörden über den Hass der jüdischen Emigranten auf die Nazis auf und ermöglicht ihrem Mann dadurch die Anstellung bei der britischen Armee. Damit ist der Lebensunterhalt der Familie gesichert, aber Regina ist todtraurig, weil sie die Farm – die sie liebt und als ihre Heimat betrachtet – nicht wiedersieht. Nur die Anwesenheit von Owuor, der der Familie nach Nairobi gefolgt ist, vermag sie ein wenig zu trösten und auch die Ankunft ihres kleinen Bruders Max, der die ins Trudeln geratene Ehe ihrer Eltern wieder halbwegs kittet. Walter Redlich verzehrt sich voller Heimweh nach Deutschland (während seine Frau mit »dieser Mörderbande« nichts mehr zu tun haben will), und als ihm die Möglichkeit geboten wird, als Richter nach Frankfurt am Main in die Heimat zurückzukehren, hält ihn nichts mehr in Kenia. Es ist Regina, die die unterschiedlichen Wünsche ihrer Eltern emotional ausbadet. Ohne Owuor hätte das inzwischen vierzehnjährige Mädchen diesen inneren Spagat nicht unbeschadet überstanden. Von ihm, seinen Geschichten von Geistern und Feen und seiner Kunst, mit den Augen hören und mit den Ohren sehen zu können, hat sie gelernt, auch den negativen Seiten des Lebens einen Sinn abzugewinnen, sie zu akzeptieren und mit der Trauer über Verluste umzugehen. Sie trägt Afrika im Herzen. Und einen solchen Ort im Herzen brauchen wohl alle Menschen, mögen sie noch so sehr den Kosmopoliten herauskehren.

Das wunderbare, poetische Buch von Stefanie Zweig strahlt die Authentizität des Erlebten aus, es ist klug und warmherzig und erzählt nachvollziehbar, wie es in Menschen aussieht, die ihre Heimat verlassen müssen. Ein Thema, das heute, im Zeitalter der Globalisierung, so aktuell ist wie damals, als Emigranten zu »Enemy Aliens« wurden. Aber: »Aliens«, also Fremde, sind wir alle überall fern der Heimat.

Sie glauben immer noch an das Gute im Menschen

Sie neigen dazu, die Welt durch eine rosa Brille zu betrachten. Obwohl Sie ständig eines Schlechteren belehrt werden, halten Sie an Ihrem Glauben fest, dass die Verhältnisse und die Menschen, die sie prägen, im Grunde gut und gerecht sind. Gäbe es das Wort »Gutmensch« nicht schon – man müsste es für Sie erfinden. Dabei erleben Sie eine Enttäuschung nach der anderen, was zum Wohlbefinden nun wirklich nicht beiträgt. Zu dem der Menschen Ihrer Umgebung auch nicht – ihnen geht Ihr ewiges Lamentieren längst auf die Nerven.

*L*esen Sie

Kalt wie Gold von Marcel Montecino.

Über den Autor weiß man nicht eben viel: 1945 in New Orleans geboren, Jazz-Pianist, Wohnort Los Angeles. *Kalt wie Gold* ist sein Debütroman, ein düsterer, mitreißender Großstadtthriller, der im L. A. der achtziger Jahre spielt.

Jack Gold ist Polizeidetektiv – und Jude. Letzteres ist seiner Karriere, bei ohnedies nur schwach ausgeprägten Ambitionen, nicht sonderlich förderlich. Berüchtigt für seinen Hang zur Gewalttätigkeit und seine rüden Manieren, liegt er mit seinen Vorgesetzten im Dauerclinch. Vor Jahren brach an einem einzigen Tag seine Welt in Stücke. Für Gold ist es *the day the music died*. Die junge Geliebte begeht vor seinen Augen Selbstmord, die Ehe nimmt ein katastrophales Ende. Gold wird zum melancholischen Zyniker, trinkt Unmengen

Scotch, vergräbt sich in seinem Apartment und gibt sich beim Hören alter Jazzplatten sentimentalen Gefühlen hin. Die Welt draußen setzt sich für ihn überwiegend aus »Arschlöchern« zusammen, wobei er keineswegs nach Rasse oder Religionszugehörigkeit spezifiziert. Es gibt wohl kaum einen anderen Roman, in dem diese Vokabel so häufig zum Einsatz kommt, wobei zu bedenken ist, dass an diesen Stellen im Original mit schöner Regelmäßigkeit das Wort *motherfucker* auftaucht.

Den Dienstweg sieht man Gold höchst selten beschreiten. Kommt ihm ein Verbrecher, wahlweise Mörder, Vergewaltiger, Großdealer, in die Quere und dann auch noch krumm, so macht er mit ihm kurzen Prozess. Seine Ex-Frau Evelyn (die sich von einer Salonlinken zur strammen Republikanerin gewandelt hat) sagt zu ihm: »Ich weiß, was du am liebsten tust. ... Du mordest gern, nicht wahr, Jack. Du hast schon immer gern getötet. Ehen, Karrieren, Männer. Junge Mädchen.« Das ist nicht ganz falsch – aber eben auch nicht ganz richtig.

Die Stadt, Los Angeles, erscheint als ein einziger Sumpf von Korruption und Gewalt, von Heuchelei und Niedertracht, vergiftet von Rassismus. Es gibt darin wenig Gerechte. Die Idee von Recht und Gesetz, einem zivilisierten Zusammenlebens scheint einfach verdunstet zu sein. Wer die herrschenden (miesen) Regeln nicht begreifen will, geht unter. Man hat Raymond Chandlers Geschöpf Philip Marlowe *hardboiled* genannt. Nun, verglichen mit Jack Gold, ist Marlowe ein Waisenknabe. Gold ist wirklich *hardboiled,* hat keine saubere Weste, ist aber dennoch nicht unsympathisch.

Der Fall beginnt vermeintlich harmlos, mit antisemitischen Schmierereien. Aber dann versetzen rasch aufeinanderfolgende Morde an Schwarzen und an Juden die Stadt in Panik. Der Einzeltäter ist Walker, Gelegenheitsarbeiter und

dem Milieu des *white trash* entstammend. Bei diesem Psycho-
pathen fallen die Parolen des rechtsradikalen Kalifornia Klan
auf fruchtbaren Boden. Besessen vom Wahn einer Bedrohung
der weißen Rasse durch Farbige, Juden und Kommunisten
und aufgeputscht von Amphetaminen, unternimmt er einen
blutigen Amoklauf. Gold, der noch eine Reihe von anderen
Problemen zu lösen hat, tappt lange im Dunkeln, ehe er in
einem furiosen Finale Walker zur Strecke bringt.

Der Roman ist atemberaubend spannend. *Sex and crime,* in
üppiger Dosierung. Glänzende Dramaturgie, viel Action und
hohes Tempo. Brillant sind die sarkastischen Dialoge, der
scharfe Blick Montecinos für die unterschiedlichen Milieus,
seien es die Rituale der jüdischen Bourgeoisie, sei es das
Alltagsleben in den schwarzen *communities*. Dort vor allem
pulsieren Wärme und Leidenschaft. Wie im Jazz, dem Jack
Gold verfallen ist. Vielleicht hilft Ihnen dieses Buch, die Welt
ein wenig realistischer zu betrachten. Nicht wie sie sein soll,
sondern wie sie ist.

Sie fühlen sich
von der Politik angeekelt

Vielleicht haben Sie sich früher einmal für eine politische Partei oder für eine Bürgerinitiative engagiert. Sie glaubten an eine Demokratie, die über die bloße Stimmabgabe bei Wahlen hinausgeht, die Partizipation am gesellschaftlichen Prozess zulässt. Diese Hoffnung wurde enttäuscht, und Sie haben sich in eine Privatwelt zurückgezogen, widmen sich den »schönen Dingen«, der Kunst, Musik, Literatur. Gelegentlich beschleicht Sie aber das ungute Gefühl, dass diese Abstinenz ein Fehler sein könnte.

 esen Sie

Erklärt Pereira von Antonio Tabucchi.

Es ist ein heißer Sommer, 1938 in Lissabon. Pereira, ein übergewichtiger Endfünfziger, leidet unter der Hitze; Herzprobleme machen ihm zu schaffen, er ist kurzatmig. Es tut ihm nicht gut, dass er sich überwiegend von süßer Limonade und Omeletten ernährt. Aber er mag von seinen Gewohnheiten nicht lassen. Pereira, Doktor Pereira, ehemaliger Lokalreporter, verantwortet die Kulturseite der Abendzeitung *Lisboa*. Er ist seit Jahren verwitwet, lebt einsam und zurückgezogen. Vornehmlich unterhält er sich mit einem Foto seiner verstorbenen Frau, das bei ihm auf dem Bücherregal steht. Pereira fühlt sich als guter Katholik, »auch wenn er an eines nicht glauben konnte, an die Auferstehung des Fleisches. An die Seele schon ... aber das ganze Fleisch, das Fett, das seine Seele umschloss, das würde nicht auferstehen, und warum auch, fragte sich Pereira«. Ein Bildungsbürger im Übrigen, der mit Politik nichts zu schaffen haben will und der sich nicht vorstellen kann, dass die Politik sich einmal mit ihm beschäftigen könnte. Gleichwohl bleibt ihm nicht verborgen, was um ihn herum vor sich geht. Im Land herrscht der Diktator Salazar; Portugal »ist ein autoritärer Staat, die Leute zählen nicht, die öffentliche Meinung zählt nicht«. Im Nachbarland Spanien tobt ein blutiger Bürgerkrieg, in Italien regiert Mussolini, in Deutschland Hitler.

Pereira registriert die polizeistaatlichen Übergriffe in seiner Umgebung mit Unbehagen, aber er glaubt sich raushalten zu können. Für seine wöchentliche Kulturseite übersetzt er mit Vorliebe französische Novellen, etwa von Maupassant, die in Fortsetzungen erscheinen. Daneben plant er eine Kolumne namens »Jahrestage«, mit der er an tote Dichter erinnern will. Eigentlich ein überschaubares Pensum, aber Pereira hat nicht vor, sich zu überarbeiten, er liebt die Beschaulichkeit. Deshalb hält er nach einem Mitarbeiter Ausschau. In einer Zeitschrift endeckt er den Hinweis auf eine jüngst erschienene philosophische Dissertation, die sich mit dem Problem des Todes beschäftigt. Da denkt sich Pereira, dass er den Verfasser vielleicht als Praktikanten einstellen und ihn mit der Aufgabe betrauen könnte, »die Nachrufe auf die großen Schriftsteller, die von einem Augenblick auf den anderen sterben können, im voraus zu schreiben«. Er trifft sich mit Monteiro Rossi, dem jungen Doktor der Philosophie, und stellt ihn ein. Aber rasch zeigt sich, dass dessen Arbeiten zur Veröffentlichung in der *Lisboa* keinesfalls geeignet sind, weil sie eine unerwünschte politische Tendenz aufweisen. Rossi ist Sozialist, vielleicht gar Kommunist, ein »Umstürzler«. Pereira rät ihm, den Verstand walten zu lassen, sich mit den Verhältnissen zu arrangieren, aber Rossi kann nicht anders, wie er sagt, als »der Stimme des Herzens« zu folgen.

Unmerklich bereitet sich in Pereira ein Bewusstseinswandel vor. Als er eine Erzählung des französischen Dichters Alphonse Daudet veröffentlicht, die mit den Worten »Vive la France!« endet, wird er vom Direktor der Zeitung, einem Anhänger des Regimes, verwarnt, weil die Erzählung eine antideutsche Tendenz habe und Hitler als Gesinnungsfreund von Salazar gilt. Da hilft Pereira der Hinweis auf die Entstehungszeit des Textes, das neunzehnte Jahrhundert, rein gar nichts. Nun begreift er, dass Bildung, dass menschenfreundliche Philosophie, dass sein »Individualanarchismus« gegen brutale Gewalt nichts auszurichten vermögen. Rossi aber, der im Untergrund agiert, wird von der Geheimpolizei ermordet, in der Wohnung des Doktor Pereira, der ihn versteckt hat. Pereira beschließt, das Verbrechen öffentlich zu machen und in die Emigration zu gehen.

Der Roman ist in Form eines Protokolls (»Eine Zeugenaussage« lautet der Untertitel) geschrieben, aufgenommen vielleicht beim Grenzübertritt, vielleicht aber auch von der portugiesischen Polizei. Das wollen wir jedoch nicht hoffen. Dieser Pereira ist uns nämlich ans Herz gewachsen und gibt uns zu denken. Sein Schicksal zeigt: Auch wer sich unpolitisch oder apolitisch verhält, ergreift Partei – für die herrschenden Verhältnisse.

Sie fühlen sich
in Ihrer Ehre verletzt

Jemand hat Sie übel beleidigt, und Sie grübeln darüber nach, wie diese Schmach zu tilgen sei. Dass Ihr Kontrahent in der gesellschaftlichen Rangordnung weit unter Ihnen steht, macht die Sache nicht besser. Der missliche Vorfall nagt an Ihrem Selbstbewusstsein und vergällt Ihnen die Tage.

*L*esen Sie

Leutnant Gustl von Arthur Schnitzler.

Die Novelle ist 1900 in einer Wiener Zeitung erschienen. Sie ist konsequent als innerer Monolog gestaltet und offenbart die Bewusstseinslage eines k.u.k. Offiziers.

Leutnant Gustl langweilt sich des Abends bei einem Konzert, und dabei geht ihm allerhand durch den Kopf. Dass er am nächsten Nachmittag zu einem Duell auf Säbel verabredet ist mit einem Advokaten, der die vaterländische Gesinnung des Offizierscorps in Frage gestellt hat. Dass er am Vorabend 160 Gulden auf einen Sitz an einen Kameraden verspielt hat. An sein derzeitiges Verhältnis, an Steffi, denkt er und an frühere Affären, während er nach neuen Gelegenheiten Ausschau hält. Nach »Menschern«, wie er sie nennt, die einem feschen Offizier doch das »einzige reelle Vergnügen« zu spenden vermögen.

Als Gustl nach Ende des Konzerts an der Garderobe sich vordrängen will, gerät er in Streit mit einem Bäckermeister von kräftiger Statur. Der nennt ihn »dummer Bub« und droht ihm, den Säbel zu zerbrechen. Gustl ist sprachlos und findet sich in der fatalen Lage, den Bäckermeister, weil satisfaktionsunfähig, nicht zum Duell fordern zu können. Andererseits ist nun seine Offiziersehre beschmutzt, und so scheint ihm der Selbstmord der einzige Ausweg aus seinem Dilemma zu sein. Schließlich könnte jemand die schändliche Szene beobachtet haben, oder der Bäckermeister könnte im Kaffeehaus damit prahlen. Das Duell mit dem »Rechtsverdreher«, dem »Tintenfisch«, würde nicht stattfinden können wegen Selbstmords eines Kombattanten. Eine Kugel will er sich in den Kopf schießen, gleich am nächsten Morgen um sieben.

Einstweilen spaziert er, seinen Gedanken nachhängend, im nächtlichen Prater herum, legt sich auf eine Bank und schläft ein. Am Morgen macht er sich auf in die innere Stadt und steuert ein Kaffeehaus an. Er verspürt einen mächtigen Appetit, und auf eine Stunde kommt es schließlich nicht an. Dort erfährt er vom Kellner, dass seinen Beleidiger, den Bäckermeister, in der Nacht der Schlag getroffen hat. So »ein Mordsglück«, denkt er, »dass ich in das Kaffeehaus gegangen bin ... sonst hätt ich mich ja ganz umsonst erschossen«. Und dass er seinen Gegner im Duell am Nachmittag »zu Krenfleisch« hauen werde.

Leutnant Gustl, von dem ein präzises Psychogramm gezeichnet wird, ist eine Zierde seines Standes. Dünkelhaft, arrogant, borniert, voller Ressentiments und Vorurteile. Ein strammer Antisemit und Sozialistenhasser. Ein Chauvinist vom Scheitel bis zur Sohle, auch was die »Menscher« angeht, in denen er nichts als Sexualobjekte zu sehen vermag. Ungebildet und ziemlich dumm obendrein, von aufbrausendem Charakter. Mit ihm, so steht zu vermuten, wird es wohl kein gutes Ende nehmen.

Die Novelle machte bei ihrem Erscheinen Skandal, und Schnitzler – er war Mediziner und Stabsarzt – wurde der

Offiziersrang aberkannt. Wir leben heute in sehr viel zivile-ren Verhältnissen. Das Duell ist abgeschafft. Ein Offizier ist auch nur ein »Staatsbürger in Uniform«, ohne speziellen Eh-renkodex. Eine Beleidigung kann allerdings justiziabel sein, aber vielleicht ist es gar nicht klug, per Gericht dagegen vor-zugehen. Womöglich ist es besser, sich selbst nicht übertrie-ben wichtig zu nehmen und den unangenehmen Menschen, der einem gegenüber aus der Rolle gefallen ist, auch nicht. Denn die Ehre, so es sie denn gibt, kann nur durch eigenes unehrenhaftes Verhalten beschädigt werden.

Sie fühlen sich von der Boulevardpresse belästigt

Schon die täglichen Schlagzeilen, die Ihnen von den Zeitungsständen entgegenschreien, empfinden Sie als ekelhaft. Es ist Ihnen bewusst, welche Macht die Boulevardpresse im öffentlichen Leben ausübt. Vielleicht denken Sie, dass ein Mindestmaß an Prominenz vorliegen muss, damit eine Person Gegenstand (oder Opfer) dieser Presse werden kann. Aber das wäre ein Irrtum: Es kann jeden treffen.

esen Sie

Die verlorene Ehre der Katharina Blum von Heinrich Böll.

Das Buch erschien 1974, zwei Jahre nachdem Böll der Literaturnobelpreis verliehen worden war. In dieser Zeit war der Schriftsteller in heftige Kontroversen mit der Springerpresse, insbesondere der *Bild*-Zeitung, verstrickt, die ihn des Sympathisantentums mit der Baader-Meinhof-Gruppe bezichtigte. Das Buch, Böll nannte es eine »Erzählung«, ist eine scharfe Abrechnung mit den Praktiken der Boulevardpresse. »Wie Gewalt entstehen und wohin sie führen kann«, so lautet der Untertitel.

Katharina Blum, eine Haushälterin, hat am Karnevalssonntag 1974 in ihrer Wohnung einen Journalisten erschossen und sich danach der Polizei gestellt. Böll schildert die Geschichte dieser Tat anhand von Vernehmungsprotokollen der Polizei, aus Zeugenaussagen und Anwaltsnotizen. Der dokumentarische Stil erweckt den Eindruck eines authentischen

Falls. Eine simple Story: Die attraktive Katharina Blum hat an einem privaten Tanzvergnügen teilgenommen. Dort lernt sie einen Mann kennen und verbringt mit ihm die Nacht. Es handelt sich um einen Kriminellen, der von der Polizei observiert wird. Am nächsten Morgen dringt ein Kriminalkommissar mit acht Polizeibeamten in Katharinas Wohnung ein, aber der Gesuchte ist verschwunden. Katharina wird aufs Revier gebracht und vernommen. Von nun an bemächtigt sich die ZEITUNG, flankiert von der SONNTAGSZEI-TUNG, dieses Falls. Aus der redlichen, unbescholtenen Frau wird so im Handumdrehen ein »Räuberliebchen«, ja eine »Mörderbraut«. Aus »sehr klug und kühl« (so ihr Anwalt über Katharina) macht der Zeitungsreporter Tötges »eiskalt und berechnend«. Er schreckt auch nicht davor zurück, Katharinas schwerkranke Mutter am Krankenbett unter Druck zu setzen und deren Auskünfte auf üble Weise zu verdrehen. Die ZEITUNG, dieses Zentralorgan gesunden Volksempfindens, manipuliert skrupellos die Fakten, zerstört aus Sensationsgeilheit und um ihre Auflage zu steigern eine Existenz. Katharina fragt den Staatsanwalt, »ob der Staat ... nichts tun könne, um sie gegen diesen Schmutz zu schützen und ihre verlorene Ehre wiederherzustellen«. Und sie will auch wissen, wie Einzelheiten aus der Vernehmung zur Kenntnis der ZEITUNG gelangen konnten. Der Staatsanwalt verweist auf die Presse- und Informationsfreiheit. Katharina wird durch anonyme Anrufe und obszöne Briefe belästigt. Die Saat der ZEITUNG ist aufgegangen. Als ihr auch noch die Schuld am Tod ihrer Mutter gegeben wird, ist das Maß voll.

Die Frau des Anwalts schreibt Katharina zwei »lebensgefährliche Eigenschaften« zu: »Treue und Stolz«. Und ein ausgeprägtes Gerechtigkeitsempfinden, wie hinzuzufügen ist. Katharina bietet Tötges ein Exklusivinterview in ihrer Wohnung an; die Begleitung ihres Anwalts lehnt sie ab. Sie erwartet Tötges mit entsicherter Pistole in der Handtasche. Es wäre aber vielleicht nicht zu der Tat gekommen, hätte Tötges nicht gesagt: »… ich schlage vor, dass wir jetzt erst mal bumsen.« Und hätte er nicht versucht, ihr an die Wäsche zu gehen. Bumsen, meinetwegen, denkt Katharina in diesem Moment und gibt die tödlichen Schüsse ab.

Heinrich Böll hat sein Buch ein »erzählerisch verkleidetes Pamphlet«, eine Streitschrift, genannt. Ja, es ist ein interventionistisches, auf Wirkung zielendes Buch, zugleich aber ein brillant komponiertes Stück Literatur. Beten Sie also, dass Sie niemals in die Fänge dieser Art von Journalismus gelangen. Und unterlassen Sie alles, was dazu führen könnte, dass Sie in den Klatschspalten dieser Organe vorkommen. Wer sich auf diesen Boulevard begibt, kommt darin um. Und falls Sie glauben, dass diese Dinge sich seit dem Erscheinen von Bölls Buch gebessert hätten, dann sei Ihnen das Buch *Gossenreport: Betriebsgeheimnisse der Bild-Zeitung* (2007) von Gerhard Henschel ans Herz gelegt. Das ist nun allerdings wirklich kein Roman.

SIE WERDEN — OHNE ES ZU WOLLEN — IN INTRIGEN UND MACHTKÄMPFE VERWICKELT

Sie befinden sich – beruflich oder privat – in einer Ihnen völlig fremden Umgebung und haben alle Hände voll zu tun, sich darin zurechtzufinden. Es fällt Ihnen schwer, die Dinge, die Sie beobachten und erleben, richtig einzuordnen oder die Zusammenhänge und Hintergründe zu erkennen. Und Sie haben manchmal den Eindruck, dass die eine oder andere Seite Ihre derzeitige Unwissenheit nutzt, um Vorteile daraus zu ziehen. Sie haben den Verdacht, »Spielball« fremder Interessen zu sein und in Machtkämpfe verwickelt zu werden, auf die Sie keinen Einfluss haben. Und spüren: Es ist kein gutes Gefühl, benutzt zu werden.

*L*esen Sie

Shōgun von James Clavell.

Mehr über Taktik und »Kriegslist« werden Sie in kaum einem anderen Roman auf so fesselnde Weise erfahren. James Clavell ist ein großer Kenner Asiens – man sagt ihm nach, dass er der erste westliche Autor gewesen sei, der diese uns fremde Kultur authentisch (und nicht durch die westliche Brille) schildert. Der Autor ist britisch-amerikanischer Abstammung und kommt aus dem Film- und Drehbuchgeschäft Hollywoods, wo er große Erfolge, unter anderem auch als Produzent, verzeichnen konnte (er hat beispielsweise den Filmklassiker *Gesprengte Ketten* verantwortet).

Shōgun ist einer von sechs international erfolgreichen Asi-en-Bestsellern des Autors und erzählt die Geschichte des englischen Navigators John Blackthorne, der sein Schiff mit letzter Anstrengung zur japanischen Küste führen kann, wo er von Einheimischen wie Strandgut aufgesammelt und gesund gepflegt wird.

Vorlage für die Figur Blackthornes war eine reale historische Person: William Adams, ein englischer Navigator, der 1600 in Diensten einer holländischen Handelsdelegation nach Japan kam und dort zwanzig Jahre später – wohl als erster Ausländer – als Samurai starb. Auch die japanischen Fürsten in *Shōgun* haben reale historische Vorlagen.

Die Abenteuer Blackthornes sind vor allem deshalb so faszinierend, weil Clavell das Japan dieser Zeit dermaßen feinziseliert beschreibt, dass jeder Leser sich mitten in das Geschehen versetzt fühlt. Eine unvergessliche Szene, wie unser Held (nicht gerade ein Sauberkeitsfreak, das war bei uns damals einfach nicht üblich) die Badekultur der Japaner kennenlernt – und sie ab sofort nie mehr missen möchte. Kaum ist Blackthorne also von freundlichen Gastgebern wieder auf die Beine gestellt worden, lernt er dieses faszinierend fremde Land, seine Kultur und seine Bewohner kennen. Dabei begeht er in Unkenntnis der fremden Sitten so manchen peinlichen Fehler.

Besonders unverständlich ist ihm der Ehrenkodex der Samurai und ihre Todesverachtung. So erlebt er immer neue Abenteuer und gerät bald zwischen die Fronten verfeindeter Parteien, die nicht nur sich, sondern auch die missionierenden und recht egoistische Ziele verfolgenden Jesuiten bekämpfen. Schließlich kann Blackthorne den aufgeschlossenen Fürsten Toranaga für sich gewinnen, woran dessen Beraterin, die schöne Mariko, nicht ganz unschuldig ist. Der exotische, fremde Seemann hat das Herz dieser edlen Dame erobert, und sie hilft ihm, seine fremde neue Heimat zu verstehen und die japanische Sprache zu erlernen. Toranaga ist nun zwar der Gönner unseres gestrandeten Seemanns, aber leider ist er in bedrohliche Intrigen verwickelt, die Kriege nach sich ziehen könnten, die nicht zu gewinnen sind.

Shōgun ist eine faszinierende Lektüre, vor allem auch für Leser, die den großen Regisseur Akira Kurosawa schätzen. Auch Clavell lässt hören, wie der Wind das Zaumzeug der Pferde zum Klirren bringt, Seidenkimonos rascheln und Tuschepinsel sanft über Papier geführt werden. Dabei ist der Roman atemberaubend spannend und vermittelt das innerste Wesen Japans so, als sei man dort schon immer zu Hause gewesen. Dass *Shōgun* ein ganz und gar kitschfernes Ende (also kein herkömmliches Happy End) hat, nimmt man dem Autor nicht übel, sondern rechnet es ihm hoch an.

Dieses Buch lehrt seinen Leser, das Wesen der »höheren« Intrige zu durchschauen und wie damit am besten umzugehen ist. Aber auch, was unter fernöstlicher Weisheit zu verstehen ist – und wie man sie auch in unserem Alltag zum eigenen Schutz und Vorteil einsetzen kann.

Sie schämen sich
Ihrer Herkunft

Sie kommen aus sogenannten einfachen Verhältnissen und haben sich »hochgearbeitet«. Es hat Sie viel Kraft gekostet, sich Ihren Dialekt abzutrainieren (oder nicht mehr den kleinen Finger beim Teetrinken zu strecken), denn Sie wollen nicht als Provinzler gelten. Sie halten alle Leute aus der Heimat für hoffnungslose Spießer. Ihre Provinz-Familie und -Freunde sind Ihnen peinlich. Sie verhalten sich so, als seien Sie in der Stadt oder durch Ihre Karriere etwas »Besseres« geworden, wissen aber zugleich, dass das nicht richtig ist.

*L*esen Sie

Große Erwartungen von Charles Dickens.

Genießen Sie die Zeit der Lektüre, denn auch dieser Dickens wird Sie eine geraume Lesezeit an sich fesseln. Aber: jede Stunde lohnt sich. Dickens-Spezialisten halten diesen seinen vorletzten Roman für eines seiner besten und reifsten Werke. Was wohl daran liegt, dass er in *Große Erwartungen* nicht nur den emotionalen (wie in seinen noch bekannteren Klassikern), sondern auch den analytischen Verstand des Lesenden anzusprechen versteht. Und dessen Humor, denn *Große Erwartungen* ist auch ein sehr komisches Buch. Das musste es auch sein, denn Dickens hat den Stoff zur finanziellen Rettung seiner Zeitschrift *All the Year Round* sehr sorgfältig als Fortsetzungsroman konzipiert. (Und es hat funktioniert – die Leser hingen von Dezember 1860 bis August 1861 quasi an seiner Feder!)

Die Geschichte handelt vom Waisenjungen Pip, der bei seiner älteren Schwester und ihrem Mann Joe Gargery, dem Dorfschmied, aufwächst. Die Bekanntschaft mit einer reichen, aber ziemlich verrückten Dame (aber vor allem die mit deren schöner Adoptivtochter Estella) setzt Pip die ersten Flausen in den Kopf. Er will »ein feiner Herr« werden, um den (vermeintlichen) Ansprüchen der Ladys zu genügen. Immer öfter fällt ihm die Einfachheit seiner Familie und Umgebung auf, und er beginnt, von einem anderen Leben zu träumen, ja er findet sogar, dieses stünde ihm richtiggehend zu – so begabt und gutaussehend, wie er ist.

Und eines Tages scheint auch das Schicksal bemerkt zu haben, dass es da in den Marschen einen jungen Mann gibt, mit dem sich ein Experiment lohnen könnte. Pip und seinem Lehrherrn Joe wird von einem Londoner Anwalt aus heiterem Himmel nahegebracht, dass Pip einen unbekannten Gönner und durch ihn »große Erwartungen« hat. Er soll seine Schmiede-Lehre aufgeben und sich in London einer Erziehung zum Gentleman unterziehen. (Wie Dickens den Anwalt einführt, ist geradezu genial. Ebenso unvergesslich die spätere Beschreibung einer ziemlich missglückten *Hamlet*-Aufführung.) Da Joe dem Jungen nicht im Weg stehen will, der natürlich Feuer und Flamme ist, wird Pip im Nu *das* Gesprächsthema in der kleinen Gemeinde – und prompt mit den ersten Speichelleckereien und falschen Freundschaftsbezeugungen konfrontiert. Und merkt es natürlich nicht.

Und nun breitet Dickens das Leben Londons in den Jahren 1812 bis 1840 vor dem Leser aus. Dickens schreibt gar nicht viktorianisch, sondern sehr modern, und man wünscht sich, dass mehr Gegenwartsautoren sich an seinem Stil und seiner Dramaturgie ein Beispiel nähmen. Wenn Dickens in unsere Zeit versetzt werden könnte, wäre er höchstwahrscheinlich – nach ein paar Schrecksekunden – der gleiche fesselnde und faszinierende Autor, der er zu seiner Zeit war. Vielleicht ließe er seinen Pip den ersten Preis in »Deutschland sucht den Superstar« gewinnen oder auf andere Art sein vermeintliches Glück machen.

Pip im alten London jedenfalls macht sich. Er wird einem Gentleman immer ähnlicher – was das Schuldenmachen betrifft, ist er jedenfalls bald perfekt. Aber was soll's – er hat ja große Erwartungen. Wie groß die sind, bleibt im Dunkeln, das war von Anfang an eine Bedingung des geheimnisvollen Gönners. Pip stellt natürlich Vermutungen an – wer täte das nicht in seiner Situation? Und er liegt so was von daneben (und der Leser mit ihm). Bevor sich der wahre Gönner offenbart, erlebt Pip zahlreiche Abenteuer, kann seine große Liebe nicht gewinnen (weil er eine wahre schon vorher verschmäht hat) und erlebt schließlich den Schock seines Lebens. Der Gönner entpuppt sich als einer, der gesellschaftlich geächtet ist und alles zunichtemachen könnte, was Pip erreicht zu haben glaubt. Dennoch ist der Schock am Ende ein heilsamer. Einer, der – ganz ohne aufdringlichen moralischen Zeigefinger des Autors – ihn wieder zu dem Pip macht, der er einmal war und eigentlich ist. Dickens sagt einmal im Buch: »Alle Betrüger dieser Erde sind nichts im Vergleich mit den Selbstbetrügern.« Wie wahr. Wer nichts mit diesem Ego-Laster zu tun hat, der hebe den Finger. Oder denke in der Stunde der Gefahr an Pip. Es lieben uns doch immer die am meisten, die am wenigsten Aufsehen darum machen.

Sie sind ein
gnadenloser Moralist

Sie halten sich immer und unter allen Umständen streng an die Regeln, die sich die Gesellschaft verordnet hat. Selbst in Ausnahmesituationen würden Sie niemals vom Buchstaben des Gesetzes oder von Vorschriften abweichen. Menschen, die bei Rot über die Straße gehen oder den Rasen trotz Verbotes betreten, halten Sie für fähig, auch größere »Untaten« zu begehen. Dass Sie Ihrer Umgebung damit manchmal gehörig auf die Nerven gehen, finden Sie ungerecht und sehen darin den beginnenden Untergang der Zivilisation.

*L*esen Sie
Der Richter und sein Henker von Friedrich Dürrenmatt.

Der Pfarrerssohn Dürrenmatt hat aufgrund seiner Herkunft eine gehörige Portion Rebellion in sein künstlerisches Leben mitgebracht, aber auch einen messerscharfen Verstand und Freude an logischen Gedankenspielen. Und noch mehr Freude daran, sich Moralisten und ihre verlogenen Brüder – die Scheinheiligen – in verzwickten Situationen vorzustellen. In seinem Theaterstück *Der Besuch der alten Dame* hat er die Freude an solchen Gedankenspielen auf die Spitze getrieben.

Sein Berner Kriminalkommissar Hans Bärlach (»Ich bin ein schwarzer Kater und fresse gerne Mäuse!«) ist eine unvergessliche Figur. Alt und krank, eine eingeschränkte Restlebenszeit vor Augen, aber unerbittlich gegen das Verbrechen und für Gerechtigkeit kämpfend. Bärlach geht im Polizeipräsidium ein Ruf voraus: Im Polizeiaustausch war er in jungen Jahren nicht nur in Istanbul, sondern 1933 auch in Deutschland. Dort endete sein Aufenthalt mit einer Ohrfeige, die er einem Vorgesetzten verabreichte und die ihn heim nach Bern beförderte. Wo der Vorfall zunächst als unerhört, mit den Jahren nur mehr als skandalös und bei Kriegsende dann schließlich als angemessen betrachtet wurde.

In *Der Richter und sein Henker* wird Bärlachs fähigster Mitarbeiter getötet, den er »undercover« auf einen Verbrecher (ein Mitglied der guten Gesellschaft) angesetzt hat. Mit normalen Polizeimethoden ist dieser Kriminelle aus Leidenschaft nicht zu kriegen. Bärlach kennt ihn aus seinen Istanbuler Tagen (wo er vor seinen Augen einen Mord beging, der ihm aber nicht nachzuweisen war) und verabscheut ihn zutiefst. Zwischen den beiden Männern hat sich so etwas wie ein »Krieg um Gut und Böse« entwickelt, der nun schon vierzig Jahre währt und in dem Bärlach immer den Kürzeren gezogen hat.

Das Besondere an diesem Kriminalroman ist der Umstand, dass er eigentlich keiner ist. Während der Leser mit Spannung die Ermittlungen der Polizei zum Kollegenmord verfolgt und so manche seltsam gelassene, um nicht zu sagen schlampige Ermittlung Bärlachs dessen Alter und seiner Krankheit zuschreibt, läuft »der Hase« der Geschichte in Wahrheit ganz anders. Es geht nicht darum, den Täter zu finden, denn unser Kommissar kennt ihn längst. Bärlach inszeniert ein grandioses Katz-und-Maus-Spiel, das seinesgleichen in der Literatur sucht. Dürrenmatt setzt seine schöne, klare und oft poetische Sprache mit virtuoser Geschicklichkeit ein. Wenn er Bärlachs Vorgesetzten in gesellschaftlichen Verstricktheiten zappeln lässt, lehnt sich der Leser wohlig zurück und nimmt mit Genugtuung zur Kenntnis, dass auch die Schweiz in Sachen Moral und gesellschaftlicher Korruption nicht »weißer wäscht«. Während der Chef sich darüber ärgert, dass Bärlach, der »Alte«, sein Büro prinzipiell ohne anzuklopfen betritt, und darüber nachsinnt, wie er seinem sturen, unbequemen Untergebenen beibringen soll, eine bestimmte Spur auf keinen Fall zu verfolgen, hat der schon längst seine Netze anderswo ausgeworfen. Und die sind sehr fein gesponnen.

Dabei ist Dürrenmatt von einer ungewöhnlichen Redlichkeit. Er legt keine falschen Spuren, und er verführt den Leser nicht zu Überlegungen, die ins Leere laufen. Seine Geschichte funktioniert auf saubere Art. Und sobald der Leser glaubt, dass nun alles offen auf dem Tisch liege und alles gesagt sei – dann kommt erst die ganz große Überraschung. Nicht nur der Mörder von Bärlachs Lieblingsmitarbeiter wird gefunden, sondern der schlaue Alte macht ihn sogar zum Instrument, um ein uraltes Verbrechen (und ganz viele unentdeckte) zu sühnen. Das mag nicht ganz dem Buchstaben des Gesetzes entsprechen, ist aber auf jeden Fall von höherer Moral. Und der Leser, der sich erstaunt und verblüfft die Augen reibt, wünscht sich sehr, dass es im wahren Leben öfter so anständig und gerecht zuginge, wie nach Dürrenmatts und Bärlachs Willen.

Walter Jens hat über Dürrenmatts Bärlach geschrieben: »Das ist die große Ausnahme unter den Meistern der Kriminalliteratur. Eine Gestalt, die gern den polternden, ungeschliffenen Mann aus dem Volk herauskehrt, um derart nicht nur die großen und kleinen Verbrecher, sondern auch die akademisch-feinsinnig redenden Vorgesetzten, die Wissenschaftler und Computer-Kenner aufs Glatteis zu führen.«

Ein wunderbares Lesevergnügen nicht nur für Sprachfanatiker, Schachspieler und Leute, die der Logik verfallen sind. Nach der Lektüre macht sich garantiert selbst bei Unbelehrbaren die Gewissheit breit, dass die Moral gelegentlich geradezu dazu verpflichtet, den Rasen – trotz Verbotstafel – zu betreten.

Sie haben Probleme mit Autorität

Sie waren ein bockiges, ungehorsames Kind – allerdings nur dann, wenn Ihnen Erziehungsmaßnahmen nicht eingeleuchtet haben. Kinder sind schlau, und sie haben ein untrügliches Gespür für die Schwächen Erwachsener: Unlogische »Befehle«, nicht erklärbare Anweisungen, die lediglich auf Gewohnheit oder Bequemlichkeiten basieren, werden schnell durchschaut. Diese Renitenz »aus guten Gründen« haben Sie sich auch als Erwachsener bewahrt – Sie können natürliche Autorität sehr gut von der lediglich durch Macht verliehenen unterscheiden und geben das auch zu erkennen. Was Ihnen das Leben allerdings nicht gerade leichter macht.

*L*esen Sie
Herr der Fliegen von William Golding.

Die Literatur hat zu allen Zeiten faszinierende Robinsonaden hervorgebracht: Der Roman Goldings ist allerdings sehr viel mehr als nur eine fesselnde Abenteuergeschichte. Der doppelte Boden in Goldings Kultbuch machte es dem späteren englischen Nobelpreisträger für Literatur (1983) zunächst schwer, einen Verleger dafür zu finden. Das Manuskript wurde zwanzigmal abgelehnt, bevor es schließlich 1954 endlich gedruckt wurde.

Die Protagonisten des Romans sind Kinder zwischen sechs und zwölfeinhalb Jahren, die sich nach einem Flugzeugabsturz auf einer palmenbewachsenen Insel ganz ohne Erwachsene wiederfinden. Zunächst sind sie nur zu zweit: der leicht arrogant wirkende Ralph und der kleine, dicke Brillenträger Piggy. Piggy erkennt die wahre Dramatik der Situation sehr viel schneller als Ralph, der manchmal Schwierigkeiten hat, sich zu konzentrieren. Piggy findet ein Muschelhorn und weiß auch, wie man es zum Tönen bringt. Die anderen Überlebenden strömen aufgrund des Signals herbei. Darunter auch eine Gruppe Jungs, die von Jack angeführt werden. Sie gehörten einer Eliteschule an, was allein schon ihre Schuluniformen signalisieren. Während Ralph – unterstützt von Piggys Intelligenz und Argumentationsstärke (»Die größten Gedanken sind die einfachsten« und »Wir sind Engländer, und Engländer können alles am besten«) – seine natürliche Autorität nutzt, um Ordnung ins Chaos zu bringen, und über Rettungsmöglichkeiten nachdenkt, ist Jack eher auf Vergnügen und Selbstbestätigung aus. Er will mit seiner Truppe jagen und sieht nicht ein, weshalb Ralph und Piggy so erpicht darauf sind, ständig ein Signalfeuer am Brennen zu halten. Auch den Hüttenbau und die Wasserbeschaffung interessiert die »Jäger« nicht sonderlich. Diese langweiligen und schweißtreibenden Arbeiten überlassen sie lieber den anderen. Jack begreift sich als Anführer einer fleischbeschaffenden Elite-Truppe, die sich den Anweisungen des »demokratisch« gewählten Anführers immer öfter widersetzt. Die Jäger verfallen bei der Jagd auf die Schweine der Insel gelegentlich sogar in einen regelrechten Blutrausch. Und Jack nimmt befriedigt zur Kenntnis, dass sich alle – auch »die anderen« – an seinen »Fleischtöpfen« versammeln.

Es kommt zur Eskalation, und der stark kurzsichtige Piggy gerät zwischen die Fronten: Denn nur mit Hilfe seiner Brille (als Brennglas) ist es den Jägern möglich, Feuer zu machen. Sie überfallen Ralph, Piggy und den Rest der kleinen Truppe, um sich dieser Brille zu bemächtigen. Das Dasein auf der Insel ist plötzlich lebensgefährlich geworden.

Es entwickelt sich eine Gruppendynamik, die der Vernunft (und Außenseitern) keine Chance lässt und in Mord und Totschlag endet. Die Rettung der überlebenden Kinder erfolgt in letzter Minute – durch Marinesoldaten im Kriegseinsatz.

Herr der Fliegen thematisiert die menschliche Fehleinschätzung, dass Kinder unschuldige und friedfertige Wesen seien. Goldings romanhaftes Gedankenexperiment (geschrieben nach den auch psychischen Verheerungen des Zweiten Weltkriegs und in der darauffolgenden Angstphase des Kalten Kriegs) führt eindringlich vor: Ohne die Anleitung Erwachsener schlagen bei Kindern angeborene Charaktereigenschaften durch, die bei allen – je nach Temperament und in der Kürze der Lebenszeit Erfahrenem – jede Menge Gewaltpotenzial enthalten. Den Rettern der Kinder ist das offenbar klar, denn die Antwort auf ihre Frage, ob es Tote gegeben habe, ruft weder Erschrecken noch Erstaunen hervor. Einen Moment lang durchzuckt den Leser sogar der ungeheuerliche Gedanke, dass das gesamte Geschehen ein gewolltes Experiment war.

Das Einzige, was uns Menschen (egal, ob Kind oder Erwachsener) davor bewahrt, sich tierisch zu verhalten, ist die Kultur, die wir uns gegeben haben. Um ihre Standards aufrechtzuerhalten, ist Autorität, gepaart mit Überzeugungskraft, vonnöten. Der verantwortliche Mensch kann Rudelführer oder Anführer sein. Der Unterschied ist wesentlich. Wohl dem, der ihn erkennt.

Sie lieben fremde Kulturen —
aber nicht
in Ihrer Nachbarschaft

*Sie sind kein Spießer und gehören nicht zu denen, die im Spanien-
urlaub Eisbein bestellen und sich in Thailand in einem Hotel ver-
schanzen, in dem Deutsch gesprochen wird. Aber Sie finden, fremde
Kulturen sollte man kennenlernen, bestaunen und vielleicht sogar
bewundern, aber sie sollten nicht mit der eigenen im Alltag ver-
mischt werden. Sie wären sehr besorgt, ja sogar todunglücklich,
wenn eines Ihrer Kinder einen »exotischen« Ausländer heiraten
würde. Kurzum – Sie sind ein »Multikulti«-Skeptiker.*

*L*esen Sie
Schnee, der auf Zedern fällt von David Guterson.

Dieser Debütroman aus den neunziger Jahren wurde ein
internationaler Bestseller und in dreißig Sprachen übersetzt.
Und das war kein Zufall. Dem Autor gelingt der Spagat
zwischen Anspruch und Unterhaltung mühelos. Dazu tragen
seine poetische und zugleich präzise Sprache bei und eine raffinierte Geschichte, die von Anfang an fesselt.

Schnee, der auf Zedern fällt beginnt zunächst wie ein Ge-
richtsroman, eine Genre, in dem schon viele amerikanische
Autoren ihre Meisterschaft bewiesen haben. Das ist aber nur
der äußere Rahmen. Mittels raffiniert eingeschobener Rückblenden entwirft Guterson das anatomische Bild einer klein-
städtischen Lebensgemeinschaft.

Der deutschstämmige Fischer Carl Heine wird tot aus seinen eigenen Lachsfangnetzen geborgen, und sein Freund aus Jugendtagen, Kabuo Miyamoto, wird des Mordes verdächtigt. Er soll aus Rache gehandelt haben, weil Carls Vater ihn und seine Familie um ein Grundstück betrogen hat. Dieses Unrecht geschah während des Kriegs, als die japanischstämmigen Mitbürger (Amerikaner wie alle anderen auch) nach dem Angriff auf Pearl Harbor enteignet, interniert und zu Zwangsarbeit verurteilt wurden. Pearl Harbor war (und ist) ein amerikanisches Trauma, das überall im Land die übelsten rassistischen Tendenzen wachgerufen hat und jeden asiatisch aussehenden US-Bürger automatisch unter Spionageverdacht stellte.

Während Kabuo als amerikanischer Soldat in Italien Deutsche erschossen hat (er selbst nennt es »ermordet«), verlor der Verlegerssohn Ishmail Chambers im Einsatz gegen die Japaner seinen Unterarm. Die beiden Männer – der eine auf der Anklagebank, der andere als Prozessberichterstatter anwesend – sind insofern miteinander persönlich verbunden, als Kabuos Ehefrau Hatsue die große Liebe Ishmails war. Sie hat während des Kriegs aus dem Internierungslager heraus mit Ishmail Schluss gemacht. Eine Japanerin und ein Amerikaner, »das stimmte einfach nicht«.

Während der Prozess sich für den japanischen Fischer immer ungünstiger gestaltet, werden die Schicksale der Protagonisten nach und nach deutlich. Die beiden Lachsfischer – Carl, der jetzt tot ist, und Kabuo, der um sein Land Betrogene und des Mordes Verdächtige – träumten beide von einem weniger harten Leben als Erdbeerfarmer.

Während die kleine Stadt in einer Schneekatastrophe versinkt, erhält Ishmail Informationen, die die Unschuld des Angeklagten beweisen könnten. Und gerät in einen Gewissenskonflikt. Soll er einem »verdammten Japsen« helfen, dessen Landsleute ihn zum Krüppel gemacht und der ihm die geliebte Frau weggenommen hat?

Guterson lässt nicht nur die Zedernwälder der Fischer- und Erdbeer-Insel San Piedro vor dem inneren Auge des Lesers aufsteigen, er versteht es auch großartig, die Gerüche der Insel nach Erdbeeren, Heu, Moos und Zedernholz, aber auch den der mit fangfrischen Fischen gefüllten Bootsluken lebendig werden zu lassen. Das Graben der Kinder nach Muscheln im Schlick der Ebbe und die ersten Küsse in einer hohlen Zeder wecken eigene Erinnerungen beim Leser. Dieses Buch ist ein großes Fest für Herz und Seele, und man ist froh darüber, dass diese Geschichte – anders als vom Verlag angepriesen – eigentlich gar kein Gerichts- und Kriminalroman ist. Und man hat nach der Lektüre vielleicht gelernt, dass gute Nachbarschaft, Freundschaft, Vertrauen und Liebe jede Form von Rassismus überwinden können. Es kommt nur auf die Prioritäten an.

Sie werden
von einem Stalker verfolgt

Natürlich gibt diese Person vor, Sie zu lieben. Was sie aber will, ist die totale Kontrolle über Ihr Leben. Sie suchen verzweifelt nach Wegen, um sich aus dieser Zwangslage zu befreien.

*L*esen Sie

den Roman *Sie* von Stephen King.

Das Buch erschien 1987, sein amerikanischer Autor gilt als Meister des Horrorromans. Erzählt wird eine Geschichte, die man sich in den schlimmsten Alpträumen nicht vorstellen möchte. Paul Sheldon, ein Erfolgsschriftsteller, verunglückt schwer und bricht sich beide Beine. Als er wieder zu Bewusstsein kommt, befindet er sich im Haus (und in der Gewalt) einer Ex-Krankenschwester, die sich um seine Verletzungen kümmert und ihn mit Medikamenten versorgt. Annie Wilkes ist sein »Fan Nr. 1«. Sie liebt die Romane von Pauls *Misery*-Serie, kolportagehafte Geschichten um eine Baroness in Cornwall mit den üblichen Ingredienzen: Intrigen, Abenteuer und Sex in milder Dosierung. Die Romane sind kommerziell erfolgreich, haben Paul reich und berühmt gemacht. Er hat die Serie vor einiger Zeit abgeschlossen und Misery melodramatisch sterben lassen.

Zu den wenigen Habseligkeiten, die er mit sich hat, gehört ein soeben beendetes neues Manuskript, ein seriöses, ambitioniertes Werk, mit dem er literarisches Ansehen zu erringen hofft. Annie ist damit nicht einverstanden. Sie ist ein gänzlich unberechenbares psychopathisches Monster, und Paul ist in ihrer Gewalt. Sie zwingt ihn mit brutalen Mitteln, sein neues Manuskript (von dem es keine Kopie gibt!) zu verbrennen und die geliebte (und von Paul mittlerweile gehasste) Misery wieder auferstehen zu lassen. Sie besorgt eine klapperige Schreibmaschine, und Paul beginnt widerwillig an *Miserys Rückkehr* zu arbeiten.

Annie ist ein Beispiel für die radikale Leseridentifizierung mit einer geliebten Romanfigur. Sie kann Realität und Fiktion nicht auseinanderhalten. Paul begreift, dass er um sein Leben schreibt, so wie einst Scheherazade, vom Tode bedroht, in Tausendundeiner Nacht ihre Geschichten erzählte. Ihm ist klar, dass er, sobald er das Wort »Ende« unter das Manuskript gesetzt hat, sterben muss. Er hat herausgefunden, dass er es mit einer Massenmörderin zu tun hat.

Einstweilen quält Annie ihn mit immer neuen Demütigungen und grässlichen körperlichen Torturen. Sie neigt zu sadistischen Gewaltausbrüchen. Es entwickelt sich ein düsteres, beklemmendes Psychodrama. King liefert die Beschreibung eines Kampfes, in dem die Mittel höchst ungleich verteilt sind. Paul gelingt es dennoch in einem furiosen Finale, sich seiner Peinigerin zu entledigen. Er bringt sie um.

Mit sparsamsten Mitteln und unter Verzicht auf jegliche Kulissenschieberei spitzt Stephen King diesen Konflikt immer weiter zu, seziert die Mechanismen von Macht und Unterwerfung. Er beschreibt ein heimtückisches System des Überwachens und Strafens, aus dem es kein Entkommen zu geben scheint. Das Buch zeigt aber auch, dass es unter Umständen überlebenswichtig ist, die Opferrolle nicht anzunehmen. Paul unterwirft sich nur scheinbar. Er lauert auf seine Chance, und er nutzt sie. Am Ende hängt alles an einem Streichholz – ob es sich entzündet oder eben nicht.

Auch wenn sich bei Ihnen das Stalker-Phänomen in harmloserem Gewand zeigen sollte, unterschätzen werden Sie diese Art von Belästigung nach Lektüre dieses Buches sicher nie mehr.

Stephen King vermag es wie nur wenige andere Autoren, Spannung zu erzeugen. Er kann das perfekt. In *Sie* bedient er sich dazu keines außerirdischen Horrors, sondern lässt ihn aus den Abgründen der menschlichen Seele aufsteigen. Zugleich gewährt er einen faszinierenden Einblick in die Schreibwerkstatt und die Psyche des Autors. Paul ist verletzt darüber, dass sein Werk als das eines »populären Schriftstellers« abgetan wird. King charakterisiert Paul als einen »ernsthaften Schriftsteller, der sich diese beschissenen Abenteuerromane aus den Fingern saugte, um damit seine ERNSTEN WERKE zu ermöglichen«. Daraus spricht eine Erfahrung Stephen Kings, der von einer hochnäsigen Kritik lange geringgeschätzt und missachtet wurde. Ganz zu Unrecht. Angehende Schriftsteller können gerade aus diesem Buch eine Menge lernen: Was es mit dem Deus ex Machina für eine Bewandtnis hat, wie mit dem Instrument des »Cliffhangers« umzugehen ist, oder wie es um Wordworths Poetik bestellt ist. Mit welchen Gefühlen ein Autor auf ein weißes Blatt Papier starrt, und wie er das Loch darin findet, hinter dem sich eine Welt auftut.

Sie sind gehemmt im Umgang mit gesellschaftlichen Außenseitern

Es geht Ihnen gut. Sie haben eine intakte Familie und einen sicheren Arbeitsplatz. Sie registrieren die ständig wachsende Zahl von joblosen Akademikern und die wachsenden Quoten von Auswanderungswilligen, von denen sich auch immer mehr in ihrem näheren und entfernteren Bekanntenkreis finden. Die Inhaltslosigkeit von Parolen wie »Leistung muss sich wieder lohnen« empfinden Sie angesichts der Realität nur noch als zynisch. Zugleich wissen Sie nicht so recht, wie Sie sich Menschen gegenüber verhalten sollen, die von den sozialen Verhältnissen (für die sie nichts können) an den Rand der Gesellschaft gedrängt worden sind.

*L*esen Sie
John Steinbecks Novelle *Von Mäusen und Menschen*.

John Steinbeck ist der »Linke« unter den US-Autoren von Weltrang. Er gilt als *der* schriftstellerische Vertreter von Präsident Franklin D. Roosevelts »New Deal«-Politik und wurde daher von vielen seiner Landsleute zeitlebens – und auch noch nach seinem Tod im Jahr 1968, in konservativen Kreisen bis heute – mit Misstrauen bedacht. 1962 wurde Steinbeck »... für seine einmalige, realistische und phantasievolle Erzählkunst, gekennzeichnet durch mitfühlenden Humor und sozialen Scharfsinn«, mit dem Nobelpreis für Literatur ausgezeichnet.

Von Mäusen und Menschen erzählt die Geschichte von zwei Wanderarbeitern, die, vom Norden kommend, in Kalifornien auf Jobsuche sind. Es ist deutlich zu spüren, dass der Autor sich mit dem Schicksal dieser »Okies« – aus Oklahoma kommende Arbeitslose – gut auskennt: Er hat mit ihnen gearbeitet und gelebt. Und dieses Leben dem Dünkel und der Überheblichkeit an den Universitäten stets vorgezogen. Das Dasein von George und Lennie besteht aus schlecht bezahlter Arbeit, Ärger und aussichtslosen Träumen. George gibt in diesem Duo den Ton an, und das muss er: Denn Lennie hat den Verstand eines Fünfjährigen, ein Gedächtnis, das diesen Namen nicht verdient, dafür aber die Kraft eines Galliers, der als Kind in einen Kessel mit Zaubertrank gefallen ist. Lennie streichelt gerne weiche, samtige Sachen, und George hat alle Hände voll zu tun, ihm immer wieder tote Mäuse wegzunehmen, deren Fellbeschaffenheit Lennie entzückt. Arbeitsverhältnisse enden oft mit Ärger, weil Lennie seine Kraft nicht einschätzen kann und irrational reagiert, wenn er sich in die Ecke gedrängt fühlt. Beide leben in Zeiten, in denen Lynchjustiz noch auf der Tagesordnung steht, auch wenn der Beschuldigte nicht das Geringste angestellt hat, außer dass er anders ist als alle anderen. (Oder schwarz. Schwarze sind noch weniger »wert« als weiße »Okies«. So wie arbeitslose Hauptschulabbrecher noch weniger »wert« sind als arbeitslose Akademiker.)

George hat also für beide zu denken, und ihn trifft der von Lennie verursachte Ärger immer mit. George hadert ständig mit seinem Schicksal, fühlt sich jedoch für den netten Schwachkopf Lennie verantwortlich und bringt es nicht fertig, sich von ihm zu trennen. Beide träumen von einem winzigen Anwesen, eigenem Grund und Boden – sie haben sogar schon das Geeignete im Auge –, um endlich frei und unabhängig leben zu können. Lennie lässt sich immer wieder von

George erzählen, wie er dort für Kaninchen sorgen dürfte. Dieser Traum ist der Mittelpunkt ihres Lebens.

Die beiden finden neue Arbeit, George bekommt sogar einen Welpen geschenkt, um dessen Leben sich ständig alle sorgen, weil Lennie ihn mit seinen großen Pranken zu Tode streicheln könnte.

Verzweiflung und Aussichtslosigkeit sind die ständigen Begleiter der Menschen in diesem Buch – beides können sie nur mit einer leisen, sehr anrührenden Portion Humor aushalten. Als man dem einhändigen Arbeiter Candy den Hund – seinen einzigen Lebensbegleiter und seine einzige Liebe – erschießt, weil er alt ist und durch seinen Gestank die anderen Arbeiter im Schlafraum stört, scheint es eine Wende zum Besseren zu geben. Candy will sich George und Lennie anschließen und sein Erspartes in ihren Traum investieren. Doch dann gibt es wieder einmal – wie früher schon so oft – wegen Lenny Ärger, großen Ärger. Von der Sorte, die nicht aus der Welt zu schaffen ist, weil man Tote nicht wieder lebendig machen kann. Dabei ist Lennie harmlos, total unschuldig und wirklich nett. »Auch nicht so Gescheite können nett sein. Die ganz Gescheiten sind selten nett.«

Die Lektüre dieses Buches wird in Tränen des Lesers enden, es sei denn, es befände sich ein Stein in seiner Brust. Und niemand muss sich dafür schämen, Steinbeck arbeitet völlig ohne Sozialkitsch. Er vermittelt aber eine Gewissheit: Die da oben und die da unten – das ist eine von Menschen gemachte Gemeinheit. Nicht nur Leistung – vor allem Anstand und Mitgefühl müssen sich wieder »lohnen«. Ende der Kampagnen.

SIE FÜHLEN SICH
VON IHRER UMWELT MANIPULIERT

Sie waren immer ein Mensch, der sich für Politik, vor allem aber für soziale Belange interessierte. Inzwischen sind Sie eher resignativ gestimmt und haben den Eindruck, dass allgegenwärtige Manipulation, die dröhnenden Sprüche von Politikern, das offene und verdeckte Wirken der Lobbyisten und die entsprechenden Reflexe der Medien das öffentliche Klima bestimmen. Das macht Sie wütend und hilflos zugleich. Es erschreckt Sie, dass Menschen als »Humankapital« bezeichnet werden und das Leben sich insgesamt nur noch um Geld zu drehen scheint. Es fällt Ihnen auf, dass offene Worte – zum Beispiel im Berufsleben – Ihnen regelmäßig zum Nachteil gereichen. Sie sind dabei, sich immer mehr ins Private zurückzuziehen.

*L*esen Sie

Farm der Tiere von George Orwell.

Ähnlich wie John Steinbeck hat Orwell früh in seinem Leben die sozialen Ungerechtigkeiten beobachtet und auch selbst erfahren. Hochbegabt und gefördert (weshalb den Eltern sogar die Hälfte seines Schulgeldes an einer Eliteschule erlassen wurde), war er nicht bereit, in einem System »mitzuspielen«, das er für falsch und unsozial hielt. Was ihn vom Hopfenpflücker und Tellerwäscher zum Obdachlosen machte. Aber auch zum glänzenden Stilisten als Journalist, Essayist und Romancier.

Farm der Tiere beschreibt eine Revolution: den Aufstand

der Tiere gegen den grausamen und trunksüchtigen Farmer Jones. Der Farmer wird vertrieben, und die Tiere erarbeiten sich ihren Lebensunterhalt endlich in Freiheit und zum eigenen Wohle. Ihr Lied – »Tiere Englands« – drückt ihren Traum aus, dass bald alle Tiere Englands ihre eigenen Herren sind und die Menschen von der Insel ein für alle Mal vertrieben werden. Angeführt von den klugen Schweinen, haben sie ihr Leben neu organisiert. Sie lernen lesen und schreiben und bringen die Farm zu nie gekannter Blüte. Sie geben sich »sieben Gebote«, die in großen Lettern an die Scheunenwand geschrieben werden: 1. Alles, was auf zwei Beinen geht, ist ein Feind. 2. Alles, was auf vier Beinen geht oder Flügel hat, ist ein Freund. 3. Kein Tier soll Kleider tragen. 4. Kein Tier soll in Betten schlafen. 5. Kein Tier soll Alkohol trinken. 6. Kein Tier soll ein anderes Tier töten. 7. Alle Tiere sind gleich – das Leben auf der Farm der Tiere ist wunderbar.

Bis Napoleon – eines der »Leitschweine« – auf Schneeball, den zukunftsorientierten und erfindungsreichen Kollegen, eifersüchtig und neidisch wird. Nun kehren Intrige und Manipulation auf der Farm ein. Gebot für Gebot fällt bzw. wird abgeändert. Napoleon richtet mit seinen heimlich abgerichteten, scharfen Hunden (die die Solidarität der Tiere nicht kennen) ein Blutbad an, lässt diese Ungeheuerlichkeit jedoch von seinem Kommunikationsschwein Schwatzwutz so geschickt »verkaufen«, dass die Tiere schließlich glauben, dies sei nur zu ihrem Besten geschehen. Egal, was Schwatzwutz dem Tiervolk auf raffinierte Weise verklickert – sie glauben ihm und halten Napoleon samt seiner Schweine-Crew für unfehlbar. Obwohl die inzwischen gegen die Gebote in den Betten von Farmer Jones schlafen und seinen Alkohol trinken: Die gutgläubigen Arbeitstiere nehmen alles hin (»Napoleon hat immer recht!«). Selbst als ihnen die Rationen gekürzt werden, sie auch am Sonntag arbeiten müssen, die Hymne »Tiere Englands« nicht mehr gesungen werden darf und die Lebensarbeitszeit verlängert wird. Sie reden sich ein, alles sei immer noch besser als seinerzeit unter Farmer Jones.

Napoleon macht inzwischen Geschäfte mit den benachbarten Menschenfarmern, lügt, betrügt (vor allem die Tiere) und verhält sich längst so, wie die Tiere es immer den Menschen unterstellt haben. Als er und seine Schweinebande anfangen, aufrecht zu gehen und die Kleider der Farmersleute zu tragen, dämmert den Tieren, was die Stunde geschlagen hat. Aber es ist zu spät. Die sieben Gebote auf der Scheunenwand sind ersetzt worden. Durch ein einziges, das da lautet: »Alle Tiere sind gleich. Aber manche sind gleicher.«

Wer dieses Buch liest, der muss gar nicht wissen, dass die Fabel eine Parabel auf das Scheitern der russischen Revolution (durch den Verrat des Stalinismus an den sozialistischen Idealen) ist. Es liegt auf der Hand, dass Totalitarismus in allen Varianten gemeint ist – und dass er immer im Kleinen und schleichend beginnt. Rückzug ins Private oder innere Kündigung sind also keine Lösung. Sie machen den Nachkommen ungeahnte Schwierigkeiten – und wir wollen doch, dass unsere Kinder selbstbestimmt und frei (zum Beispiel von Konsumterror und Werteverfall) leben können.

Sie sind es leid, ein gesellschaftliches »Anhängsel« Ihres Partners zu sein

Ihr Partner ist ehrgeizig und steht gern im Rampenlicht – ganz im Gegensatz zu Ihnen. Dummerweise machen es die Ambitionen Ihres »Ehrgeizlings« erforderlich, dass der Öffentlichkeit eine harmonische Paarbeziehung gezeigt wird. Sie lieben Ihren Partner und freuen sich über alle seine Erfolge – aber das Repräsentieren an seiner Seite geht Ihnen zunehmend auf die Nerven. Zumal Sie eigene Interessen (und einen eigenen Beruf) haben, die jedoch den Belangen des Partners immer öfter untergeordnet werden müssen. Sie fürchten, dass Ihre Beziehung unter diesen Umständen bald Schaden nehmen wird – und suchen Fluchtwege.

Lesen Sie

Désirée von Annemarie Selinko.

So sollte jeder Roman idealerweise beschaffen sein: Der Lesende ist traurig, wenn er sich von den vertraut gewordenen Figuren auf der letzten Seite verabschieden muss. *Désirée* weckt zudem die Lust auf noch mehr Bücher und Informationen zum Thema. Annemarie Selinkos Roman über das Europa in der napoleonischen Zeit erschien Anfang der fünfziger Jahre und wurde ein in fünfundzwanzig Sprachen übersetzter Weltbestseller.

Erzählerin des Romans ist Eugénie Désirée Clary, die jüngste Tochter eines Seidenhändlers in Marseille. Die Französische Revolution hat ihren Zenit bereits überschritten, aber über den Markt- und Richtstätten Frankreichs liegt immer noch der Geruch des Blutes. Désirée begleitet ihre Schwägerin ins Rathaus, wo sie um die Freilassung ihres zu Unrecht verhafteten Mannes und Bruders bitten. Dort lernt die Vierzehnjährige Joseph Buonaparte, einen kleinen korsischen Revolutionssekretär, kennen, der sie durch das nächtliche Marseille nach Hause begleitet. Zum Dank lädt ihn Désirée – zusammen mit seinem jüngeren Bruder Napoleone, der es in jungen Jahren schon zum General gebracht hat – für den nächsten Tag ins Haus Clary ein. Zum Entsetzen von Mutter und Bruder, die mit armen korsischen Emigranten – noch dazu Anhänger und Mitwirkende der Revolution – nichts zu tun haben wollen.

Nach seinem Tod auf St. Helena fand sich in Napoleons Memoiren der Satz: »Eugénie Désirée Clary war meine erste Liebe.« Und Letitia, die Mutter des Buonaparte-Clans, fragte bei Desideria/Désirée – inzwischen Königin von Schweden und Norwegen – nach, ob der Satz stehen bleiben und veröffentlicht werden dürfe. Er durfte.

Zwischen diesen beiden Punkten des Geschehens breitet die Wienerin Annemarie Selinko die Geschichte Europas unter dem Machtwahn Napoleons aus – erzählt aus dem Blickwinkel von Désirée. Die ihrem armen Verlobten Napoleone ihr Taschengeld leiht, damit er in Paris seine ehrgeizigen Karrierepläne verfolgen kann, wo er sie prompt vergisst und nichts mehr von sich hören lässt.

Als sie ihm nachreist und seine Verlobung mit der schönen Josephine erleben muss, will Désirée sich das Leben nehmen, wird aber von General Jean-Baptiste Bernadotte in letzter Minute gerettet. Sie wird seine Frau und gehört damit zum inneren Kreis um Napoleon. Der General ist loyaler Republikaner, erkennt auch das militärische Genie Napoleons an (der sich inzwischen selbst zum Kaiser gekrönt hat), weiß aber früh, dass die Hybris dieses Mannes Frankreich ins Unglück stürzen wird. (Napoleons Größenwahn kostet drei Millionen Franzosen das Leben – die Toten der Verbündeten nicht mitgezählt.) Bernadotte ist ein früher Europäer und lehrt seine Ehefrau Désirée – »mein kleines Mädchen« – eine politisch etwas differenziertere Sichtweise (»Kriege sind wie Gleichungen in der höheren Mathematik – auch im Krieg rechnet man mit Unbekannten«) als die im Dunstkreis des Kaisers verbreitete. Als Bernadotte per Adoption zum Kronprinzen und schließlich zum König von Schweden und Norwegen wird, ist Désirée plötzlich selbst eine Hoheit.

Annemarie Selinko macht ihren Lesern nicht nur begreiflich, was damals geschah und welche Auswirkungen es auf das Leben der Menschen in ganz Europa hatte – sie lässt auch Figuren lebendig werden, deren Namen wir alle kennen. Die des Napoleon-Clans, aber auch die des »wendigen« Joseph Fouché, der gleich drei Regimen höchst verschiedener Art als Polizeiminister diente, oder die des aus Amerika zurückgekehrten Diplomaten und Außenministers Charles-Maurice Talleyrand (»der so graziös und elegant hinkte«) oder Napoleons geliebte Josephine (»die schönste Frau von Paris mit ihrem kindlichen Lockenkopf«). Annemarie Selinko beschreibt die Farben der Kleider und Uniformen (viel Grün, viel Lila und viel Gold), die Frisuren der Damen, die Mode und ihre Schminktechnik (silbrige und goldene Lidschatten), ihre Haushaltsführung und ihre Gärten.

Désirée hält es im kalten Stockholm – mit dessen steifer Hofetikette, die noch der vorrevolutionären Zeit an den europäischen Höfen verhaftet ist – nicht aus und kehrt nach Paris zurück, auch, um dem frischgebackenen schwedischen König durch ihre unkonventionelle Art nicht zu schaden. Denn unkonventionell ist sie: selbstsicher, unaffektiert und offen heraus. Eine Frau, die ganz und gar nicht dazu taugt, einen Mann lediglich als Accessoire zu schmücken. Sie kommt erst zur Hochzeit ihres Sohnes Oskar zu ihrem Mann Jean-Baptiste Bernadotte (die schwedische Königsfamilie trägt noch immer diesen Namen) zurück. Nicht zu glauben, dass das alles erst zweihundert Jahre zurückliegt.

Ein grandioser Roman. Dessen Lektüre auch klarmacht, warum sich niemand zum »Anhängsel« einer Person der Öffentlichkeit machen lassen sollte. Öffentlichkeit ist ein zweischneidiges Schwert. Ein scharfes zudem.

SIE SYMPATHISIEREN GELEGENTLICH (HEIMLICH) MIT DER TODESSTRAFE

Sie sind eigentlich ein friedfertiger Mensch, aber in bestimmten Fällen, angesichts besonders brutaler Gewaltverbrechen, halten Sie es für gerechtfertigt, einen Täter bei zweifelsfrei nachgewiesener Schuld »im Namen des Volkes« zum Tode zu verurteilen.

*L*esen Sie

Kaltblütig von Truman Capote.

Die Originalausgabe erschien unter dem Titel *In Cold Blood* 1965 in New York. Das Buch beschreibt und analysiert ein abscheuliches Gewaltverbrechen. Es ist eine True-Crime-Story, ein Tatsachenroman.

Der Fall: Am 15. November 1959 wurde in der kleinen Landgemeinde Holcomb, im westlichen Kansas gelegen, der wohlhabende und angesehene Bürger Herbert W. Clutter, Besitzer der River-Valley-Farm, zusammen mit seiner Ehefrau Bonnie und ihren Kindern Nancy und Kenyon brutal ermordet. Fünf Jahre lang arbeitete Capote an der minutiösen Rekonstruktion dieses Verbrechens, setzte Mosaiksteinchen an Mosaiksteinchen, recherchierte alles erreichbare Material, sichtete Gerichtsprotokolle und Zeitungsberichte, befragte Menschen aus dem Umfeld der betroffenen Familien sowie Polizeibeamte, die mit dem Fall betraut waren. Vor allem war ihm daran gelegen, die Lebensgeschichte, den sozialen Hintergrund und die psychische Disposition der beiden Täter in allen Facetten auszuleuchten.

Richard »Dick« Hickock und Perry Smith wären sich besser nie begegnet. Sie haben sich aber als Zellengenossen in der Kansas-State-Strafanstalt in Lansing kennengelernt. Zwei Kleinkriminelle, die unter bestimmten Auflagen aus der Haft entlassen worden sind. Zusammen bilden sie ein gefährliches, hochexplosives Gemisch, das der biederen Farmerfamilie Clutter zum Verhängnis werden soll. Dick hat von einem anderen Zellengenossen den Tipp bekommen, dass Clutter ein reicher Mann sei, der sein Geld in einem Safe in seinem Arbeitszimmer aufbewahre. Eine Fehlinformation, wie sich herausstellt, denn zu Clutters Prinzipien gehört es, den Umgang mit Bargeld weitgehend zu meiden und in aller Regel mit Schecks zu bezahlen. Im Farmhaus gibt es keinen Safe. Es ist Dick, der seinem Kumpan Perry immer wieder eingeschärft hat, dass keine Zeugen zurückbleiben dürften. In einer Kurzschlusshandlung, einem eruptiven Akt von Gewalt, vielleicht um Dick zu imponieren, ist es dann aber Perry, der dem gefesselten Clutter die Kehle durchschneidet und ihn anschließend erschießt. Danach ermordet er nacheinander die beiden Kinder und die Ehefrau. Dann machen sich die beiden Täter aus dem Staub. Ihre Beute sind rund vierzig Dollar. Die beiden zieht es nach Mexiko, dann nach Florida, bis ihnen das Geld ausgeht. Mit einem geklauten Auto fahren sie zurück nach Kansas, wo sie von der Polizei gefasst werden.

In der Gerichtsverhandlung werden sie von den Geschworenen für schuldig befunden und zum Tod durch den Strang verurteilt. »Zwischen dem Verhängen des Urteils … und dessen Vollstreckung vergehen in den Vereinigten Staaten im Allgemeinen etwa siebzehn Monate«, schreibt Capote. Im Fall von Hickock und Smith dauerte es bis zur Hinrichtung über fünf Jahre. Die Todesarten sind in den Bundesstaaten unterschiedlich. »Florida (elektrischer Stuhl), Tennessee (elektrischer Stuhl), Illinois (elektrischer Stuhl), Kansas (Erhängen) und Colorado (Gas).« Was nun Kansas angeht, so wurde dort die Todesstrafe 1907 abgeschafft, 1935 wieder eingeführt, von 1954 bis 1960 ausgesetzt.

Sehr genau untersucht Capote die juristischen Hintergründe des Falls und geht der Frage nach, ob der Prozess gegen Hickock und Smith das Prädikat »fair« verdient. Auch wenn der Autor diese Frage nicht explizit beantwortet, so lassen doch die von ihm angeführten Umstände und Bewertungen (darunter psychiatrische Stellungnahmen) erhebliche Zweifel bestehen. Das Verfahren fand in einer Atmosphäre statt, die von Bigotterie und Selbstgerechtigkeit geprägt war. Capote selbst gibt überhaupt keine Bewertungen ab, er lässt ausschließlich die Fakten sprechen, allerdings nicht im Sinn einer bloßen Aneinanderreihung von »Fakten, Fakten, Fakten«, sondern indem er alle Umstände des Falls berücksichtigt und zueinander in Beziehung setzt. Hinterlässt das Buch im ersten Teil (in dem die Tat erzählt wird) bei der Lektüre nichts als Abscheu und Empörung gegenüber dem Verbrechen, so ändert sich die Stimmungslage im weiteren Fortgang, je mehr die psychosozialen Hintergründe der beiden Täter erhellt werden. Die schauerliche Zeit im Todestrakt, die dreizehn (!) Stufen, die auf die Plattform des Galgens hinaufführen, die entwürdigenden Begleitumstände der Hinrichtung, die widerwärtigen Kommentare der anwesenden Zeugen – Capote schildert sie »kaltblütig« und scheinbar ohne Anteilnahme. Aber wer dieses ungemein fesselnde Buch mit Herz und Verstand gelesen hat, wird sich am Ende der Einsicht kaum verschließen können, dass es einer zivilisierten Gesellschaft nicht würdig ist, ein barbarisches Verbrechen mit einem Akt der Barbarei zu beantworten. Wir sollten es also hoch zu schätzen wissen, dass in unserem Grundgesetz (Art. 102) unmissverständlich formuliert ist: »Die Todesstrafe ist abgeschafft.«

Sie sind besorgt über zunehmende Intoleranz und wachsenden Fanatismus im Zeichen der Religion

Ihnen scheint die Idee einer freiheitlichen, zivilen Gesellschaft von vielerlei fundamentalistischen Strömungen bedroht, egal, ob es sich dabei um amerikanische Evangelikale, um Kreationisten, um islamische Gotteskrieger oder um verstockte Kirchenfürsten handelt. Sie fühlen sich von ihnen in Ihrem Seelenfrieden gestört.

*L*esen Sie

Der Name der Rose von Umberto Eco.

Der (inzwischen emeritierte) Semiotikprofessor aus Bologna erzielte mit seinem Mittelalterroman einen Welterfolg. Es ist ein Kriminalroman hinter Klostermauern, ein Grundkurs in mittelalterlicher Philosophie, eine Geschichte der Ketzerbewegungen, ein Lobgesang auf das Lesen und die Liebe zu den Büchern, ein funkelndes Mosaik von Texten und Zeichen, verwoben mit Anspielungen auf die Gegenwart.

Der Roman beginnt mit der verwickelten Editionsgeschichte eines Buches, das auf das Manuskript (»natürlich eine alte Handschrift«) eines gewissen Adson von Melk zurückgeht. Der eigentliche Roman spielt an sieben Tagen (die jeweils in die kanonischen Stunden nach der Regel des heiligen Benedikt unterteilt sind) im beginnenden Winter des Jahres 1327. Schauplatz ist eine mächtige Abtei in den Bergen des Apennin, nahe der ligurischen Küste. Adson, ein Novize aus dem Kloster Melk, erzählt, was ihm in der Abtei, zusammen mit seinem Meister William von Baskerville, einem gelehrten Franziskaner und ehemaligen Inquisitor, an Wundersamem und Schrecklichem widerfahren ist. William ist in politischer Mission im Auftrag von Kaiser Ludwig IV. nach Italien gekommen. Zusammen mit anderen Franziskanern soll er mit einer päpstlichen Legation aus Avignon Fragen des rechten Glaubens (die tatsächlich hochpolitische sind und mit den kollidierenden Machtansprüchen von Kaiser und Papst zu tun haben) verhandeln. Aber noch vor Ankunft der päpstlichen Legation erschüttern rätselhafte Todesfälle von Mönchen das Klosterleben. Der Abt beauftragt William mit der Aufklärung. Scheint es sich beim ersten Fall um einen Selbstmord zu handeln, so deuten die Indizien der folgenden Tode auf Mord. William ist ein begnadeter Spurensucher und Fährtenleser, ein scharfsinniger, mit allen dialektischen Wassern gewaschener Denker, ein Detektiv, der in mancherlei Zügen an Sherlock Holmes erinnert, ebenso wie sein Adlatus Adson an Watson. In den philosophisch-theologischen Auseinandersetzungen seiner Zeit vertritt William das neue Denken, die Abkehr von der Scholastik und die Hinwendung zu einer auf Empirie gegründeten Wissenschaft, einer »Intuition des Individuellen«, gemischt mit menschenfreundlicher Skepsis.

Bei der Untersuchung der Mordfälle muss William erfahren, dass die Wege der Aufklärung höchst vertrackt sind, wohingegen Adson die Aufklärung in einem recht handgreiflichen Sinne erfährt, als er in Liebe zu einem namenlosen Bauernmädchen entbrennt. Der Schlüssel zu den Verbrechen scheint in der labyrinthischen, streng abgeschirmten Bibliothek zu liegen, in einem geheimnisvollen Buch aus deren reichen Beständen. Über sie wacht der sinistre Malachias (später ermordet), aber der eigentliche Herr der Bücher ist der greise blinde Mönch Jorge von Burgos, eine düstere Gestalt, ein glühender Anhänger der Orthodoxie, abhold jeglicher Erneuerung. Er sieht um sich herum nichts als Verkommenheit und Dekadenz und den Antichrist vor der Tür stehen.

Außerhalb der Klostermauern spielen sich tiefgreifende Veränderungen ab, der Geldhandel kommt in Schwung, die Städte blühen auf, und deren Universitäten bedrohen das Bildungsmonopol des Mönchtums.

Als die päpstliche Legation mit ihrem Anführer, dem gnadenlosen Inquisitor Bernard Gui, in der Abtei eintrifft, kommt es zu mit allen rhetorischen Kniffen geführten Disputen zwischen ihm und William. Gui will die Franziskaner und deren zum Teil radikalisierten Abspaltungen, wie etwa die *fraticelli,* die einem Kult der Armut anhängen und gegen die Prunksucht der Kirche agitieren, der Häresie überführen. Der Disput endet offen, aber mit seinen perfiden Verhörmethoden und dem Androhen von Folter zwingt Gui den Kellermeister Remigius zu einem (falschen) Geständnis der Mordtaten und wird ihn wohl, zusammen mit dem armen Teufel Salvatore und dem Bauernmädchen (dem Adson eine elementare Erfahrung verdankt und das als Hexe »überführt« wird), auf den Scheiterhaufen bringen, um »den sündigen Leib von der Seele zu trennen«. William aber gelingt es am Ende, die Morde aufzuklären und das Geheimnis des Buches zu enthüllen. Es ist die einzige Abschrift des zweiten Buches von Aristoteles' *Poetik*. Es handelt von der Komödie und von der Funktion des Lachens. Das Lachen aber, so fürchtet Jorge von Burgos, hat eine subversive Kraft und könnte die Menschen von der Angst und mithin von der Gottesfurcht befreien. Deshalb muss er mit allen Mitteln verhindern, dass dieses Buch in fremde Hände gerät, um den Preis, dass in einem apokalyptischen Fanal Bibliothek, Abtei und Jorge selbst im Feuer untergehen.

Ecos Roman ist eine eindringliche Warnung vor vielerlei Erscheinungsformen von Fanatismus. »Fürchte die Wahrheitspropheten, Adson«, spricht William, »und fürchte vor allem jene, die bereit sind, für die Wahrheit zu sterben: Gewöhnlich lassen sie viele andere mit sich sterben ...« Hüten wir uns also vor Kündern von absoluten Wahrheiten und lassen uns von ihnen nicht irre machen. Sie sind im Übrigen leicht zu erkennen – an ihrem Sendungsbewusstsein und ihrer Humorlosigkeit.

Sie fühlen sich
von Moralaposteln und
Scheinheiligen umzingelt

Es regt Sie zunehmend auf, wie heuchlerisch und verlogen unsere Gesellschaft – sei es nun beruflich oder privat – geworden ist. Sie sind ein Freund von klarer Sprache und leiden darunter, dass nichts mehr für »bare Münze« genommen werden kann, weil die meisten Leute heutzutage zwar »Wasser predigen, aber Wein saufen«. Schon allein für die offiziellen Nachrichten in Radio oder Fernsehen haben Sie sich einen »Übersetzungsautomaten« in Ihrem eigenen Kopf zugelegt, um erfassen zu können, was man Ihnen da in Wahrheit (nicht) mitteilen will, Sie fühlen sich immer öfter manipuliert und empfinden diese Tatsache als Rückfall in »dunkle Zeiten«.

L esen Sie

Der scharlachrote Buchstabe von Nathaniel Hawthorne.

Reine »Handlungsleser«, die nur auf Action aus sind, seien jedoch gewarnt – Hawthornes Roman ist ein Werk für erfahrene, vielleicht sogar für »notorische« Leser, die ihr Buch zwischendurch auch gerne einmal sinken lassen, um über das Gelesene nachzudenken.

Nathaniel Hawthorne hat diese Geschichte einer gesellschaftlichen Schande und der daraus resultierenden »Schändungen« in der Mitte des 19. Jahrhunderts geschrieben. Aus heutiger Sicht im doppelten Sinn ein historischer Roman, denn das Buch spielt 1642, also zweihundert Jahre vor der Lebenszeit des Autors, in seiner Heimat Neuengland.

Im Mittelpunkt des Geschehens stehen Hester Prynne (und ihr unehelich geborenes Kind), der von allen verehrte und wortmächtige Priester Arthur Dimmesdale und der geheimnisvolle, finstere Heilkundige Roger Chillingworth. Nach und nach enthüllt sich vor dem Leser, wie die Schicksale dieser drei – mit dem Kind vier – Menschen unauflöslich miteinander verwoben sind. Kulisse ist die kleine Stadt Boston, deren europäische Einwanderer bei der Gründung als Erstes den Platz für den Friedhof und das Gefängnis bestimmt haben. Alle Bewohner sind strenge und im Wortsinn »fürchterliche« Puritaner (sogar deren Kinder spielen nur ernsthafte, unkindliche Spiele).

Das Drama des scharlachroten Buchstaben, den die alleinstehende Hester tragen muss, weil sie den Namen des Kindsvaters auch auf dem Schandplatz nicht preisgibt, vollzieht sich in einer verlogenen, verklemmten und bis zur Bösartigkeit »sündenfreien« Gesellschaft. Einer Gesellschaft, in der Religion vor allem dazu da ist, um politische (Vor-)Herrschaft zu installieren. Da wispert und dampft die Selbstgerechtigkeit unter den Spitzhüten und farblosem Tuch. Da wird nach dem Kirchgang von nächtlichen Frauenzusammenkünften im Wald geraunt, von einem dunklen Mann und seinem Buch, in das die Namen der Teilnehmer(innen) mit Blut geschrieben werden. Man spürt beim Lesen geradezu körperlich, wie sehr es unter dem Deckel dieser doppelgesichtigen Frömmelgemeinde brodelt und kocht.

Nathaniel Hawthorne wusste, wovon er schrieb: Seine Vorfahren haben den Boden Neuenglands unter dem Zeichen des Herrn mit Blut getränkt. Sie rotteten die Indianer aus, verfolgten alle Andersgläubigen mit tödlicher Unnachsichtigkeit und verbrannten Hexen mit ernsthafter Professionalität. In einem Vorwort geht Hawthorne auf seine persönlichen Ahnen ein und macht deutlich, dass dieser Roman die Taten seiner Familie vor zweihundert Jahren zwar nicht gutmachen kann, aber von ihm als eine Art späte Sühne gemeint ist. Das alles geschieht in einer Intensität, die erklärt, weshalb auch spätere Dichter dieses Buch wie eine Ikone verehrt haben. Henry James bezeichnete es als »das vorzüglichste Prosawerk, das amerikanischem Boden entsprungen ist«, und Richard Wagner soll es gelesen haben, als er am *Parsifal* arbeitete. *Der scharlachrote Buchstabe* hat sicher zur wichtigen Lektüre für Arthur Miller gehört, als er in der McCarthy-Zeit sein Stück *Hexenjagd* schrieb.

Hexen kommen im Roman nicht vor. Aber der scharlachrote Buchstabe der Ehebrecherin brennt auf Hester Prynnes Brust ebenso heiß wie Feuer, und den schwachen, feigen Priester zerfrisst die Glut des schlechten Gewissens innerlich bis zur unheilbaren Erkrankung. Geschürt wird diese zum viel zu frühen Tod führende Seelenkrankheit der Schuld von einem wahren Meister der peinvollen Rache. Das Personal dieses Romans ist – bis hin zu Randfiguren – psychologisch so feinziseliert, dass man kaum glauben mag, dass Sigmund Freuds Wirken erst Jahrzehnte nach Erscheinen von Hawthornes Werk einsetzte. Der Sprache des Autors lässt sich ihr Alter nicht im Geringsten anmerken, wenn sie auch für uns Heutige ungewöhnlich reich ist und noch nicht die unverschämte Nacktheit des Boulevards aufweist, die wir gewöhnt sind. Sie entspricht einer kunstvollen, prächtigen Wortstickerei, so wie die, aus der Hesters scharlachroter Buchstabe gestickt ist und die wunderschönen Kleidchen, die sie für ihre Tochter Pearl anfertigt (und die den frömmlerischen Spitzhüten und ihren selbstgefälligen, neidischen Frauen ein bunt schillernder Dorn im Auge sind). Die enorme sprachliche Könnerschaft des Autors manifestiert sich besonders in seinen stimmungsvollen Naturbeschreibungen des damaligen Neuengland.

Dieses Buch, das unzählige Male immer wieder neu ins Deutsche übersetzt und ebenso oft verfilmt wurde (immer schlecht und dem Stoff nicht gerecht werdend), zeigt einerseits, wie weit wir doch in vierhundert Jahren gekommen sind, aber auch, wie wenig sich in puncto Verlogenheit und Heuchelei geändert hat. Unser täglicher Zorn darüber ist berechtigt. Alles andere hieße, ein Zeichen des Einverständnisses mit der Heuchelei auf der Brust zu tragen.

SIE SIND EIN LIEBHABER VON VERSCHWÖRUNGSTHEORIEN

Egal, ob es sich um politische oder wirtschaftliche Vorgänge han-
delt, Sie geben sich nur ungern mit einfachen Erklärungen, mit der
jeweils offiziellen Lesart zufrieden. Immer wittern Sie ein dunk-
les Geheimnis, eine verwickelte Intrige im Hintergrund, vermuten
überall Drahtzieher in einem abgekarteten Spiel. Es stört Sie nicht
im Geringsten, wenn Sie mit Ihrer Meinung in der Minderheit
sind. Vielmehr bestätigt das nur Ihre Überzeugung, dass die Mehr-
zahl der Menschen sich leicht hinters Licht führen lässt.

*L*esen Sie

Lemprière's Wörterbuch von Lawrence Norfolk.

Als der Roman des damals achtundzwanzigjährigen Autors
1991 erschien, wurde er als Geniestreich gefeiert und zu
einem unerwarteten internationalen Erfolg. John Lemprière,
der Held des Buches, ist ein junger Gelehrter, ein Liebhaber
der klassischen Sprachen und ein profunder Kenner der anti-
ken Mythen. Es hat ihn tatsächlich gegeben, er lebte von
ca. 1765 bis 1824, und er ist der Verfasser eines Wörterbuches
zur klassischen Mythologie. Er hat eine ziemlich unspekta-
kuläre Biographie vorzuweisen, Lawrence Norfolk hat ihm
ein abenteuerliches Leben hinzuerfunden.

Für den jungen John, einen fanatischen Leser, sind die
Mythen lebendige Gegenwart. »Sein Kopf brauchte nur die
Seiten des Livius, des Terenz, des Pindar oder des Properz zu
verlassen, damit die zartesten oder düstersten Beschreibun-

gen im wabernden Dämmer vor seinem Fenster Fleisch wurden.« John ist kurzsichtig, und es fällt ihm schwer, sich in der realen Welt zurechtzufinden. So gewandt er die klassische Literatur auch durchstreift, auf dem Boden der Wirklichkeit kommt er häufig ins Straucheln. Er lebt zu Beginn wohlbehütet bei seinen Eltern auf der Kanalinsel Jersey. Bis zu jenem verhängnisvollen Tag, an dem er einerseits die schöne Juliette nackt unter einem Wasserfall beobachtet und an dem andererseits sein Vater an ebendiesem Ort und vor Johns Augen von den Hunden eines Viscounts zerfleischt wird. Natürlich hat John das passende Bild aus der Mythologie parat: die Geschichte von der nackten Diana und dem Voyeur Aktaion, der von den eigenen Hunden zerrissen wird. John liest Dinge, und die Dinge geschehen. Sie geschehen auch weiterhin, als er, um den Nachlass des Vaters zu regeln, in die labyrinthische Stadt London reist und Zeuge grässlicher Morde wird, ebenfalls inszeniert nach mythischen Vorbildern. Wer zieht die Fäden in diesem abgefeimten Spiel?

Der Ursprung dieser Verschwörung (denn um eine solche handelt es sich) reicht bis ins Jahr 1600 zurück. Damals entstand die Ostindische Kompanie, die in der Folgezeit spektakuläre Gewinne aus dem Fernhandel erzielte. Als aber ein vermeintlich sicheres, tatsächlich höchst spekulatives Geschäft fehlschlägt, kommt es zur feindlichen Übernahme durch eine Gruppe hugenottischer Kaufleute aus La Rochelle, darunter ein Vorfahr von John. Sie operiert als Gesellschaft hinter der Gesellschaft im Untergrund und nennt sich die Cabbala. Sie häuft unermesslichen Reichtum an und ist mit ihren Finanzmanipulationen in der Lage, ganze Staaten zum Wackeln zu bringen.

Vieles an dieser Geschichte aus der Frühzeit des globalen Kapitalismus erinnert an heutige Zustände, an Finanzkrisen und raffgierige Investoren. (»Wir haben kein Interesse an

Eurer Politik. Wir sind Investoren, nicht mehr und nicht weniger«, formuliert ein Vertreter der Cabbala.)

Nur ganz allmählich begreift John die ihm zugedachte Rolle in diesem Komplott. Um sich aus seinen mythologischen Obsessionen zu befreien, macht er sich daran, das Wörterbuch zu schreiben, ohne zu ahnen, dass er mit diesen Seiten zum Hauptverdächtigen für die nach mythischen Mustern inszenierten Morde werden könnte. In einem schmerzlichen Prozess der Erkenntnis beginnt er das Muster der Verschwörung zu entziffern. Der Schlüssel liegt in La Rochelle, in weit zurückliegenden Ereignissen, in Verrat und einem scheußlichen Verbrechen. Im Untergrund von London (den Stein gewordenen Eingeweiden eines urzeitlichen Ungeheuers) kommt es schließlich zu einem apokalyptischen Showdown. Mit Happy End: John entkommt und kehrt zusammen mit der schönen Juliette nach Jersey zurück.

Der faszinierende Roman vereint präzise recherchierte Sachverhalte aus Wirtschafts-, Kultur- und Wissenschaftsgeschichte mit einer überbordenden Phantasie. Wortmächtig, fabulierfreudig, mit Humor und Sprachwitz erzählt Norfolk ein wildes, abenteuerliches und phantastisches Geschehen aus dem 18. Jahrhundert. Historische Persönlichkeiten wie der Londoner Richter John Fielding, Kaiser Joseph II., König Ludwig XVI. spielen ihre Rolle darin ebenso wie knorrige Kapitäne, eine Bande von Piraten, Huren, Meuchelmördern, Maschinenmenschen, ein Steineschlucker und ein fliegender Mann. Zum Lesevergnügen gesellt sich ein Erkenntnisgewinn: Verschwörungen sind etwas Schönes, solange man von ihnen nicht betroffen ist. Zu bedenken ist aber auch, dass die bloße Rede von Verschwörungstheorien noch nicht belegt, dass es keine Verschwörungen gibt.

SIE MESSEN GESELLSCHAFTLICHEM STATUS UND GELD EINEN HOHEN WERT BEI, UND ES DEPRIMIERT SIE, DASS SIE WEDER DAS EINE NOCH DAS ANDERE BESITZEN

Sie haben das Gefühl, dass Ihnen vieles entgeht und Sie nur »zweite Garnitur« sind, weil Sie nicht zur Welt der Reichen und Berühmten – und womöglich auch noch Schönen – gehören. Sie empfinden es als Ungerechtigkeit des Schicksals, dass Sie nicht in diese Welt hineingeboren wurden, oder schämen sich gar, weil Sie es nicht geschafft haben, sich in diese Sphäre emporzuarbeiten.

*L*esen Sie
Theophilus North oder Ein Heiliger wider Willen
von Thornton Wilder.

Der 1897 geborene Wilder vollendete diesen Roman 1973, zwei Jahre vor seinem Tod, und er stattete die Titelfigur mit einer ganzen Reihe von autobiographischen Zügen aus, auch wenn er diese gleich zu Anfang bekennen lässt: »Ich mochte ... kein Schriftsteller werden, der seinen Unterhalt mit der Feder verdient.«

Die Handlung spielt im Jahr 1926 im exklusiven Newport an der amerikanischen Ostküste und beginnt damit, dass Theophilus North, neunundzwanzig Jahre alt, seine Stelle als Lehrer kündigt und sich danach wie neugeboren fühlt: »Die ersten Tage nach einer solchen Entscheidung ähneln denen der Entlassung aus dem Hospital nach langer Krankheit. Man lernt langsam wieder gehen, hebt langsam und verwundert den Kopf.« Der junge Mann, zu dessen Ambitionen es immer gehörte, »ein freier Mensch zu sein«, schlägt sich nun vor allem damit durch, dass er älteren Leuten, deren Augenlicht schwach geworden ist, gegen Bezahlung vorliest. Und als Vorleser erhält er Einlass in die vornehmsten Häuser der Stadt und lernt die in ihnen wohnenden Millionäre und Zelebritäten kennen. In Newport und Umgebung ist die Crème de la Crème zu Hause, dort befindet man sich mitten im hemdsärmelig-demokratischen Amerika »in einer kleinen exterritorialen Provinz, die klassenbewusster ist als Versailles«.

Der junge Protagonist wird von seinen Auftraggebern mit einem quasi ethnologischen Interesse gemustert, da er für sie zur exotischen Rasse der Habenichtse gehört: »Wenn ein Millionär einen vom Schicksal weniger Begünstigten ins Herz schließt, so fragt er sich, nicht ohne heimliches Mitleid und Staunen, wie wir wohl mit unserm Elend und den uns auferlegten Entbehrungen ›fertig werden‹ …« Wilder weist mit Hilfe seines Protagonisten nach, dass die oberen Zehntausend mindestes ebenso viel Mitleid verdienen wie die vermeintlich Unterprivilegierten, denn sie sind in einem starren Normen- und Wertesystem gefangen, das es ihnen nahezu unmöglich macht, selbständig zu denken, und überdies von Neidern und habgierigen Menschen umgeben, die nur auf ihren Sturz oder ihren Tod warten.

North ist derjenige, der »Aufruhr« in diese Welt trägt und es denjenigen, die es verdienen, ermöglicht, ihr Leben positiv zu verändern. In einer zentralen Episode verhilft er Dr. Bosworth, einem ehemaligen Diplomaten und Autor von Büchern über amerikanische Architektur, gar zu neuem Leben: Dem alten Mann ist von seinen Erben eingeredet worden, dass er an Nierenkrebs erkrankt sei, und sobald er sich in die Öffentlichkeit begibt, wird er deswegen ständig von der Zwangsvorstellung befallen, urinieren zu müssen. Seit sieben Jahren hat er sein Haus nicht mehr verlassen, und er begreift nicht, dass ihm seine Krankheit von seinen lieben Familienmitgliedern nur eingeredet wird, damit er nicht vor seinem Ableben noch auf die Idee kommt, mit irgendwelchen Projekten »ihr« Geld zu verschwenden. North, der diese Machenschaften durchschaut, »heilt« den alten Herren mit einigen Placebopillen und einem kleinen Behältnis, das man diskret in den Beinkleidern verbergen kann. Dass der alte Herr wieder zu Sinnen gekommen ist, wird seiner entsetzten Tochter in dem Moment klar, als er entschieden nach einem Whisky Soda verlangt: »Whiskey, das war's. Mrs. Bosworth erkannte klar das Ende ihrer Herrschaft. Nach Jahren des Haferschleims: Whiskey!«

North betont immer wieder, dass er selbst keine gesellschaftlichen Ambitionen hege, nicht zur Welt der Reichen »dazugehören« wolle, sondern bewusst in der Rolle des Beobachters verharre. Er studiert die Angehörigen der *upper crust* aus einer gewissen Distanz, er bezeichnet sich sogar als zynisch und kalt, hilft ihnen weniger aus Mitmenschlichkeit heraus, er ist, wie der Untertitel besagt, »ein Heiliger wider Willen« – sondern weil sie, ihre Charaktere und ihr Verhalten, ihn interessieren. Und er führt Tagebuch über seine Erlebnisse. So ist er letztlich doch ein Schriftsteller, der einem seit frühester Jugend gehegten Verlangen nachgibt: »mit Menschen zu tun zu haben – aber mit Menschen als Individuen«. Insofern ist er auch ein Alter Ego seines Schöpfers, Thornton Wilder, der in diesem Roman einen uralten amerikanischen Glaubenssatz bestätigt: dass nicht die Zugehörigkeit zu einer hohen sozialen Schicht oder gar das Hineingeborenwerden in diese Schicht zählt, sondern dass jeder selbst etwas aus seinem Leben machen kann, wenn er nur den Willen dazu hat und einen wachen Verstand besitzt. Und dass Reichtum und Ruhm nicht die notwendige Voraussetzungen dafür sind, dass man sich glücklich fühlt. Um North noch einmal zu Wort kommen zu lassen: »Mein Instinkt sagte mir, und gelegentlich hatten Angstträume es mir bestätigt, dass eingesperrt zu sein das schlimmste Leiden sei, das ich mir vorstellen konnte.« Und eingesperrt sein kann man nicht nur in einem Gefängnis. Es gibt ja auch den berühmten goldenen Käfig.

BERUF – KARRIERE – GELD

Sie sind ehrgeizig und dabei, Karriere zu machen — aber Ihre Firma frisst Sie auf und okkupiert sogar Ihr Privatleben

Es ging schneller vorwärts, als Sie dachten. Nach dem Parkplatz in der Firmengarage (ein Privileg, das Neid unter den Kollegen erregte) haben Sie jetzt sogar einen Firmenwagen zugewiesen bekommen. Und sind zusammen mit Ihrem Ehemann/Ihrer Ehefrau zur privaten Geburtstagsparty des Chefs eingeladen worden — eine Ehre, auf die viele Kollegen schon seit Jahren warten. Damit sind Sie im »Inner Circle« gelandet. Manche Kollegen betrachten diese Vorgänge mit Misstrauen und rücken von Ihnen ab. Ihre Überstunden und die Wochenendarbeit häufen sich, die ohnedies knappe private Zeit wird immer mehr beschnitten. Ihre Beziehung leidet darunter. Sie empfinden die ständig zunehmenden privaten Annäherungen der Chefetage als »übergriffig« und fühlen sich nicht wohl dabei. Sie sollten also dringend etwas tun. Vielleicht Neinsagen lernen?

*L*esen Sie

John Grishams Roman *Die Firma*.

Der Mann pinselt darin Ihre schwärzesten Alpträume aufs Papier. Auch sein Held, ein junger, hochbegabter Anwalt, will Karriere machen. Eigentlich zog es ihn mit seiner jungen Frau in attraktivere Städte – nach New York oder Chicago –, aber das Angebot einer ehrenwerten Kanzlei in Memphis ist einfach zu verlocken. Ein Spitzen-Jahresgehalt, ein zinsgünstiger Kredit für ein eigenes Haus, ein Handgeld von fünftausend Dollar (nur um sich angemessene Anzüge kaufen zu können), sensationelle Prämien und ein schwarzer BMW – das sind Köder, zu denen ein Uni-Abgänger einfach nicht nein sagen kann. Dafür nimmt man sogar die Provinz in Kauf. Dumm nur, dass es sich um eine für Arbeitnehmer unkündbare Stelle handelt. Wer aus dieser extrem stressigen Firma rauswill, findet keinen neuen Job, aber viel Ruhe – auf dem Friedhof. Denn unser Held ist in einer Anwaltskanzlei gelandet, die der Mafia gehört. Verwanzte Privatsphäre, Bespitzelung und Killer-Truppen inklusive. Was er erst bemerkt, als das FBI an ihn herantritt, um ihn als U-Boot anzuheuern. Was wiederum in der »Firma« nicht unbemerkt bleibt. Ab diesem Punkt sollte sich jeder Leser auf seiner Couch, seinem Lesesessel oder seinem Strandkorb fest anschnallen – denn jetzt geht die erzählerische Post ab. Das Ganze ist nicht unbedingt sehr feinsinnig, die holzschnittartigen Figuren bewegen sich von Spotlights beleuchtet auf dem Set – der feine psychologische Pinselstrich ist nicht Grishams bevorzugtes Handwerkszeug. Das ist allerdings im Berufsalltag ganz normaler Arbeitnehmer selten anders. Egal, ob sie zu Karriereflügen ansetzen oder nicht. Da geht es auch meist um grobe Klötze und grobe Keile – selbst wenn sie Maßanzüge tragen.

Wer dieses Buch gelesen hat, wird sich nie mehr unbefangen einem Fotokopierer nähern können, und auch die Erwähnung der Cayman-Inseln wird niemand mehr »nur« als Möglichkeit für einen Tauch-Urlaub betrachten. So viel sei allerdings noch verraten: Unser Held kommt durch. Aber nur, weil er überdurchschnittlich intelligent ist und Freunde hat, die nicht die seiner Chefs sind. Daraus lässt sich schließen: Beiß nicht in jeden (Karriere-)Apfel, er könnte sauer sein! Von darin befindlichen Würmern gar nicht zu reden ...

Sie haben nicht studiert, fühlen sich deshalb manchmal »ungebildet« und haben Minderwertigkeitskomplexe

Sie wissen, dass Sie intelligent sind, und glauben auch, dass Ihr Umfeld das weiß. Allerdings gibt es Situationen, die Sie unsicher machen: Sie vermeiden Fremdwörter, aus Angst, sie falsch zu verwenden oder falsch auszusprechen (eine Vorsichtsmaßnahme, die eigentlich nicht notwendig ist, weil Sie darin durchaus firm sind). Sie merken immer wieder, dass Sie bestimmte Bücher nicht gelesen und bestimmte Theaterstücke nicht gesehen haben, deren Kenntnis für »Studierte« – so scheint es – selbstverständlich ist. Manchmal beschleicht Sie allerdings das Gefühl, dass die anderen nur etwas weniger skrupulös sind als Sie und lediglich den Small Talk besser beherrschen.

*L*esen Sie

Balzac und die kleine chinesische Schneiderin von Dai Sijie.

Dieser autobiographisch gefärbte Roman des nach Frankreich emigrierten chinesischen Schriftstellers spielt Anfang der 1970er Jahre in der Zeit von Maos Kulturrevolution und vermittelt den Irrsinn dieses Unterfangens in all seinen Auswirkungen auf den Alltag der Menschen. Man erwartet demzufolge als Leser zunächst keine Lektüre, die einen zum Schmunzeln oder gar Lachen bringt. Genau das aber gelingt dem Autor mit leichter Hand auf bewundernswerte Weise.

(Eine Gabe, die nur wenigen europäischen Autoren in Bezug auf die Schreckensereignisse unserer Geschichte eigen ist.)

In diesem Roman werden zwei Gymnasiasten zur sogenannten Umerziehung in die tiefste Provinz, zum Berg des »Phönix des Himmels«, zwangsverschickt. Wo sie – bei verheerend schlechter Verpflegung – schwappende Jauchefässer steile Hänge zu hoch gelegenen Feldern emporschleppen, in ungesicherten Stollen Kohle abbauen und Reisfelder pflügen müssen. Unsere beiden Freunde erregen Aufsehen im Dorf: Der eine hat eine Violine bei sich, die nicht als Musikinstrument erkannt wird und nur mit Mühe vor dem Verbrennen gerettet werden kann; der andere besitzt einen Wecker mit einem mechanischen, körnerpickenden Hahn, der als Wunderwerk bestaunt wird.

Die Weltfremdheit der Dörfler macht es den hellen Jungs aus der Stadt manchmal leicht, sie übers Ohr zu hauen. Während normale »Umzuerziehende« nach zwei Jahren wieder zu ihren städtischen Familien zurückkehren dürfen, haben unsere Helden allerdings weniger Glück: Ihre Eltern, angesehene Ärzte (außer bei der Partei), sind als Intellektuelle zu »Feinden des Volkes« erklärt worden. Dabei hatte einer der Väter, so geht die Legende, schon einmal Maos Zähne »von den schmerzenden Würmern« befreit. Es wurde weder ihm noch dem Sohn gedankt.

Einziger Trost für die beiden Burschen in der entbehrungsreichen Verbannung ist die Freundschaft mit dem schönsten Mädchen weit und breit, der »kleinen Schneiderin«. Liebe ist jedoch verboten, vor allem, was deren Folgen angeht. Bücher sind ebenfalls verboten. Strengstens. Als unsere Helden entdecken, dass es einem jungen Leidensgenossen gelungen ist, einen Koffer voller Bücher in die Provinz zu schmuggeln, setzen sie alles daran, in deren Besitz zu gelangen. Sie verlieben sich in die Werke von Balzac, aber auch in die von Flaubert und Dumas. Die kleine Schneiderin schmilzt bei ihren Nacherzählungen geradezu dahin und kann gar nicht genug davon bekommen. Selbst ihr Vater ist begierig, den *Grafen von Monte Christo* zu hören, und quartiert sich kurzerhand nächtelang bei den Helden ein, wohl wissend, dass er sich der Dekadenz und Verbotenem hingibt. Die Geschichten der französischen Dichter werden zum (Über)- Lebensinhalt für die Jungs und sogar zum Tauschobjekt in einem Fall von Leben und Tod: zwei Bände Balzac für eine verbotene Operation.

Selten ist die liebes- und lebenspendende Kraft, die aus Büchern kommt, eindringlicher und amüsanter beschrieben worden. Große Erzählungen aus französischen Dichterfedern haben in diesem Roman sogar Geschichte ausgehebelt: Denn die Umerziehung funktionierte mit Hilfe von Balzac und Dumas kontraproduktiv – sie hat einfache Menschen glücklich und klüger gemacht. Und sehnsuchtsvoll. So sehr, dass die »kleine Schneiderin«, die aus einem Roman erfahren hat, »dass die Schönheit der Frau ein unbezahlbarer Schatz ist«, sich ihren schönen Zopf abschneidet und alle notwendigen Reisepapiere besorgt, um in die Stadt zu emigrieren.

Wer diesen Roman gelesen hat, der weiß, dass Bildung nicht aus Klassenräumen und Hörsälen kommt, sondern von jedem von uns individuell und mit Leidenschaft erobert werden will.

Sie sind gezwungen, mit einem Kollegen zusammenzuarbeiten, den Sie nicht verstehen und nicht leiden können

Es wird Ihnen unterstellt, Sie seien kein guter Teamarbeiter, dabei geht es Ihnen immer lediglich um die Sache. Allerdings haben Sie Probleme mit einer bestimmten Coolness und Arroganz. Und mit Leuten, die sich für etwas Besonderes halten und das durch aufreizende Selbstsicherheit sichtbar vor sich hertragen. Das ruft in Ihnen Minderwertigkeitsgefühle hervor, die Sie aufgrund Ihrer Kompetenz nicht haben müssten. In solchen Situationen werden Sie reizbar und ungerecht und handeln sich oft unnötige Blamagen ein. Womit Sie sich regelmäßig schaden. Sosehr Sie sich auch bemühen, Sie bekommen diese spontanen Impulse nicht in den Griff.

*L*esen Sie

Gott schütze dieses Haus von Elizabeth George.

Aber seien Sie gewarnt – diese Autorin macht süchtig. Während das Privatleben der Ermittler normalerweise in Kriminalromanen nur schattenhaft auftaucht oder aus Randepisoden besteht, arbeitet Elizabeth George die Befindlichkeit und den sozialen Status ihrer beiden Scotland-Yard-Protagonisten psychologisch ebenso fein ziseliert heraus, wie die der Täter und Opfer in ihren Fällen.

Wir wissen von Hercule Poirot nur, dass er gerne gut isst und etwas vom Kochen versteht; von Kommissar Maigret lediglich, dass er verheiratet ist, und von Miss Marple, dass sie sich auf ihre soziale Kompetenz verlassen kann. Aber von Elizabeth Georges Paar – Inspektor Thomas Lynley, seines gesellschaftlichen Zeichens Lord Asherton, und Sergeant Barbara Havers (dem Proletariat entstammend) – wissen wir von Anbeginn an sehr viel mehr: In seinen Kreisen riecht es »nach Leder mit einem Hauch Scotch«, bei Havers zu Hause riecht es nach kaltem Huhn mit Erbsen. Lynley wird von mehreren weiblichen Wesen in diesem Roman »als der schönste Mann, den ich je sah«, bezeichnet, während Barbara Havers sich selbst in den Augen der anderen sehen kann: unattraktiv und übellaunig. Zu Ersterem trägt sie aktiv bei, wohl um Letzteres zu gewährleisten. Das hat Gründe, die sensiblen Lesern die Tränen in die Augen treiben können.

Dieser erste Fall, den Lynley und Havers gemeinsam zu lösen haben, hat es in sich. Hinter einem toten Hund, einem geköpften Mann und einem psychotischen, hässlichen, dicken Mädchen, das sich schuldig bekennt und dann kein Wort mehr spricht, steckt eine schreckliche Inzest-Tragödie. Während die beiden ungleichen Ermittler – jeder vor dem Hintergrund und Standpunkt seiner Lebensweise, Weltbetrachtung und sozialen Bindungen – das Puzzle zusammentragen, wird eine Dorfgemeinschaft durchleuchtet. (Niemand beschreibt das Klischee des englischen Landlebens dermaßen klischeefrei, wie Elizabeth George das tut.) Selbst ein Shakespeare-Zitat auf einem Grabstein – »Mord ist Nachbar der Lust, wie Flamm' und Rauch« – fügt sich in den Ablauf der Geschichte, ohne aufgesetzt zu wirken. Und Lynley macht sich Gedanken darüber, weshalb Menschen in höchster Not beten, und kommt zu dem Schluss, dass Gebete wohl Böses in Gutes, Verzweiflung in Hoffnung, Tod in Leben, Leiden in Freude umwandeln sollen. Havers kommt nicht zum Philosophieren: Sie arbeitet sich an der von ihr oft fehlinterpretierten Art ihres Gentleman-Vorgesetzten ab, deckt von ihm übersehene Fakten auf und weiß, dass das Ergebnis dieser Zusammenarbeit über ihre berufliche Zukunft entscheidet.

Dieser erste Fall von Lynley und Havers macht begehrlich. Sie werden wissen wollen, wie es mit den beiden weitergeht. Jeder neue George-Roman und -Fall wird das (enorm spannende und niemals banale) Transportmittel sein, um zu erfahren, wie es um die Chemie dieses so ungleichen Paares inzwischen bestellt ist. Das Sprichwort sagt zwar: Gleich und gleich gesellt sich gern. Ist aber nur etwas für Harmoniesüchtige. Das gilt für das richtige Leben. Also – geben Sie sich einen Stoß und dem merkwürdigen »Anderen« am Schreibtisch gegenüber eine Chance!

Sie haben Ihren Job verloren und stehen vor den Trümmern Ihrer Existenz

Es trifft Sie wie der sprichwörtliche Blitz aus heiterem Himmel. Sie sehen sich mit einer unerwarteten Kündigung konfrontiert, weil in Ihrer Firma Personal abgebaut wird oder weil die Firma in den Bankrott gesteuert wurde. Nicht, dass Sie die Zeichen der allgemeinen Wirtschaftskrise übersehen hätten, aber dass es Sie persönlich treffen könnte – damit hatten Sie nicht gerechnet. Sie wähnten sich auf der sicheren Seite, hatten sich in der Mitte der Gesellschaft behaglich eingerichtet, hielten Ihre bürgerliche Existenz für unerschütterlich. Sie war einmal stabil, nun ist sie es nicht mehr. Welche Optionen bleiben Ihnen jetzt noch?

*L*esen Sie

Der Mann, der den Zügen nachsah von Georges Simenon.

Es muss nicht immer Maigret sein. Der Roman ist 1938 erschienen, und er spielt in der damaligen Gegenwart, der Zeit einer weltweiten Wirtschaftskrise. Der Held des Buches, Kees Popinga, ein Mann in mittleren Jahren, ist ein Bourgeois wie aus dem Bilderbuch. Er hat den sozialen Aufstieg geschafft, ist Prokurist und Anteilseigner in der größten holländischen Firma für Schiffsbedarf. Er bewohnt zusammen mit seiner Ehefrau und zwei vielversprechenden Kindern eine Villa, die allerdings noch längst nicht abbezahlt ist. Auch ein elegantes, blitzblankes Mahagoniboot darf er zu seinem Besitz zählen. Der Sinn seines Lebens erfüllt sich in dem Bestand der Statussymbole, die er um sich angesammelt hat.

Popingas Alltag wie seine Ehe verlaufen in erstarrter Routine zwischen Bürozeiten, Familienleben und regelmäßigen Besuchen im Groninger Schachclub. Kein Laster, keinerlei Ausschweifungen. Um das einzige Bordell der Stadt hat er stets einen kleinen Bogen gemacht. Er hat es fertiggebracht, seiner Frau, die er »Mutti« nennt, fünfzehn Jahre lang treu zu bleiben. Aber gelegentlich schaut er den abfahrenden Zügen nach. »Die Nachtzüge zogen ihn am meisten an, weil sie für ihn etwas Fremdes, geradezu Lasterhaftes darstellten …« Im Anblick der Züge träumt er davon, »ein anderer zu sein als Kees Popinga«.

Doch dann nimmt die Mischung aus Routine und tödlicher Langeweile ein abruptes Ende. Der alkoholisierte Juniorchef eröffnet ihm, dass die Firma aufgrund von betrügerischen Machenschaften und riskanten Spekulationen pleite ist und er sich aus dem Staub zu machen gedenkt.

Und Kees Popinga? Die katastrophale Mitteilung stürzt ihn keineswegs in eine Depression, sondern bewirkt eine nachhaltige Lockerung seiner Erstarrung. Er überlegt sich, ob er zuerst mit der verführerischen Frau des Juniorchefs schlafen soll oder mit einer Prostituierten in Amsterdam. Er nimmt den Zug nach Amsterdam. Es ist der endgültige Abschied von »Mutti«, den Kindern, der Villa – der ganzen spießig-pathologischen Welt, die ihm bisher so viel bedeutet hat. Sein Leben gerät vollständig aus dem Gleis, er wird kriminell und landet am Ende im Irrenhaus.

Popingas Beispiel bietet kein Rezept, das man zur Nachahmung empfehlen möchte. Aber Simenons glänzend geschriebener, ganz aus der Innenperspektive seines Helden erzählter Roman kann doch dazu anregen, über die Brüchigkeit der eigenen Existenz gründlicher nachzudenken, ihre

Sinnhaftigkeit in Zweifel zu ziehen und nicht sein ganzes Sinnen und Trachten auf Erwerb, damit verbundenen Triebverzicht und auf gesellschaftlichen Status zu richten. Simenon ist ein grandioser Erzähler. Viele Schriftstellerkollegen haben seine immense Lesbarkeit gerühmt, darunter Alfred Andersch: »Da lesen ihn Hausfrauen und experimentelle Lyriker; es lesen ihn die Stenotypistinnen und die Mythenforscher, die Automechaniker und die Atomphysiker …« Diese standesübergreifende Beliebtheit muss Gründe haben. Einer davon liegt sicherlich in der Souveränität, mit der Simenon Kategorien wie E- und U-Literatur ignoriert.

Sie sind beruflich erfolgreich und anerkannt, haben aber zunehmend Zweifel an der Sinnhaftigkeit Ihres Tuns

Sie stehen vor einer wichtigen Konferenz. Von Ihnen wird ein substanzieller Beitrag erwartet. Tausend solcher Situationen haben Sie bisher mit Routine und nicht ohne Brillanz bewältigt. Ihre fachliche Kompetenz steht außer Frage. Aber jetzt haben Sie das Gefühl, dass Sie mit den Dingen, die zu verhandeln sind, nichts zu tun haben, ja, dass Ihr ganzes berufliches Wirken auf einem Irrtum beruhe. Immer mehr wird es Ihnen zur schrecklichen Gewissheit, das Leben verfehlt zu haben. Es droht aus den Fugen zu geraten.

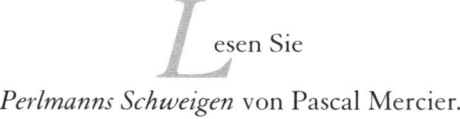

*L*esen Sie

Perlmanns Schweigen von Pascal Mercier.

Es ist der Debütroman des Philosophieprofessors Peter Bieri, den er unter Pseudonym veröffentlichte.

Philipp Perlmann, der Held des Romans, ist ein international renommierter Sprachwissenschaftler. Ein Olivetti-Manager hat ihm angeboten, zu einem sprachwissenschaftlichen Thema eine kleine interdisziplinäre Forschungsgruppe zusammenzustellen, die sich an einem angenehmen Ort für vier Wochen zum Zweck eines intensiven Austauschs zusammensetzen sollte, alles auf Kosten des Konzerns. Perlmann hat akzeptiert, ohne groß nachzudenken. Jetzt erwartet er in einem mondänen Hotel in Santa Margherita Ligure, in der

Nähe von Rapallo gelegen, die anreisenden Teilnehmer, allesamt Kapazitäten auf ihrem Gebiet. Er ist in prekärer Verfassung: »Philipp Perlmann war es gewohnt, dass die Dinge keine Gegenwart für ihn hatten. An diesem Morgen jedoch war es schlimmer als sonst.« So lauten die beiden ersten Sätze des Romans. Keine Gegenwart: Seinem Leben und Erleben fehlt jede Tiefe, jegliche Intensität. Perlmann ist der Glaube an die Wichtigkeit des wissenschaftlichen Arbeitens abhandengekommen. Ihn überkommt »das ganz präzise Gefühl, dass er nichts zu sagen hatte«. Er, ein Liebhaber der Sprachen, empfindet gegenüber der wissenschaftlichen Terminologie und ihrer Formelhaftigkeit nur noch Ekel. Und er leidet unter den Ritualen wissenschaftlicher Auseinandersetzung, der Konkurrenz, den Rivalitäten und verdeckten Feindseligkeiten. Er hat sich seiner Arbeit vollkommen entfremdet. Aber der Druck, der auf ihm lastet, ist hoch. Von jedem der Teilnehmer wird im Verlauf des Aufenthalts ein längerer, ausgearbeiteter wissenschaftlicher Text erwartet. Gepeinigt von Versagensängsten, schiebt Perlmann diese Aufgabe vor sich her; die Zeit verrinnt, und er gerät in Panik. Anstatt sich auf seine Aufgabe vorzubereiten, vertieft er sich mit Hilfe eines Wörterbuches in den russischen Text eines Kollegen aus Sankt Petersburg, Leskov, den er eingeladen hatte und dem im letzten Moment die Ausreise verweigert wurde. Er beginnt, dieses Manuskript zu übersetzen, es sich anzueignen, fasst schließlich den Plan, es als sein eigenes auszugeben. Er gibt seine Übersetzung zum Kopieren und lässt sie in die Fächer der Kollegen verteilen. Dann erreicht ihn Leskovs Telegramm: »Ankunft Montag Genua 15.05. Dankbar wenn abgeholt.«

Was folgt, ist ein einziger Alptraum. Perlmann sieht sich in aussichtsloser Lage, schwankt zwischen Selbstmord und Mord (an Leskov), entwickelt die entsprechenden Szenarien bis in die letzten Details. Mercier entfaltet ein quälendes, zutiefst beklemmendes Psychodrama, das den Leser bis zum Schluss in Atem hält. In dem dichten Gewebe dieses Romans gibt es keinen losen Faden. Die Figur Perlmanns, seine bis zum Masochismus reichenden Selbstzweifel werden bis in ihre tiefsten Abgründe ausgeleuchtet. Am Ende steht der gespenstisch schlichte Satz: »Es war nichts geschehen.« Es stimmt, weder ein Mord noch ein Selbstmord haben sich ereignet. Auch der Skandal des Plagiats wurde nicht entdeckt. Doch Perlmann hat eine Entscheidung getroffen. Er gibt seine wissenschaftliche Karriere auf und versucht, sich ein neues Leben zu erfinden.

Perlmanns Beispiel zeigt: Es ist gefährlich, die eigene Existenz ausschließlich über Beruf, Erfolg, Karriere zu definieren. Gefangen in beruflichen Zwängen und den eigenen Ambitionen, kann das Gefühl sich einstellen, sich selbst um die eigene Gegenwart zu betrügen. Man sollte dieses Alarmsignal ernst nehmen und sein Leben ändern. Rechtzeitig.

Sie fühlen sich chronisch unterschätzt und in Ihrer Bedeutung verkannt

Wenn Sie als geladener Gast zu einer Gesellschaft stoßen, dreht man sich nicht unbedingt nach Ihnen um. Vielleicht werden Sie gar gänzlich übersehen. Haben die anderen Gäste insgeheim verabredet, Sie zu schneiden? Sind Sie das Opfer einer Verschwörung? Immer stehen andere im Mittelpunkt. Dabei haben Sie doch mehr vorzuweisen als diese Schaumschläger: beachtliche berufliche Erfolge, eine respektable Lebensleistung, nie haben Sie sich eine Pflichtvergessenheit zuschulden kommen lassen. Dennoch wurden Sie unlängst bei einer ins Auge gefassten Beförderung übergangen, und das nicht zum ersten Mal. Je mehr sich die erfahrenen Kränkungen häufen, umso heftiger lechzen Sie nach Anerkennung. Dass Ihnen diese versagt bleibt, nagt an Ihnen und vergiftet Ihnen das Leben.

*L*esen Sie

Letzte Grüße von Walter Kempowski.

Auftritt Alexander Sowtschick, seines Zeichens Schriftsteller, der den Kempowski-Lesern schon aus *Hundstage* vertraut ist. Er ist im Rahmen von »Deutschen Wochen« zu einer USA-Reise eingeladen, *all inclusive*. Er akzeptiert. Sowtschick, der Verfasser gewichtiger Bücher, Hebbel-Preisträger und Träger des Keyserling-Rings, könnte eigentlich mit seiner Lebensleistung recht zufrieden sein. Aber die Zeiten haben sich geändert. Früher einmal, da hat man ihm die Bücher förmlich aus der Hand gerissen. Doch seit geraumer Zeit quält ihn der Verdacht, dass sein Stern im Sinken begriffen ist. Sein letzter Roman wurde in einer führenden deutschen Wochenzeitung unter der Rubrik »Kritik in Kürze« in wenigen Zeilen abgefertigt. Die Moden des Zeitgeists sind über ihn und sein Werk hinweggegangen. Sowtschick ist nicht progressiv. Er ist nicht dafür gebaut, »das Leid dieser Welt zu tragen«. In fortschrittlichen Kreisen wird er deshalb für reaktionär gehalten.

Die USA-Reise, die er mit verhaltenen Erwartungen antritt, entpuppt sich als eine Kette von Misslichkeiten, Fehlschlägen und Kränkungen. Er trifft auf Goethe-Institutsleiter, die keine Zeile von ihm gelesen haben, wird am Flughafen als »Mr. Sauscheik« ausgerufen, von Amerikanern immer wieder mal gefragt, ob er bei der HJ oder der SS gewesen sei, wird das Opfer von organisatorischen Pannen, steht da wie bestellt und nicht abgeholt.

Die schlimmste Kränkung aber heißt Adolf (sic!) Schätzing. Ein junger Lyriker aus Berlin, der aktuelle Shootingstar der deutschen Literatur, Verfertiger von »Wortkristallen, die ein wenig an Mallarmé erinnerten«. Aber hatte er Sowtschick nicht einmal als »alten Sack« bezeichnet? Wo Sowtschick auch hinkommt, Schätzing war schon da. Und überall wird Sowtschick schon bei der Ankunft von den lokalen Kulturträgern erzählt, wie großartig der Auftritt Schätzings gewesen sei, wie er das Publikum in Bann geschlagen und wahre Ovationen eingeheimst habe und dass man wegen des ungeheuren Andrangs in einen größeren Saal habe umziehen müssen. Bei Sowtschick ist der Besuch meist spärlich, das Interesse hält sich in engen Grenzen. Das nagt an ihm, und er hat alle Mühe, seine aufkochende Wut zu zügeln. Er lechzt nach Anerkennung, aber sie wird ihm nicht zuteil.

Wer Walter Kempowski kannte, wird unschwer viele Züge des Autors in seinem Sowtschick entdecken. Wie sein Romanheld, so fühlte sich auch Walter Kempowski lange Zeit verkannt. Daraus resultierender Groll ist nicht unbedingt eine gute Inspirationsquelle für einen Roman, aber Kempowski versteht es, ihn produktiv zu machen. Was *Letzte Grüße* so hinreißend macht, ist das Understatement des Autors, seine Selbstironie, seine immense Begabung für komische, skurrile und groteske Szenen. Leider lässt er Alexander Sowtschick am Ende des Buches sterben, er ist einem mit all seinen Macken doch ans Herz gewachsen. Der 2003 erschienene Roman aber wurde bei den Lesern und der Kritik ein großer Erfolg.

Kleines Fazit: Anerkennung, Beliebtheit, Popularität lassen sich nicht erzwingen. Gelassenheit, flankiert von Beharrlichkeit, ist das bessere Rezept. Und was den Nachruhm angeht, so gilt: Abgerechnet wird zum Schluss. Noch ist nicht aller Tage Abend.

Sie haben eine stolze Karriere hinter sich und noch Grosses vor. Aber Sie spüren eine wachsende Erschöpfung und leiden unter innerer Kälte

Sie stecken sich ehrgeizige Ziele und verfolgen diese mit äußerster Disziplin. Auch Phasen der Muße und Entspannung folgen einem streng geregelten Plan und dienen einzig dazu, Ihre Kräfte wiederherzustellen, um sich dann erneut auf die vor Ihnen liegenden Aufgaben zu stürzen. Zugleich keimt bei Ihnen der Verdacht, dass Sie von des Lebens Fülle abgeschnitten sind und innerlich verdorren. Es droht das Burn-out-Syndrom.

*L*esen Sie

Der Tod in Venedig von Thomas Mann.

An dieser Novelle schrieb Thomas Mann ein ganzes Jahr lang, erschienen ist sie im Herbst 1912. Ihm schwebte als psychologisches Motiv die »Entwürdigung eines Leistungsethikers vor«, wie er das selbst zu nennen beliebte.

Der »Leitungsethiker« in unserem Fall trägt den Namen Gustav von Aschenbach. Er ist Schriftsteller wie sein Erfinder und in mancherlei Hinsicht ein Spiegelbild Thomas Manns. Wie sein Schöpfer lebt Aschenbach in München, in »bürgerlichem Ehrenstande«, wie dieser verbringt er die kostbaren Vormittagsstunden am Schreibtisch, um am Nachmittag seinen täglichen Spaziergang zu absolvieren. Nicht zum Vergnügen, sondern um der körperlichen Ertüchtigung willen. Der alternde Schriftsteller kann auf ein umfängliches Werk von Romanen und Abhandlungen zurückblicken, wird vom breiten Publikum geliebt und vom literarischen Kennertum geschätzt. Aber es waren schwache Kräfte, denen sein Werk abgerungen wurde, und »zarte Schultern«, die an der Bürde seiner Aufgaben schwer zu tragen haben. Sein Lieblingswort ist: »durchhalten«.

Mit geradezu soldatischer Disziplin organisiert Aschenbach seine Tage, er arbeitet »am Rande der Erschöpfung«. Aber er hat dafür einen Preis zu entrichten. Er hat sein Gefühl, seine Empfindungskraft »gezügelt und erkältet«. Nun kommt es ihm vor, als seien seinen Werken die »Merkmale feurig spielender Laune« längst abhandengekommen, so dass er seinem eigenen Anspruch auf Vollkommenheit nicht gerecht wird.

Angesichts dieses Seelenzustands bricht Aschenbach mit seiner ehernen Alltagsdizilin, er beschließt zu reisen. Nicht gar zu weit. Eine »Siesta von drei, vier Wochen« stellt er sich vor, »an irgendeinem Allerweltsferienplatz im liebenswürdigen Süden …«. Sein Ziel ist eine Adriainsel, aber dort angekommen, will sich wirkliches Behagen nicht einstellen. So reist er weiter nach Venedig, nimmt Quartier auf dem Lido, standesgemäß in einem mondänen Hotel. In der Halle kommt es zu einer schicksalhaften Begegnung. Aschenbach bemerkt mit Erstaunen einen Knaben, Tadzio sein Name, der »vollkommen schön« ist. Schön nicht im Allerweltssinn, sondern dergestalt, dass Aschenbach sich an »griechische Bildwerke der edelsten Zeit« erinnert fühlt und glaubt, weder »in Natur noch bildender Kunst etwas ähnlich Geglücktes« je gesehen zu haben. Ja, er erschrickt über die »wahrhaft gottähnliche Schönheit des Menschenkindes«. Eine verstiegene Schwärmerei? Aber man weiß es ja: Die Schönheit liegt im

Auge des Betrachters. Aschenbach beobachtet den Knaben beim Spiel mit dessen Gefährten am Strand, zunächst mit distanziertem Blick, so wie er gewohnt ist, ein vollkommenes Kunstwerk zu betrachten. In Wahrheit hat er sich längst infiziert, hat sich verliebt in dieses zauberische Wesen, sein »honigfarbenes Haar, den Flaum des oberen Rückgrats, die feine Zeichnung der Rippen, das Gleichmaß der Brust«.

Unterdessen beginnt eine Infektion anderer Art sich in Venedig auszubreiten, die indische Cholera. Die Lagune riecht faulig, und eine »widerliche Schwüle« liegt in den Gassen der Stadt. Aschenbach wird von fiebrigem Unwohlsein befallen und beschließt abzureisen. Ein Missgeschick mit seinem Gepäck verhindert die Abreise, tatsächlich aber kommt ihm dieses Missgeschick höchst gelegen. Aschenbach erkennt, dass er dem Knaben rettungslos verfallen ist. Er bleibt. Er verfolgt ihn, stellt ihm nach im Labyrinth der Gassen. Er will ihm gefallen, lässt sich schminken und das Haar färben – eine lächerliche, entwürdigende Prozedur.

Mit Hilfe seiner Bildung, seines Intellekts versucht er seine verwirrten Gefühle unter Kontrolle zu bringen. Er imaginiert eine Szene aus einem Dialog Platons, in der Sokrates den jugendlich-schönen Phaidros zu becircen versucht und ihn zugleich über das Wesen von Schönheit, Liebe und Tugend belehrt. Aber was Aschenbach bei Tage, erleuchtet von der klassischen Philosophie, sich so schön zurechtlegt, versinkt des Nachts in einem Chaos von Angst und Lust, von sinnlicher Begierde. Dionysos, *der fremde Gott,* ist stärker als Apoll. Er reißt Aschenbach, bildlich gesprochen, in den Abgrund. Aschenbach stirbt, das Bild des schönen Knaben ein letztes Mal vor Augen, in seinem Liegestuhl am Strand.

Der Mensch ist ein »ziemlich umfängliches Triebwesen«,

schrieb einmal Ernst Bloch. Sein animalisches Erbe zu ver-
leugnen, seine Triebe zugunsten eines noch so hohen Zieles
zu unterdrücken kann höchst fatale Folgen haben. Dies,
unter anderem, lehrt das Beispiel des Gustav von Aschenbach.

Sie wollen um jeden Preis Karriere machen, wissen aber nicht so recht, wie

Sie finden, dass Ihnen ein Platz in der Welt der Schönen und Reichen unbedingt zusteht. Längst haben Sie begriffen, dass das mit harter Arbeit und eiserner Sparsamkeit kaum zu erreichen ist. Sie suchen nach einem eleganteren, entspannten Weg, um nach oben zu gelangen.

*L*esen Sie

Bel-Ami von Guy de Maupassant.

Maupassant wurde 1850 in der Normandie geboren. Nach einem abgebrochenen Jurastudium verdingte er sich als mittlerer Beamter in verschiedenen Ministerien. Unter der Anleitung von Gustave Flaubert begann er zu schreiben. 1880 gelang ihm mit seiner Novelle *Boule de suif* (dt. *Fettklößchen*) der literarische Durchbruch. In der Folgezeit verfasste er über zweihundert Novellen und sechs Romane, wurde einer der beliebtesten Schriftsteller Frankreichs und führte ein mondänes Leben. Er starb 1893, noch nicht einmal 43 Jahre alt, an den Spätfolgen der Syphilis. Sein Roman *Bel-Ami* erschien 1885.

Er hat Glück bei den Frau'n, dieser Bel-Ami, der mit bürgerlichem Namen Georges Duroy heißt. Ansonsten zeichnet sich der Held des Romans durch keine auffälligen Talente aus, abgesehen von einem geradezu wütenden Drang, Karriere zu machen. Vor allem hat er keinerlei Skrupel. Duroy ist kleinbürgerlicher Herkunft, hat als Unteroffizier gedient und fristet sein Leben in Paris als schlecht bezahlter Angestellter bei der Nordbahn. Er sieht viel Glanz um sich, über Nacht reich gewordene Spekulanten, die ihren Luxus offen zur Schau stellen, Parvenüs mit ihren Kokotten, eine schamlose Gesellschaft, in der alles käuflich scheint. Allein – kein Strahl dieses Glanzes fällt in Duroys ärmliches Zimmer eines Mietshauses.

Eine Zufallsbegegnung auf einem Boulevard wendet sein Schicksal. Sein ehemaliger Regimentskamerad Forestier hat im Gegensatz zu Duroy den gesellschaftlichen Aufstieg geschafft. Er ist leitender politischer Redakteur der Tageszeitung *La Vie Française*. Sein Credo: »Alles hängt hier vom Auftreten ab. Ein etwas gewitzter Mensch wird leichter Minister als Bürochef. Man muss imponieren und nicht bitten.« Warum sollte Duroy nicht ebenfalls bei der Zeitung einsteigen? Da tut es nichts zur Sache, dass er sein Lebtag noch keinen Artikel geschrieben hat und zweimal durchs Abitur gefallen ist. Duroy leiht sich einen Frack (»In Paris darfst du eher kein Bett als keinen Frack haben«), wird dem Direktor vorgestellt und bekommt die Anstellung. Das Salär ist vorerst bescheiden. Duroy kommt aber bald dahinter, dass *La Vie Française* nur vordergründig eine Zeitung, in Wirklichkeit eher eine kriminelle Vereinigung ist. Ihr Hauptzweck ist das Lancieren von Gerüchten, die Manipulation von Kursen, das Entfachen von Hausse- und Baissestürmen, »wo bei der Spekulation in zwei Stunden Tausende von Kleinbürgern, Kleinrentner ruiniert wurden, die ihre Ersparnisse in Wertpapieren angelegt hatten, Wertpapieren mit der Garantie geehrter, angesehener Männer, Politiker oder Bankleute«. Der Einfluss der Zeitung reicht so weit, dass sie Minister stürzen und ihr genehme auf den Schild heben kann.

Duroys unaufhaltsamer Aufstieg führt durch zahlreiche Betten. Er ist nicht klug, doch sehr galant, wobei er mit sicherem Gespür vorzugsweise jene Frauen verführt, die seiner Karriere förderlich sind. Er benutzt sie, solange sie ihm nützlich erscheinen, und lässt sie umstandslos fallen, sobald eine bessere Partie in Aussicht steht. Sie fallen reihenweise auf ihn herein, nennen ihn »Bel-Ami«, der schönen Augen wegen, die er ihnen zu machen versteht. Am Ende heiratet er die überaus vermögende Tochter des Zeitungsdirektors (nachdem er zuvor ihre Mutter zur Geliebten gemacht hatte). Eine pompöse Hochzeit wird gefeiert, der Bischof spricht zu Duroy gewandt: » Sie zählen zu den Glücklichsten der Erde, zu den Reichsten und Angesehensten.« Er nennt ihn ein »treffliches Vorbild«. Duroy ist angekommen. Das Fazit zieht ein früherer Kollege. »Die Zukunft gehört den Spitzbuben«, befindet er.

Die Konvention hätte es eigentlich verlangt, dass Duroy am Ende für seine Schurkereien vom Autor bestraft wird. Aber Maupassant ist viel zu sehr Realist, als dass er diesem moralischen Verlangen hätte nachgeben können. Er enthüllt mit beißendem Sarkasmus und bitterer Ironie die Mechanismen einer korrupten Gesellschaft und wie man sich ihrer zum eigenen Vorteil bedienen kann. Duroys Beispiel zeigt: So könnte es gehen. Aber vielleicht überlegen Sie sich das mit der Karriere ja noch einmal.

SIE HABEN IHR TALENT
ÜBERSCHÄTZT

Jemand hat Ihnen eingeredet, über eine außerordentliche Begabung zu verfügen. In einem schmerzlichen Prozess der Erkenntnis gelangen Sie zu der Einsicht, dass die gesetzten Ziele mit Ihren Fähigkeiten nicht in Einklang zu bringen sind.

*L*esen Sie

Der Alleinunterhalter von Lars Saabye Christensen.

Ein Mann steht voll im Regen. An der Reichsstraße 18, im nördlichsten Norwegen. Jonatan Griff ist Musiker und desorientiert. Ein Spielmannszug in Uniform und durchsichtigen Regenmänteln kommt des Weges. Der Dirigent weist Jonatan den Weg zum Hotel, wo dieser ein Engagement als Alleinunterhalter antreten soll. Abelsen, der Hotelbesitzer, steht auf den *Ententanz,* von Elvis will er nichts hören. Wo Jonatan doch einmal von einer Karriere als Konzertpianist geträumt hat, mit Grieg und Satie im Repertoire. Jetzt muss er im weißen Smoking den *Ententanz* spielen, und der Hotelbesitzer wippt mit den Ellbogen dazu. Das Hotel steht leer, keine Gäste, bis auf ein deutsches Paar, dessen Wohnwagen in Reparatur ist.

Abelsen verfolgt einen kühnen Plan: Er will das Moor hinter dem Hotel trockenlegen und dort einen Golfplatz errichten lassen. Aber es gibt Einsprüche: Wikingergräber werden im Moor vermutet. Einstweilen versucht Abelsen in seinem Büro mit dem Golfball das aufgerissene Maul eines Dorschkopfs zu treffen. Er ist der Erste in einer Reihe von skurrilen, schrulligen Gestalten, mit denen es Jonatan auf die eine oder andere Weise zu tun bekommt. Eine Tubabläserin, die nie den richtigen Ton trifft, die aber wunderbar den Französischen Marsch pfeifen kann. Eine Dame, die als die schnellste Ölbildmalerin ins Guinnessbuch der Rekorde möchte. Die knochige Sara und die füllige Solveig, die sich an der Hotelrezeption ablösen und die sich eine Uniform teilen müssen, die beiden nicht passt. Der Pfarrer, der davon träumt, einmal im Leben vor dem norwegischen Königspaar zu predigen (was in Erfüllung geht).

Jonatan hört im Laufe seines Aufenthalts die merkwürdigsten Geschichten, erfährt von den kleinen und größeren Dramen, die sich in der Gemeinde abgespielt haben. Seine abendlichen musikalischen Darbietungen sind nicht geeignet, die wenigen, apathisch Bier in sich hineintrinkenden Gäste in Stimmung zu bringen, obwohl er spielt, was der Synthesizer hergibt. Um dann vom Hotelbesitzer auch noch gefragt zu werden, ob er Playback benutze. Er, Jonatan Griff!

Eines Tages geht es wie ein Lauffeuer durch den Ort: Abelsen hat einen Wal gefangen (vielleicht ist der aber auch nur gestrandet). Alles stürzt zum Strand. Man beginnt mit dem Abspecken. Olsen jr., der Herrenausstatter, klettert auf den Rücken des Wals und ist plötzlich verschwunden. Er ist in das Atemloch gestürzt und kann nur mit Mühe wieder befreit werden, wobei er seines Toupets verlustig geht. Dafür aber interessant riecht. Und am Abend ist es Walfleisch, das im Hotel serviert wird, anstelle des *bacalao,* der auf der Karte steht.

Das virtuos erzählte Buch ist prall gefüllt mit solchen grotesken, haarsträubenden Geschichten. Jonatan Griff aber ist eine tragische Figur, eine melancholische Existenz, die sich allzu oft in Galgenhumor rettet. Er spürt, dass hier, nahe am

Nordkap, der Blues ebenso zu Hause ist wie im tiefen Süden des Mississippi-Deltas.

In bewegenden Rückblenden erzählt Christensen die Geschichten von Jonatans Kindheit und Jugend. Wie seine Laufbahn anfing. »Was haben wir denn da?«, sagt Fräulein Gottleb, die berühmte Klavierlehrerin, Jonatans lange, dünne Finger betrachtend. Sie glaubt, einen Meisterpianisten aus ihm machen zu können. Ein Irrtum, durch den sie Jonatans Leben in die falsche Richtung lenkt. Spät erkennt sie: »Du bist kein Virtuose, Jonatan. Aber du hast einen gewissen Charme.« Spät zieht Jonatan aus dieser Einsicht die Konsequenz; erst durch den Tod eines Mädchens wird ihm bewusst, dass er sein Leben ändern muss. Jonatans Geschick führt vor Augen: Es ist gefährlich, falschen Träumen nachzuhängen und sich mit schalen Kompromissen abzufinden. Es geht ums Ganze.

Die Bank hat Ihnen
den Kredit gekündigt

Sie haben es kommen sehen, und jetzt ist es eingetreten. Es war damals kein Problem, den Kleinkredit von der Bank zu bekommen, aber es ist ein gewaltiges Problem, ihn jetzt zurückzuzahlen. All Ihr Flehen, der Hinweis auf eine Verkettung unglücklicher Umstände, hat nichts geholfen, der zuständige Bankmensch kannte keine Gnade. Sie wünschen ihm alles Schlechte.

*L*esen Sie

Alles was zählt von Georg M. Oswald.

Der Held des Romans heißt Thomas Schwarz, ein fünfunddreißigjähriger Bankangestellter. Er hat studiert, BWL vermutlich, weil das alle tun, die nach oben wollen. Schwarz ist stellvertretender Leiter der Abteilung Abwicklung und Verwertung und hat vor, Leiter der Abteilung Abwicklung und Verwertung zu werden. »Das würde bedeuten: hundertzwanzigtausend Fixgehalt plus Tantieme plus Dienstwagen (BMW der 3er Klasse).« Aber dann wird der Posten aus ihm völlig unverständlichen Gründen mit einer Frau besetzt, der ehrgeizigen Rumenich. Sie betraut Schwarz mit einer Aufgabe, an der er nur scheitern kann. Er soll Licht in die Kosiek-Sache bringen, eine seit Jahrzehnten anhängige äußerst verwickelte Geschichte, bei der ein Baulöwe die Bank um viel Geld gebracht hat. Tatsächlich hat die Rumenich nichts anderes im Sinn, als Schwarz loszuwerden. Obwohl Schwarz doch ein höchst effizienter Mitarbeiter ist. Sein

Motto: »Wer Hilfe braucht, hat keine verdient.« Wird ein Kredit »notleidend«, dann tritt Schwarz als Terminator auf den Plan. Er wickelt ab, er verwertet. »Heißt im Kartext: Wir pfänden ihnen alles, was sie haben, unter dem Arsch weg, restlos alles.«

In seiner Ehe kriselt es seit einiger Zeit. Ehefrau Marianne ist mit ihrer Wohnung in einem »wenig repräsentativen Viertel«, wie sie sagt, unzufrieden und legt ihrem Mann Immobilienangebote auf den Frühstückstisch. Man kann sie verstehen: Im Erdgeschoss des Hauses betreibt »ein muskelbepackter Einzeller namens Uwe« ein zwielichtiges Wellness-Center, das er »Ladies only« getauft hat. Gleich daneben bietet ein nicht minder obskures »Stilmöbelparadies« allerhand Ramsch zu horrenden Preisen an. Marianne arbeitet in einer Werbeagentur und ist mit einer Großkampagne für eine Burger-Restaurantkette beschäftigt. Die geht schief, und sie wird gefeuert. Kurz danach hat die Rumenich ihr Ziel erreicht: Schwarz wird entlassen.

Alles was zählt ist in zwei Teile gegliedert. Der erste heißt »Drinnen«, der zweite »Draußen«. Eben war Schwarz noch drinnen, jetzt ist er draußen. So schnell kann's gehen, wie der Volksmund sagt. Er gehört plötzlich zu der Gruppe von Menschen, denen er bisher mit zynischer Verachtung begegnete. Dann setzt sich auch noch die Ehefrau ab. Schwarz verliert die Bodenhaftung und verstrickt sich in die kriminellen Machenschaften Uwes (»Ladies only«) und seines Kumpans Anatol (»Stilmöbelparadies«): Geldwäsche und Drogenhandel. Es geht bergab mit Schwarz, aber nie verliert er seine Vision aus den Augen: den Traum vom ganz großen Geld. Und er begreift, dass die Spielregeln zwischen drinnen und draußen gar nicht so verschieden sind. In beiden Sphären diktieren Geld- und Machtgier das Geschehen. Das ist alles, was zählt.

Oswalds schnörkellos geschriebenes Buch ist im Jahr 2000 erschienen, lange vor der Finanzkrise, dieser Eruption des »Bankenbanditismus« (Jean Ziegler). Dennoch hat es nicht die geringste Patina angesetzt. Mit sarkastischem Witz attackiert der Autor das neoliberale Syndrom und seine Protagonisten. Thomas Schwarz hat verstanden: »Wer keine Steuern hinterzieht, ist ein Schwachkopf. Wer sich dabei erwischen lässt, ein noch größerer.« Für Sie aber, verehrter Leser, der Sie ein Problem mit einem notleidenden Kredit haben oder beim Tanz um das Goldene Kalb sonst wie zu Schaden oder unter die Räder gekommen sind, für Sie wird die Lektüre dieses Romans Balsam auf Ihrer geschundenen Seele sein.

Ihr Chef ist
ein Charakterschwein

Seit Sie diesen Vorgesetzten haben, gehen Sie täglich mit einem Kloß im Hals und einem Knoten im Magen zur Arbeit. Schon vor Arbeitsantritt sehnen Sie den Dienstschluss herbei – den Sie dann doch nicht genießen können, weil Ihnen den ganzen Abend über bereits wieder vor dem nächsten Morgen graut. Ihre Familie und Ihre Freunde können Ihr Gejammer inzwischen schon längst nicht mehr hören, weshalb Sie Ihren Zorn und Ihren Kummer in sich hineinfressen. Dabei lieben Sie Ihren Beruf und sind – eigentlich – auch gut darin. Wenn nur dieser menschenverachtende, stillose Vorgesetzte nicht wäre.

*L*esen Sie

Der Teufel trägt Prada von Lauren Weisberger.

Es handelt sich dabei um gut gemachte Unterhaltung – nicht mehr, aber auch nicht weniger. Für Leute, die Probleme mit ihrem Vorgesetzten haben, kann das Buch wirken wie kühlendes Leitungswasser auf eine kleine Verbrennung. Die Autorin ist keine Anwärterin auf den Nobelpreis für Literatur, aber sie gibt Alltagssprache und -atmosphäre sehr stimmig wieder. Das immerhin hebt sie bereits aus den zahlreichen 08/15-Schreibern heraus.

Im Mittelpunkt des Geschehens steht Andrea, die – frisch von der Universität kommend – von einem Redakteursjob beim berühmten Magazin *The New Yorker* träumt. In der Personalabteilung des Verlagshauses wird ihr allerdings ein anderer Posten angeboten, von dem angeblich »Millionen junger Frauen träumen«: Junior-Assistentin von Miranda Priestley. Da Andrea sich nicht im Geringsten für Mode interessiert, ist ihr nicht sofort klar, dass es sich bei Miranda um die sagenumwobene Herausgeberin von *Runway,* der bedeutendsten Modezeitschrift auf dem Erdkreis, handelt. Ein kleines inneres Warnsignal (warum sollte ein solcher Traumjob einer unerfahrenen Anfängerin angeboten werden, noch dazu dermaßen vehement?) überhörend, greift Andrea zu. Und hat damit das Eintrittsticket für den inneren Kreis der Hölle gezogen. Schluss mit bequemen Klamotten und Schuhen – Mirandas Augen ertragen nur modische Vollkommenheit. Worunter u.a. High Heels für achthundert Dollar zu verstehen sind, deren Riemchen wie Rassiermesser ins Fleisch der Füße schneiden und deren Absätze abbrechen, während die Junior-Assistentin den Porsche der Chefin aus der Werkstatt und deren Hund von der Kastration in der Tierklinik abholt. Mirandas Ohren wollen keinen Laut aus dem Mund ihrer Empfehlsempfänger hören, andernfalls droht die Kündigung. Das Handy scheint ausschließlich für Miranda erfunden worden zu sein – sie brüllt zu jeder Tages- und Nachtzeit, manchmal im Sekundentakt, Befehle hinein und nimmt ihren Leuten damit jede Chance, auch nur ein Minimum an Privatleben zu haben.

Andrea vernachlässigt ihre Familie, ihre Freundin, ihre Mitbewohnerin, ihren Freund – und sich. Sie trägt zwar jetzt Designer-Klamotten im Wert von Tausenden Dollars, die bei *Runway* herumliegen wie im Bäckerladen verschiedene Brötchensorten, schläft aber zu wenig, ist ständig im Stress und in Angst vor Mirandas nächstem, ins Handy gebelltem Wahnsinns-Auftrag. Mirandas Lieblingskaffee muss bei Starbucks auf der anderen Straßenseite geholt werden – die Minuten und Sekunden dafür sind genau abgezählt, ebenso wie der Gang zum Sterne-Restaurant, das Mirandas Lunch zubereitet und das von der Vorzimmersklavin in Windeseile auf einem Tablett herbeibalanciert werden muss. Miranda hat keine Lust, eine andere Telefonnummer als die ihrer Sklavinnen in ihr Handy zu tippen, und lässt sich von Paris aus von ihrem New Yorker Büro mit Karl Lagerfeld verbinden. Ihre Töchter müssen den neuen *Harry Potter*-Band zwei Tage vor allen anderen Kindern haben (eigentlich unmöglich, doch Andrea schafft es!), wofür ein Privatjet – nur mit diesem Buchpäckchen als Passagier – über den Atlantik fliegt. Andrea und ihre Kollegin leisten täglich logistische Präzisionsarbeit (und dürfen in ihrem Büro keine Broccolisuppe essen, ja eigentlich überhaupt nichts essen, weil Miranda den Geruch beim Vorbeigehen nicht erträgt), während jede Minute die »Todesdrohung« der Entlassung aus ihrem schlecht bezahlten Job über ihr hängt.

Wer wissen will, wie sich in New York ein »Traumjob« anfühlt, wie und unter welchen Bedingungen man ein mauselochgroßes, überbezahltes Apartment im »Big Apple« findet und wie Bürohaus-Giganten funktionieren, der wird es in diesem Buch erfahren. Die Schilderung der Lebensatmosphäre der Schicken und Schönen in New York – die ohne ihre Sklaven nicht wüssten, wie man eine Mineralwasserflasche öffnet – ist der Autorin nicht zufällig so glaubwürdig gelungen: Sie ist eine ehemalige Assistentin von Anna Wintour, der berühmten und gefürchteten *Vogue*-Chefin – man kann also davon ausgehen, dass sie weiß, wovon sie erzählt. Alles echt cool. (So cool, dass Anna Wintour sogar zur Filmpremiere kam – und Prada trug.)

Der Showdown des Romans findet in Paris statt, wo Andrea ihrer teuflischen Chefin zwar zunächst etwas näherzukommen scheint, als sie eine schlechte Nachricht aus New York bekommt. Sie schwankt kurz, ob sie Freundschaft und Liebe wieder einmal ihrem unmenschlichen Job unterordnen soll, um sich dann endlich für das Richtige zu entscheiden. Mit dem berühmten Satz »Sie können mich am Arsch lecken« beendet sie das Spiel des »Teufels in Prada« und kommt damit – ohne es zu wissen – sogar ihrem wahren Lebenstraum ein gehöriges Stück näher.

Dieser Roman wird Chefprobleme wahrscheinlich nicht auf Anhieb lösen und (bis auf wenige Szenen) sicher auch keinen bleibenden literarischen Eindruck hinterlassen – aber gequälte Seelen werden ihre Freude daran haben. Auch wenn nicht jeder Teufel Prada, sondern oft nur eine geschmacklose Krawatte oder ein Twinset mit falscher Perlenkette trägt.

Sie fühlen sich
vom Pech verfolgt

*Sie glauben, dass es Ihnen bestimmt ist, einmal ganz groß raus-
zukommen. Von keinerlei Selbstzweifeln geplagt, wähnen Sie sich
mit Talent überreich gesegnet, aber irgendwann haben Sie, wie es
scheint, die falsche Abzweigung genommen. Von da an ging's bergab. Die Gewissheit, dass Ihre große Stunde schon noch kommt,
blieb dennoch unerschüttert.*

*L*esen Sie

Das Buch Fritze von Friedmar Apel.

Der Autor ist Literaturprofessor in Bielefeld, aber keine Sorge, er hat einen gänzlich unprofessoralen Roman geschrieben,
witzig und komisch obendrein, zum Heulen schön.

Fritze, der eigentlich Friedrich heißt, wächst in den späten
vierziger, frühen fünfziger Jahren jenseits der Zonengrenze
bei seinen Großeltern auf. In einem Dorf im thüringischen
Eichsfeld. Dort sind die Menschen seit der Mission des heiligen Bonifatius streng katholisch und stolz auf ihre wohl-
schmeckenden Wurstwaren. Fritze gefällt es bei den Großeltern; um ihn herum gibt es Hühner, Enten, eine Ziege und
einen schönen Garten mit Beeren und Löwenmäulchen.

Die Vertreibung aus diesem Paradies beginnt damit, dass
Fritze zum Friseur muss, zum ersten Mal. Der schneidet ihm
die dunklen Locken ab. Fritze »sieht sich im Spiegel und findet sich nicht«. Danach muss er zu den Eltern, die im Westen
leben, und dann in die Schule. Erfüllt von bösen Vorahnun-

gen, will er weder in den Westen noch in die Schule, aber er muss sich fügen. Fritze mag nicht müssen müssen. Der Lehrer sagt, Fritze sei »intelligent, aber faul und verstockt«. Lieber als in die Schule geht er zu Karstadt, Rolltreppe fahren, oder auf den Wohnwagenplatz zu den Zigeunerkindern. Einmal vergräbt er seinen Schulranzen in einem Sandhaufen an der Straße und unternimmt eine ausgedehnte Radtour. Zu Hause setzt es immer wieder Schläge. Der Vater sagt, dass Fritze seinen »inneren Schweinehund« überwinden müsse. Er soll lernen, »sich in die Gemeinschaft einzuordnen«, aber er eckt überall an, nicht nur in der Schule, sondern auch bei den Pfadfindern und im Fußballverein. Erst sieht er Gelb, »wegen unsportlichen Verhaltens am eigenen Mann«, dann Rot »wegen Beleidigung des Schiedsrichters«. So wird es nichts mit einer Fußballerkarriere. In der Schule nichts als Schwierigkeiten, das mit der Disziplin kriegt Fritze einfach nicht hin. Als er nach dem siebzigsten Klassenbucheintrag sämtliche Klassenbücher der Oberstufe im städtischen Schwanenteich versenkt, in der Schule einen Kabelbrand verursacht und ihm auch noch eine Serie von Stinkbombenattentaten zur Last gelegt wird, ist das Maß voll. Fritze fliegt.

Von seinem Freund Dietmar Lanz wird er als »echter outcast« gefeiert. Lanz sagt: »Die Besten unserer Generation sind zum Wahnsinn verdammt.«

Immerhin hat Fritze Glück bei den Mädchen, meistens wenigstens. Da lässt er nichts aus. Drückt auf der Juke Box C 4 und lässt »Komm gib mir deine Hand« erschallen. Da lassen die Mädchen sich erweichen.

Fritze hat auch durchaus geistige Interessen, schreibt Notizbücher voll, liest und verfertigt Gedichte, zitiert Hölderlin. In Sachen Literatur ist er recht meinungsstark. Mit Proust kann er wenig anfangen: »Bis der mit der Beschreibung des Kartoffelsalats fertig ist«, sagt er, »ist man schon zu Staub verfallen.« Den Führerschein schafft er auf Anhieb. Die Oma finanziert ihm einen Lloyd Alexander TS. Der geht ab wie »Schmidts Katze«. »Fritze fährt mit der Oma nach Berlin, damit sie mal rauskommt. Bei der Grenzkontrolle in Marienborn hat die Oma Angst. Haben Sie Waffen dabei, fragt der Grenzer. Wieso, sagt Fritze, braucht man die hier. Da kommt der Alexander TS in den Schuppen und wird durchsucht.«

Fritze fühlt sich als der Herrscher der Welt, tatsächlich bringt er nichts zustande. Ein zweiter Anlauf zum Abitur an einem Berliner Gymnasium scheitert. Eine Erzählung für ein hochdotiertes Preisausschreiben der Zeitschrift *Playboy* wird abgelehnt. Drogen und Alkohol sind die ständigen Begleiter bei seinem unaufhaltsamen Abstieg. Entzug und Therapie schlagen nicht an. Fritze betrachtet sich als Pechvogel, aber Pech ist ein recht euphemistischer Ausdruck für das, was er mit sich und den anderen anstellt. Pech ist eine faule Ausrede. Dieser Antiheld scheitert an seinen Ansprüchen, denen die Welt nicht genügen will. Und an seiner Unfähigkeit, sich vorgegebenen Strukturen anzupassen. Das ist sympathisch, aber kein Rezept, um über die Runden zu kommen.

Das Buch Fritze erzählt die Geschichte »von einem, der versucht hat, dem Leben zu halten, was es ihm versprochen haben will«. Friedmar Apel hat ein wunderbar lakonisches Buch geschrieben, bei dem es viel zu lachen und zu weinen gibt. Und obendrein den Rat an junge Rebellen, es nicht gar zu toll zu treiben und die Kirche im Dorf zu lassen.

Sie haben Ideale –
und fühlen sich damit
wie der letzte Mohikaner

Zu Ihrem Leidwesen, ja sogar Kummer stellen Sie immer öfter fest,
dass die meisten Menschen heute nur noch Idole haben, aber keine
Ideale mehr. Sie glauben aber, dass es heute wichtiger denn je sei,
Überzeugungen zu haben, da sonst Maßstäbe verloren gehen und
Meinungen beliebig austauschbar werden (je nachdem, woher der
»Wind« gerade weht). Dabei sind Sie kein Sturkopf, der sich nicht
durch gute Argumente überzeugen ließe, aber Sie mussten schon
oft feststellen, dass diese angeblich »guten Argumente« ganz be-
stimmten Interessen dienten und nicht denen der Allgemeinheit. Sie
leiden darunter, dass inzwischen offensichtlich jeder sich selbst der
Nächste ist.

*L*esen Sie

El Hakim von John Knittel.

Vordergründig ein Arztroman, der im Ägypten während der
englischen Kolonialzeit spielt, ist das Buch aber auch ein
herrlicher Schmöker, der unseren Müttern und Großmüttern
nicht nur ein wenig Exotik in den grauen Alltag brachte, sondern auch von den realen Lebensverhältnissen des damals
noch »fernen« Landes am Nil erzählt. Das Buch hat bis heute
nichts von seinem Reiz verloren, was Ägypten-Touristen
sicher bestätigen können. John Knittel hat nicht nur lange in
Ägypten gelebt, sondern sich dort auch – zusammen mit sei-

ner Familie und Freunden – sozial stark engagiert. Die Lektüre von *El Hakim* macht deutlich, dass Knittel aus eigener Anschauung weiß, wovon er spricht.

Die Lebensgeschichte des Autors John Knittel ist im Übrigen genauso spannend wie seine zahlreichen Romane, die weltweit große Erfolge feierten: Als Sohn eines Missionars in Indien geboren, hänselten seine Basler Mitschüler den kleinen Indien-Heimkehrer als »Hindu-Knittel«. Vielleicht ein Grund, weshalb John Knittel auch in *El Hakim* das Verhalten von Kindern so überzeugend darstellt – denn Kinder ohne Vorbilder (oder mit schlechten) verhalten sich auf der ganzen Welt gleich. So schnell wie nur möglich brachte der Außenseiterjunge seine Schweizer Schulzeit hinter sich und ging als Bankkaufmann nach England, wo er unter Anleitung eines englischen Schriftstellers sein Schreibtalent erkannte – und sofort Erfolg hatte.

Mit Frau, Kindern und dem englischen Freund bereiste er Indien, Ägypten und viele afrikanische Länder. Immer engagiert und mit offenen Augen für die sozialen und politisch verursachten Missstände.

In *El Hakim* erzählt Knittel die dramatische Lebensgeschichte des bettelarmen Jungen Ibrahim, der schon als Kind wusste, dass er Arzt werden und seinen ägyptischen Landsleuten helfen wollte. Es ist ein dramatischer Lebensweg, den man als Leser mit Ibrahim geht: durch Schmutz und Elend, durch Korruption, Intrigen und grenzenlose Ignoranz der Behörden, die sich willenlos der Bürokratie der englischen Kolonialmacht unterwerfen. *El Hakim* ist auch eine Heldengeschichte, denn Ibrahim ist ein glühender Patriot, der sein armes, okkupiertes Land heiß und innig liebt. (Knittel beschreibt ihn so, als hätte er das John-F.-Kennedy-Zitat »Frage nicht, was dein Land für dich tun kann, sondern frage, was du für dein Land tun kannst« schon gekannt.)

Ibrahim lässt sich durch nichts von seinem Lebenstraum abbringen. Sein Medizinstudium in Kairo muss er sich selbst verdienen, und das ist ein staubiges und steiniges Unterfangen. Er gründet eine Art Vorschule, bringt den Kindern die Grundbegriffe von Hygiene und Heimatliebe bei und schafft es sogar, deren Eltern damit anzustecken. Nicht nur, dass er damit so wenig verdient, dass ihn sein Engagement mehr Zeit kostet, als seinem Studium und seiner körperlichen Verfassung guttut – er wird auch noch dafür ins Gefängnis geworfen, weil er sich in die Belange des englischen Schulkommissärs eingemischt hat.

Ibrahim schafft es trotzdem – er wird ein großartiger, hochbegabter »Hakim« und Chirurg, der bei den reichen Ausländern in Ägypten viel Geld verdienen könnte. Er verzichtet darauf und arbeitet aus sozialen Gründen in staatlichen Krankenhäusern (wo er zusehen muss, wie seine korrupten Vorgesetzten die Instrumente und Medikamente in ihre Privatkliniken schaffen und den Patienten Geld abpressen lassen).

Wer Arztromane liebt, wird beim Lesen dieses Buches voll auf seine Kosten kommen. Selbst eine Liebesgeschichte fehlt natürlich nicht, wenn ihr Ausgang auch Taschentuch-Alarm auslöst.

John Knittel schrieb alle seine Bücher in englischer Sprache, wurde aber im deutschen Sprachraum als Schweizer Autor verkauft, ohne Namensnennung von Übersetzern. *El Hakim* erschien 1935, während Knittel noch in Ägypten und Nordafrika lebte und nur die heißen Sommermonate in Europa verbrachte. Aufgrund des herannahenden Zweiten Weltkriegs ließ er sich schließlich in der Schweiz nieder. Die Intrigen von Neidern verleumdeten ihn als Nazi-Freund, was eindeutig nicht stimmt: Ein Treffen mit Goebbels wurde von diesem zu Propagandazwecken missbraucht, Knittel konnte sich jedoch nicht offen dagegen wehren, weil er sonst seine in Deutschland lebende Tochter, die dem Kreis der »Weißen Rose« nahestand, gefährdet hätte. Er setzte sich vergeblich für die zum Tode verurteilten jungen Leute ein.

Das Leben dieses wunderbaren Erzählers John Knittel ist tatsächlich so verlaufen, als hätte er selbst es für einen Roman ersonnen. Und *El Hakim* muss man gelesen haben, wenn man erfahren will, wie wichtig es ist, Ideale zu haben: für sein eigenes Lebensgefühl und auch für die Gemeinschaft, in und mit der man lebt.

Sie sind überzeugter Pazifist – und fühlen sich zunehmend auf verlorenem Posten

Als Sie das erste Mal hörten, dass ein Fußballspiel »Krieg« sei, waren Sie erschrocken, aber noch nicht beunruhigt. Boxkämpfe sind nicht Ihr »Ding«, aber Sie ordnen sie als zwar brutales, doch relativ harmloses männliches Kräftemessen ein. Der Trend zu immer blutigeren und perverseren Krimihandlungen in Literatur und Film stoßen Sie ab, aber dass beruflicher Aufstieg inzwischen wie selbstverständlich auch mit Krieg verglichen (und auch so brutal gehandhabt) wird, dass Firmen laut eigener Aussage globale »Handelsschlachten« führen (und Arbeiter und Angestellte damit quasi zu Soldaten gemacht werden), das fängt an, Sie ernsthaft zu beunruhigen. Sie sind kein Gutmensch und wissen, dass das Leben kein Rosengarten ist, aber Sie fürchten, dass die leichtfertige Wortwahl gedankenlose Taten provoziert.

esen Sie

Die Nackten und die Toten von Norman Mailer.

Dieser Klassiker des 20. Jahrhunderts ist *das* moderne Buch zum Thema Krieg – und sollte Pflichtlektüre für jeden sein, der politische oder wirtschaftliche Verantwortung trägt. Norman Mailer hat darin seinen Kampfeinsatz im Pazifikraum gegen japanische Truppen verarbeitet.

Dass Mailer – einer der bedeutendsten US-Schriftsteller – kein zartbesaitetes Kerlchen war, ist allseits bekannt. Es gab

Zeiten, wo ihm die Worte ausgingen, und dann ließ er – mit Alkohol munitioniert – seine Fäuste sprechen. Sein Erz- und Dauerfeind Gore Vidal kann ein Lied davon singen. Auch die Messerattacke auf eine seiner Ehefrauen spricht nicht dafür, Mailer als in der Wolle gefärbten Pazifisten zu klassifizieren. Dennoch ist dieser Roman von einer kritischen Menschenliebe getragen wie kaum ein anderer, der sich mit dem Thema Krieg beschäftigt.

Die Nackten und die Toten beschreibt die Einnahme einer von Japanern besetzten Pazifikinsel durch amerikanische Landungstruppen im Zweiten Weltkrieg. Der Roman lebt jedoch nicht durch die Schilderung von brutalen Kriegshandlungen (wenngleich auch sie vorkommen), sondern von der tief zu Herzen gehenden Analyse der handelnden Personen. Sie sind alle auch – und in Wahrheit zuallererst – private Menschen, die sich nichts weniger gewünscht haben, als auf dieser »gottverdammten« Insel als Angreifer (!) um ihr Leben kämpfen zu müssen. Diese privaten Leben werden in faszinierenden Rückblenden erzählt: Da ist der aus wohlhabender Familie stammende General, zur besseren Bostoner Gesellschaft zählend und unglücklich verheiratet, weil er seine homosexuellen Neigungen verstecken muss. Er ist ein kalter Menschenverachter und Karrierestratege, der seine Soldaten schlecht behandelt, weil er den Hass auf Offiziere für leistungsfördernd hält.

Sein Adjudant – im Zivilleben Lektor in einem Verlag – beschäftigt sich mit politischen und philosophischen Fragen, jedoch ohne zu Standpunkten zu kommen. Seine innere Leere und seine liberalen Ansichten führen zum Krach mit dem General, und der Offizier sieht sich bald »strafversetzt«, als Zugführer eines gefährlichen Erkundungsunternehmens, von den Soldaten schnell als »Weichei« erkannt und nicht akzeptiert.

Sein direkter Untergebener, ein Viehzüchter aus Texas, ist erbost über den unerwünschten Offizier vor seiner Nase und lässt ihn – mit Todesfolge – ins offene Messer der Japaner laufen.

Alle diese Personen könnten uns täglich in unserem Privatleben begegnen: so wie der mexikanische Kundschafter, der wegen seiner Herkunft von den »guten Amerikanern« nicht akzeptiert wird. Oder der liebenswerte aber traumatisierte einfache Soldat, der sich mit Saufgelagen betäubt. Da ist noch der übertrieben sorglose kleine Gauner, der ständig von den Frauen erzählt, die er erobert hat (oder erobern wird), und der ehemalige Landstreicher und Tellerwäscher, der sein verpfuschtes Leben in die Armee gerettet hat und seine antiautoritäre Einstellung nicht verbirgt. Ein antisemitischer, katholischer Ire gerät ständig mit den Juden im Trupp aneinander. Der New Yorker Handwerker jüdischen Glaubens, der gerne über das Leben philosophiert, aber keine Gesprächspartner findet, und der Gangster aus Chicago, ein absolut amoralischer Charakter – sie alle sind auf Gedeih und Verderb zusammengeschmiedet und aufeinander angewiesen, um zu überleben.

Fünfzehn Männer, die im Geist bei ihren Frauen, Eltern und Freunden sind, während sie durch den Dschungel marschieren und unsinnige Befehle ausführen. So jagt der texanische Zugführer die Truppe etwa auf einen nicht besteigbaren Berg, dessen Bezwingung zu seiner ganz persönlichen Wahnidee geworden ist, die jedoch keinerlei militärischen Sinn ergibt – und Tote fordert.

Die Männer erhalten gute und schlechte Nachrichten von zu Hause. Nur ihre Körper und Überlebensinstinkte sind hier im Pazifik, ihre Emotionen, Sehnsüchte – ihre Seelen – sind dort, wo gelebt und nicht getötet wird. Sie retten sich in Phantasien, Angebereien und in Zukunftsträume, um mit der kriegerischen Gegenwart fertig zu werden.

Am Ende kommt das reduzierte Häuflein Männer zur Basis zurück – und muss feststellen, dass die Insel ganz ohne ihr Zutun längst eingenommen ist und alles Sterben sinnlos war.

Norman Mailer hält mit diesem Buch den Mächtigen – denn sie sind es, die Kriege befehlen und in sicherer Entfernung vom Tod »organisieren« – einen Spiegel der Realität vor. Die Sprache des Autors ist schnörkellos und unsentimental (»Im Leben kommt es darauf an, Hammer oder Amboss zu sein – aber niemals dazwischen«). Wer die endgültige Bestätigung dafür haben will, dass Krieg immer das Ergebnis von Dummheit, Egoismus und Phantasielosigkeit ist, muss dieses Buch gelesen haben. Wir verdanken es einem engagierten und temperamentvollen Menschenfreund. Ein Buch, das stark macht.

Sie haben Lust auszuwandern, fürchten sich aber vor der fremden Sprache

Es gibt viele Gründe, sein Heimatland zu verlassen: wirtschaftliche (die Steuern!), religiöse, politische oder einfach Abenteuerlust. Sie haben schon öfter mit dem Gedanken gespielt, schreckten aber am Ende immer davor zurück, weil Ihnen die fremde Sprache zwar vielleicht vom Schulunterricht rudimentär bekannt ist, Sie sich aber nicht zutrauen, sich in ihr geläufig auszudrücken und im Alltag zurechtzukommen.

*L*esen Sie
Pnin von Vladimir Nabokov.

Der weltberühmte Autor, 1899 in Sankt Petersburg geboren, betätigte sich auch als Schmetterlingsforscher und als Kompositeur von Schachproblemen. Nabokov emigrierte nach der Oktoberrevolution zunächst nach Deutschland, später nach Paris, ehe er an der Cornell University, USA, Professor für russische Literatur wurde. Er begann *Pnin,* als die Arbeit an *Lolita* sich dem Ende zuneigte, und zählte diesen Roman zu den »kurzen sonnigen Fluchten« aus der *Lolita*-Fron.

Professor Timofey Pnin ist der tragikomische Held dieses Romans. Er ist ein unfreiwilliger Liebhaber von Missgeschicken, die ihn umso sicherer ereilen, je sorgfältiger er sie zu vermeiden sucht. »Er war vielleicht zu wachsam, zu beständig auf der Suche nach teuflischen Fallgruben, zu ängstlich auf der Hut«, schreibt Nabokov, aber zerstreut sei er nicht. »Die Welt war es, die zerstreut war, und es war Pnins Sache, sie wieder einzurenken.«

Ein besonders gefährliches Terrain ist für ihn – wie Nabokov russischer Emigrant – die englische Sprache. Die Aussprache macht ihm größte Schwierigkeiten. Eine Mrs Thayer tituliert er »Mrs Fire«, und das Wort *interested* betont er hartnäckig auf der dritten Silbe. Statt einer *housewarming party* gibt er eine »Hauserhitzungssoiree«. »War sein Russisch Musik, so war sein Englisch Mord«, lautet Nabokovs sakastischer Kommentar.

Pnin arbeitet als schlecht bezahlter und jederzeit kündbarer Assistenz-Professor am Waindell College (Pnin: »Vandal College«), »einer leicht provinziellen Bildungseinrichtung« im Staat New York. Er gibt russische Sprachkurse, die spärlich besucht sind, vielleicht auch deshalb, weil in der McCarthy-Zeit (zu der der Roman spielt) das Russische keine besondere Popularität genießt. Unter seinen Kollegen gilt er als skurriler Sonderling und ist beliebtes Objekt von Imitatoren. Pnin ist höchst empfindlich gegen Geräusche und gegen Zugluft, weshalb er häufig die Zimmer wechselt, in denen er sich dann halbwegs häuslich einrichtet. Pnin nennt diesen Vorgang »pninisieren«. Die Annehmlichkeiten der amerikanischen Zivilisation weiß er durchaus zu schätzen, »technischem Krimskram« ist er »mit »abergläubischem Entzücken zugetan«, von elektrischen Apparaturen bezaubert. »Tiefe Bewunderung hegte er für den Reißverschluss.« Aber er weiß auch, dass dieser klemmen kann, im falschen Moment, und dass all diese zauberhaften Objekte sich tückisch gegen ihn wenden können.

In ungläubiges Staunen versetzt ihn eine Buchhändlerin, als Pnin nach Jack Londons *Martin Eden* fragt und ihr nur der englische Politiker Anthony Eden dazu einfällt. »Tücken von

Ruhm!«, sagt Pnin, »…in Russland haben alle – kleine Kinder, erwachsene Leute, Doktoren, Advokaten –, alle haben ihn gelesen und wiedergelesen.« Er fühlt sich eben doch fremd in diesem Amerika und hat Heimweh nach Sankt Petersburg.

Immer wieder überkommen ihn Erinnerungen, Träume an diese verlorene Zeit, an seine Kindheit und an seine Liebe zu Mira, einer anmutigen jungen Frau, mit der er sich verlobte und von der er in den Wirren des Bürgerkriegs getrennt wurde. Sie wäre ihm vielleicht eine gute Frau geworden, anders als Lisa, die er in Paris, der zweiten Station seines Exils, geheiratet hat. Sie ist Psychiaterin, schreibt Gedichte (»in stockenden Anapästen«) und verlässt Pnin nach kurzer Ehe zugunsten eines ihrer Kollegen, der – so sie – Verständnis für ihr »organisches Ich« habe. (Von Psychologen, ihren Tests und Therapien hält Pnin fortan rein gar nichts.)

Nein, der liebenswürdige, schrullige Pnin hat kein Glück mit den Frauen, aber er trägt sein Los mit Stolz und Würde und sublimiert seine libidinösen Energien im Schreiben eines Werks, einer *Petite Histoire* der russischen Kultur, ihrer Kuriosa, Bräuche, literarischen Anekdoten, welche die Große Geschichte widerspiegeln soll. So ist es überaus schmerzlich zu erfahren, dass Pnin, der immer auf eine Festanstellung gehofft hat, am Ende aus seiner bescheidenen Behaglichkeit aufgeschreckt wird und seine Stellung am College verliert, verdrängt wird durch N., den fiktiven Erzähler des Buches, der mit Nabokov fast, aber eben nicht ganz identisch ist. Ursprünglich hatte Nabokov geplant, Pnin am Ende des Romans sterben zu lassen. Aber er hat dann von diesem schändlichen Vorsatz doch Abstand genommen und lässt Pnin in dem Roman *Fahles Feuer* noch einmal aufleben, als Leiter einer Russisch-Abteilung an einem anderen College.

Pnin hat es – allen Widrigkeiten zum Trotz – doch noch geschafft. Er ist eine unvergessliche Figur, aber sein Schicksal ermuntert nicht gerade zum Auswandern. Sein Beispiel zeigt, dass die Tücke des Objekts und die Tücken der Subjekte in jedem Winkel der Erde gegenwärtig sind.

KÖRPER,
GEIST UND SEELE

Sie leiden an Lebensüberdruss und Langeweile

Die tägliche Routine ödet Sie an. Die ewig gleiche Strecke zur Arbeit und zurück, die ewig gleichen Abläufe im Büro, die ewig gleichen Gesichter. Der ewig gleiche Klatsch. Das ewig gleiche, beschissene Fernsehprogramm. Und täglich grüßt das Murmeltier eben – als hätte man den Film speziell für Sie gedreht. Sie haben das Gefühl, in einem tiefen, schwarzen Loch aus Langeweile zu versinken. Und das soll Leben sein? Oder vielmehr: Das soll alles gewesen sein? Sie befürchten, depressiv zu werden, und sind gleichzeitig überzeugt davon, dass das alles nicht normal ist. Manchmal glauben Sie sogar, langsam, aber sicher verrückt zu werden.

*L*esen Sie

Veronika beschließt zu sterben von Paulo Coelho.

Lassen Sie sich nicht von den vehementen Coelho-Verrissen der Großkritiker davon abbringen, die jeden Bestseller dieses Autors erneut und immer wieder »in die Tonne« treten. Das ist der pure Neid. Dieser südamerikanische Autor hat die hohe Kunst der Vereinfachung zur Perfektion gebracht. Das ärgert Berufskritiker natürlich, die sich vehement um das Gegenteil bemühen und meinen, Nietzsche & Co bis in den letzten Gedankengang verstanden und sogar verinnerlicht zu haben. Und es nicht leiden können, wenn philosophische Weisheiten auch in kleinerer Münze unters Volk kommen.

Veronika nimmt Schlaftabletten. Vorher hat sie sich ausgerechnet, wie der Rest ihres jungen Lebens verlaufen wird:

Mann, Kinder, Haus, Job – das Übliche eben. Wäre es ein Film, würde sie das Kino verlassen oder den Fernseher ausschalten. Also warum das Ganze nicht abkürzen? Während sie auf die Wirkung der Schlaftabletten wartet, schreibt sie noch einen geharnischten Leserbrief an die französische Zeitschrift *Homme,* weil die einen Artikel über ein Coelho-Computerspiel (sic!) mit dem Satz beginnt: »Wo liegt Slowenien?« Dort, wo Veronika gerade sterben will.

Ein Leserbrief statt eines Abschiedsbriefes wird natürlich prompt missverstanden, und Veronika wacht in einer psychiatrischen Nobel-Klinik wieder auf. Und muss erkennen, dass die Beantwortung der Frage »Was ist normal und was ist verrückt?« eine schwierige ist. Zudem erfährt sie, dass der Selbstmordversuch ihr Herz schwer geschädigt und sie nur noch wenige Tage zu leben hat. In der Klinik geht die Post ab, was ein wenig an *Einer flog über das Kuckucksnest* erinnert. Sicher ist, dass alle Klinik-Insassen – viele von ihnen verweilen mit Absicht und freiwillig weiterhin in der Anstalt (was die ausländischen Investoren freut), weil sie da endlich die sein können, die sie sein wollen – normaler sind als das Pflegepersonal oder gar der Anstaltsleiter. Oder ist es etwa normal, dass Eltern Klavierstunden finanzieren und dann ihrer begabten Tochter verbieten, Pianistin zu werden, weil man das als »normaler« Mensch nicht wird? So wie die Allgemeinheit überhaupt der Meinung zu sein scheint, dass Lebensträume nur dazu da seien, um keinesfalls gelebt zu werden? Kein Wunder, dass Veronika zu dem Schluss kommt: »Ich hätte verrückter sein sollen!«, denn: »Wirklich krank sind die Gesunden«, wie schon Erich Fromm sagte. Genau zu dem Schluss kommt auch der Anstaltsleiter, der mit einer Studie zu Weltruhm gelangen will: Er hat das Gift »Vitriol« in achtzig Prozent aller Menschen festgestellt – die »Bitternis«. Alle daran Erkrankten gelten jedoch als »normal« und leben ihr vergiftetes Leben außerhalb von Anstalten. Das will Dr. Igor in einem aufsehenerregenden Buch aufdecken.

Paulo Coelho, der selbst in jungen Jahren von seinen Eltern mehrmals aus Hilflosigkeit heraus in psychiatrische Kliniken eingewiesen wurde, hat in diesem Roman ein eigenes Lebensthema aufgearbeitet. Was er zu erkennen gibt, weil er am Anfang des Romans selbst »mitspielt«, indem er vorgibt, von Veronikas Geschichte gehört zu haben, und den Roman als Aufzeichnung deklariert. Zum (guten) Schluss von Veronikas Geschichte wartet er mit einer zusätzlichen Überraschung auf. Eine köstliche, humorvoll-nachdenkliche Lektüre, die den Leser lehrt, dass Gewöhnung zu Bitternis führt, aber auch, wie sie zu vermeiden ist. Und ganz nebenbei die Frage stellt, warum die Buchstaben der Schreibmaschinen- und Computer-Tastaturen verrückterweise so angeordnet sind, wie sie es sind, und warum die Uhrzeiger im Uhrzeigersinn laufen und nicht anders herum. Verrückte Fragen? Mitnichten. Nur die Antworten sind es.

SIE SIND EINE KONFLIKTSCHEUE NATUR UND ZIEHEN BEI AUSEINANDERSETZUNGEN MIT PSYCHISCH STÄRKEREN REGELMÄSSIG DEN KÜRZEREN

Sie fühlen sich häufig zu Unrecht angegriffen. Dabei lassen Sie sich immer wieder überrumpeln von robusten Tatmenschen, obwohl Sie davon überzeugt sind, die besseren Argumente zu haben. Tat-menschen, denen Sie sich geistig überlegen fühlen, die Sie aber an Willenskraft und Entschlossenheit übertreffen. Anstatt Widerstand zu leisten, versuchen Sie Ihren Gegner zu besänftigen, obwohl Sie aus leidvoller Erfahrung wissen, dass dieser Ihre Schwäche rück-sichtslos ausnutzen wird.

*L*esen Sie
Venedig kann sehr kalt sein von Patricia Highsmith.

Ray Garrett, ein reicher Amerikaner, dilettierender Maler und Kunsthändler, hat seine junge Ehefrau durch einen Selbstmord verloren, dessen Motive im Dunkeln liegen. Sein Schwiegervater, Edward Coleman, lastet Ray den Tod seiner Tochter an und verfolgt ihn mit dumpfem Hass. Ray ist ein sensibler, skrupulöser Intellektueller, sein Widerpart jagt ihm Angst ein durch seine schiere physische Präsenz und seine latente Gewaltbereitschaft. Diese manifestiert sich ein erstes Mal, als Coleman während eines gemeinsamen nächtlichen Spaziergangs in Rom unvermittelt in die Manteltasche greift und mit seinem Revolver auf Ray schießt. Ray fällt in eine Hecke, der Schwiegervater macht sich davon. Es ist nur ein leichter Streifschuss, wie Ray anschließend feststellt. Er weiß, dass Coleman im Begriff ist, nach Venedig abzureisen, zusammen mit seiner reichen Freundin und deren jungem Gigolo. Ray beschließt, der kleinen Gruppe hinterherzureisen, in der Hoffnung, dem Schwiegervater seine Unschuld am Tod der jungen Frau darlegen zu können. Er nimmt einen Nachtflug nach Venedig. Das ist sein erster Fehler.

Einzigartig, wie die Highsmith die Atmosphäre Venedigs beschwört. Die im Novemberlicht verschwimmenden Konturen der Paläste und Kanäle, der Gassen und Plätze bilden den fließenden Rahmen für ein Labyrinth, in dem Ray und Coleman sich wechselseitig belauern. Der uneinsichtige Schwiegervater unternimmt einen zweiten Mordanschlag: Er stößt Ray auf einer nächtlichen Bootsfahrt ins eisige Wasser der Lagune. Dieser entgeht dem Tod nur knapp, aber statt zur Polizei zu gehen, verlässt er seine Pension und versteckt sich unter falschem Namen in wechselnden Privatquartieren. Auch die Grenzen seines Ichs beginnen zu verschwimmen. »Vielleicht bestand die Identität des Einzelnen, wie die Hölle, bloß durch das Vorhandensein der anderen Leute.« Ray plant, sich ein paar Tage tot zu stellen. Um zu sehen, was Coleman dann tut. Dies ist sein zweiter Fehler.

Ein gefährliches Katz-und-Maus-Spiel nimmt seinen Lauf. In einer nächtlichen Gasse kommt es zum Showdown. Coleman versucht, Ray mit einem Stein zu erschlagen, aber Ray wehrt sich und schlägt endlich zurück. »Ja, reiner Mut war es nicht gewesen, der ihn angetrieben hatte, aber die Hauptsache war, er hatte standgehalten. Er kam sich vor wie ein anderer Mensch, ganz jemand anders als der Mann, der er gestern um diese Zeit gewesen war.« Aus dem Gejagten ist ein Jäger geworden.

Man hat dieses Buch der Gattung des Psychothrillers zuge-ordnet. Tatsächlich ist es ein psychologischer Roman, und er ist deshalb so gut, weil Patricia Highsmith nicht psychologi-siert, weil sie die Handlungen der Akteure nicht mit psycho-logischen Erklärungen befrachtet. Was lässt sich aus dieser Geschichte lernen? Vielleicht so viel: Wir begegnen gelegent-lich Menschen, die sich durchaus nicht vom »zwanglosen Zwang des besseren Arguments« (Habermas) beeindrucken lassen. Dann heißt es, seinen Mut zusammenzunehmen, sich zu stellen, Widerstand zu leisten. Einfühlungsgabe, Konzi-lianz, Verständnisbereitschaft können, auf das falsche Objekt angewendet, fatale Folgen haben. Und diese edlen Eigen-schaften beruhen womöglich auf einer Selbsttäuschung. Da-hinter verbirgt sich häufig der Wunsch, die eigene Feigheit zu kaschieren.

Sie haben übertriebene Angst vor Krankheiten

Schon die geringste Zugluft macht Sie panisch, und in Grippezeiten würden Sie am liebsten Mundschutz tragen, genieren sich aber, weshalb Sie diesem Impuls nur nachgeben, wenn von der WHO Pandemie-Alarm ausgerufen wird. Ihre Schreibtischschubladen gleichen einer perfekten Hausapotheke – Sie sind für jede medizinische Eventualität gerüstet. In Apotheken halten Sie sich so gerne auf wie andere Leute in Buchhandlungen oder Parfümerien. Die »Apotheken-Umschau« ist Ihre Lieblingsillustrierte – trotzdem hegen Sie Ärzten gegenüber ein gewisses Misstrauen. Sie bedauern, sich in jungen Jahren nicht selbst für ein Medizinstudium entschieden zu haben. Manchmal ist Ihnen allerdings klar, dass Sie zur Hysterie neigen, und Sie grübeln über Möglichkeiten nach, Ihre Übersensibilität zu dämpfen.

*L*esen Sie

Noah Gordons Bestseller *Der Medicus*.

Sie werden sich schon nach wenigen Seiten mehr als glücklich schätzen, dass Sie nicht den Bader-Chirurgen des Mittelalters Anno Domini 1021 ausgesetzt sind. Noah Gordon beschreibt die Geschichte des Londoner Waisenknaben Rob Jeremy Cole, der mit einer ungewöhnlichen Gottesgabe gesegnet (oder bestraft) ist: Er kann mittels Berührung erkennen, wenn ein Kranker dem Tode geweiht ist. Rob wird Lehrling bei einem Bader, lernt dort alles über Heilkräuter und medizinische Behandlungen – zumindest das, was man zur damaligen Zeit wusste. Das war nicht allzu viel. Der Bader-Beruf war eine Mischung aus gauklerischer Volksbelustigung, Erster Hilfe und Behandlung nach dem Motto Versuch und Irrtum. Der Roman macht erschreckend deutlich, dass die Werbung in unserem modernen Gesundheitsbetrieb sich gelegentlich nur geringfügig von den damaligen Trommelwirbeln (beim Einzug des Baders in ein Dorf) unterscheidet.

Unser Held weiß sehr bald, dass er nichts weiß und dass ihm sein Lehrherr auch nichts mehr beibringen kann. Als er erfährt, dass es in einem fernen Land, weit im Osten, eine medizinische Akademie gibt, die wirklich gute Ärzte ausbildet, hält ihn nichts mehr im engstirnigen, unwissenden England. Er begibt sich auf eine abenteuerliche, gefahrvolle Reise, um sich seinen Lebenstraum – ein helfender Arzt zu werden – zu erfüllen. Im persischen Isfahan, dem damaligen Zentrum (nicht nur) des medizinischen Wissens, wird Rob von Avicenna, dem berühmtesten Wissenschaftler des Islam, zum »Hakim« ausgebildet.

Obsessive Leser möchten, dass spannende Bücher niemals zu Ende gehen. Diesem Wunsch kommt Noah Gordon in seinem umfangreichen *Medicus,* der über 700 Seiten umfasst, relativ nahe. Und er macht darin auch deutlich, wie viel jeder Einzelne von uns heute über Gesundheit und Krankheit weiß, was sich bei der Lektüre in ständigen »Aha-Effekten« ausdrückt. Dem gefesselten Leser wird auch wieder einmal klar, was uns am heutigen Medizin-Betrieb so sehr stört: Meistens steht nicht der Mensch, sondern das System im Vordergrund. Nicht dass es damals – egal, ob im unwissenden Europa oder im fortschrittlichen Orient – so viel anders gewesen wäre; erschreckend ist nur, dass sich trotz der unendlichen Vermehrung des Wissens an diesem Punkt nicht arg viel verändert hat: Waren es damals die Religion, die Sitten und Gebräuche, sind es heute die Krankenkassen und Standesvertretungen.

Der Medicus ist eine gelungene Mischung aus einem Charles Dickens ohne großen literarischen Anspruch und einer Light-Fassung von Tausendundeine Nacht. Aber immerhin (und das ist nicht wenig) eine Geschichte, die den Leser klüger macht und ihn gut unterhält. Eine von der Sorte, »die man sich nachts am Lagerfeuer erzählt, die Kälte der Nacht im Rücken«, um Noah Gordon zu zitieren. Und ein heilsames Buchstaben-Elixier für Gesundheitsapostel und Krankheitshysteriker. Denn das machen die Protagonisten des Buches deutlich, und wir alle sollten es eigentlich auch wissen: Selbst das gesündeste Leben endet mit dem Tod.

SIE HABEN ANGST VOR DEM FLIEGEN

Obwohl sich die Benutzung von Flugzeugen heute schon aus Zeit-gründen oft nicht vermeiden lässt, ziehen Sie – wann immer es möglich ist – andere Transportmittel vor. Sie begründen das mit der Unbequemlichkeit der Fliegerei, dem Zeitaufwand der Anfahrt und des Wartens bis zum Abflug oder mit dem Klimaschutz. Die Wahrheit ist: Sie fühlen sich unwohl, so hoch da oben über den Wolken, eingezwängt zwischen anderen Passagieren und ihrer Bewegungsfreiheit beraubt. Da nützen auch alle Unfallstatistiken nichts, bei denen das Fliegen als harmlos erscheint. Sie haben ein-fach Angst.

*L*esen Sie

die Erzählung *Der Lotse* von Frederick Forsyth.

Obwohl dieser Autor mit Politthrillern wie *Der Schakal*, *Die Akte Odessa* oder *Die Faust Gottes* international Millionenauf-lagen und Weltruhm erreichte, gehört die kleine Geschichte vom Lotsen zu seinen erfolgreichsten Büchern, ist sozusagen *der* heimliche Bestseller unter all seinen Megasellern. Als sei-nerzeit jüngster Pilot der Royal Air Force weiß Forsyth auch sehr genau, worüber er da schreibt:

Ein junger Air-Force-Pilot sitzt am Heiligen Abend des Jahres 1957 im Cockpit seines einsitzigen Kampfflugzeugs Vampire, um von Celle aus in seine englische Heimat zu flie-gen. Er freut sich auf den kurzen Flug über die Nordsee (den er mittels einer Navigationsliste gründlich vorbereitet hat), die anschließende Fahrt nach London und von dort nach

Blighty, wo er kurz nach Mitternacht seine Familie in die Arme schließen will. Für die Leute im Tower Celle ist es der letzte Start an diesem Weihnachtsabend – sobald der junge Engländer von der Startbahn abgehoben hat, dürfen auch sie endlich feiern. Entsprechend herzlich fällt die Starterlaubnis und ihr letztes »over« für »Charlie Delta« aus.

Der junge Pilot vertieft sich in den Anblick der Sterne über sich und gibt sich Weihnachtsträumereien hin, bis er bemerkt, dass ein Kontrollinstrument nicht reagiert, genauer gesagt – gar keines mehr. Auch der Funk ist tot. Er ist urplötzlich von dichtem Nebel umgeben, weit und breit ist kein Stern mehr zu sehen – er kann nur noch spekulieren, wo er sich befindet. Hat er die Nordsee bereits überquert und befindet sich über englischem Boden? Es lässt sich nicht verifizieren, und das einzige noch funktionierende Instrument – der Treibstoffanzeiger – signalisiert ihm, dass er nur noch für eine halbe Stunde Sprit im Tank hat.

Die Gedanken des Piloten in der vermeintlich letzten halben Stunde seines Lebens sind unsentimental (wie immer bei Forsyth), logisch und auf faszinierende Weise problemlösungsorientiert – sie machen den besonderen Reiz dieser ungewöhnlichen Weihnachtsgeschichte aus. Die Belohnung für innere Stärke, die aus Angst erwächst, folgt wie im Märchen auf dem Fuße: Neben dem Flugzeug unseres Helden taucht ein englischer Bomber aus dem Zweiten Weltkrieg auf, mit dessen Piloten eine Verständigung mittels Zeichen möglich ist. Dieser Lotsenflug gehört zum Spannendsten, das Forsyth je geschrieben hat. Mit dem letzten Tropfen Treibstoff landet der junge Engländer. Wie er glaubt, auf seinem Zielflughafen.

Sein Lotse, den er für einen Wetterflieger hält, ist, ohne mit ihm zu landen, wieder in den Nachthimmel aufgestiegen. Keine von seinen Annahmen stimmt. Alle seine logischen Erklärungsversuche, seine unerwartete Rettung betreffend, lösen sich in Sternenstaub auf. Eine Weihnachtsgeschichte der sehr speziellen Art eben.

Wer diese Erzählung gelesen hat, wird sich nicht mehr vor dem Fliegen fürchten (oder zumindest weniger als vorher): Denn er weiß jetzt, wie gut Piloten ausgebildet sind, wie kreativ sie mit kritischen Situationen umzugehen wissen – und dass Fliegen, wie alles im Leben, etwas mit Können und Verstand zu tun hat. Und dass beides ohne das berühmte Quentchen Glück gar nichts nützt. Denken Sie nur an die glückliche Landung der vollbesetzten Verkehrsmaschine 2009 im Hudson River. Auch dieser Pilot muss so einen Lotsen gehabt haben, und wenn es »nur« seine innere Stimme war, die ihm den Fluss als Lösung angeboten hat. *Der Lotse* ist übrigens kein Männerbuch. Frauen werden ihre Freude an dieser Geschichte haben: Diese Mischung aus Improvisation und dem Unerklärlichen, von dem Frauen wissen, dass es vorhanden ist, und wovon diese Geschichte lebt, kommt ihnen sehr entgegen.

SIE LEIDEN UNTER DER GLEICHFÖRMIGKEIT IHRES LEBENS UND SEHNEN SICH NACH MEHR FREIHEIT

Sie haben das Gefühl, im täglichen Alltagstrott zu ersticken, und leiden – trotz Stress – zunehmend unter Langeweile. Sie empfinden Ihre familiären und beruflichen Verantwortungen immer öfter als Last, sich selbst als freudlos mit der Tendenz zur Humorlosigkeit. Sie sind »reif für die Insel«, wissen aber zugleich, dass Ihnen ein Urlaub auch nicht wirklich aus diesem Gefühl, ein falsches Leben zu führen, heraushelfen kann. Ihnen wird immer klarer, dass es eben kein richtiges Leben im falschen gibt. Aber was tun?

Lesen Sie

Alexis Sorbas von Nikos Kazantzakis.

Vergessen Sie jedoch nicht, während der Lektüre einen Bleistift in Reichweite bereitzulegen, denn dieser Roman ist eine Schatztruhe voll mit philosophischen Anregungen für das gute Leben (und das erhoffen wir uns ja schließlich von der Philosophie). Sätze zu unterstreichen wird sich bei dieser Lektüre in Ihrer Situation nicht vermeiden lassen. So schön der gleichnamige Spielfilm mit Anthony Quinn in der Titelrolle auch war (er wurde zu Recht für sieben Oscars nominiert und mit drei ausgezeichnet), der Aspekt der Philosophie kommt im Film zwangsläufig zu kurz. Er vermittelt zwar das Endergebnis – Lebensfreude pur –, aber eben nicht den Weg dahin. Das bietet das Buch auf faszinierende Weise und liefert damit den Beweis, dass die Weisheit der »alten Griechen« nicht zufällig das Fundament unseres Wissens ist.

Kazantzakis erzählt in seinem Roman von der Freundschaft zweier sehr ungleicher Männer. Der eine ist erfolgloser Schriftsteller und will in die Welt hinaus, um das »richtige«, handfeste Leben kennenzulernen – für diese Lektion hat er auf Kreta ein aufgelassenes Braunkohlebergwerk erworben und hofft, auf diesem Weg aus der dichterischen Sackgasse herauszukommen. Der andere ist Alexis Sorbas, ein mazedonischer Bauer und Bergarbeiter, der vom Augenblick des Kennenlernens an das Leben seines »Chefs« beherzt in die Hand nimmt. Sorbas ist ein »zweiter Sindbad, der Seefahrer« und ein Augenöffner für die Schönheiten des Lebens, von dem die einfachen Leute sagen, dass es nun mal lebenslang währt, »eine einzige Schererei ist« und dass »selbst das glücklichste Leben hart sei«. Alexis Sorbas ist voll von Geschichten, »wie eine alte Truhe voll mit alten Briefen«, und er bringt dem lebensuntüchtigen Schreiberling bei, »nicht mehr nur Worte für lebendige Wesen« zu halten. Im Laufe der Geschichte fühlt man sich als Leser gelegentlich leise an Don Quixote und Sancho Pansa erinnert, die es an die griechischen Gestade des 20. Jahrhunderts verschlagen hat.

Das merkwürdige Paar wird von den Kretern zurückhaltend, aber wohlwollend aufgenommen – immerhin bieten die beiden ja Arbeit im Bergwerk. Erste Freundschaft schließen sie mit einer alternden französischen Chansonette, die an diesem Ort gestrandet ist, wo sie den guten alten Zeiten nachtrauert, als sie noch von Beys und Admiralen begehrt und verehrt wurde.

Sorbas – ein Liebhaber und Verehrer des weiblichen Geschlechts, wie man ihn in dieser Vehemenz in der Literatur selten findet – entbrennt unter den staunenden Augen des »Chefs« sofort für »die alte Schachtel«. Ihre dick überschminkten Falten, die unpassenden blonden Locken, die bunten Halsbänder und ihre erschlafften Brüste stören ihn nicht – er sieht in ihr das junge Mädchen, das sie einmal war, und ist ihr ehrlichen Herzens zugetan.

Der junge Dichter lernt von Alexis Sorbas viel über die Liebe, über das Alter und über die Freude, was er aus Büchern nie hätte lernen können. Und über den praktischen Umgang mit seinen sozialistischen Ideen, die ihm – »dem Kapitalisten« – von Sorbas, dem Arbeiter, regelrecht zerpflückt werden. Diese Lektionen machen den (Schelmen-) Roman gleichermaßen zu einem Entwicklungsroman und zu einem sehr besonderen Stück Weltliteratur. Die Abenteuer der beiden Männer, die Schilderungen der archaisch anmutenden Dorfgeschichten – bis hin zur Lynchjustiz – öffnen dem Dichter die Augen für die Wahrheit von Sorbas' Lebensmotto: »Das Leben leben und den Tod nicht fürchten.«

Der Roman basiert auf Erlebnissen des Autors und der Freundschaft mit einem real existierenden »Alexis« und hat wohl den modernen Griechenlandmythos begründet.

Die Freundschaft mit Alexis Sorbas hilft nicht nur dem Schriftsteller im Buch, seine Schreibblockade zu überwinden – sie hat sicherlich auch dem Autor Nikos Kazantzakis viel bedeutet. Er benennt am Schluss des Romans die Menschen, die sein Leben am nachhaltigsten geprägt haben: Homer, Buddha, Henri Bergson (Kazantzakis' Lehrer in Paris), Friedrich Nietzsche – und Alexis Sorbas. Der Mann, der ihn nicht nur genießen und tanzen gelehrt hat, sondern auch, dass zum guten Leben ein kleines Stück »Verrücktheit« gehört. Und der in seiner Todesstunde sagte: »Menschen wie ich sollten tausend Jahre alt werden!« Dem kann man sich als Leser nur anschließen.

Dieses Buch sollte man nicht nebenbei lesen, so wie man abends noch rasch einen netten Film im Fernsehen konsumiert. *Alexis Sorbas* ist keine schwere Lesekost – führt aber in eine uns heute unbekannt gewordene Welt, in der das Leben noch in natürlichen Rhythmen abläuft. Das könnte im ersten Moment einen Schock hervorrufen. Aber das ist es ja wohl, wonach Sie sich sehnen?

Sie sind von existenzieller Traurigkeit befallen

Sie empfinden das wirkliche Leben, Ihr alltägliches und berufliches Dasein als eine Hölle der Niedertracht. Sie sind keinesfalls ein Mensch der Tat, sondern verlieren sich in Ihren Träumen und Grübeleien. Überzeugt von der eigenen Nichtigkeit, fühlen Sie sich dennoch Ihren Mitmenschen überlegen, weil diese der Illusion aufsitzen, wichtig zu sein, und ihren banalen Verrichtungen Bedeutung beimessen. Ihr melancholischer Stolz schneidet Sie von gesellschaftlicher Teilhabe ab und entfernt Sie von den Menschen.

*L*esen Sie

Das Buch der Unruhe des Hilfsbuchhalters Bernardo Soares
von Fernando Pessoa.

Das Buch, an dem Pessoa über zwanzig Jahre lang schrieb, ist im Jahr 1982 erst 47 Jahre nach seinem Tod, erstmals erschienen. Seither sind der Ruhm dieses Werks und der Nachruhm seines Verfassers stetig gewachsen. Pessoa hat zu seinen Lebzeiten nur wenig veröffentlicht; das Manuskript zum *Buch der Unruhe* fand sich in einer geheimnisumwitterten Truhe, zusammen mit einem schier unerschöpflichen Nachlass.

Das Buch passt in keine Kategorie, sprengt alle Genres. Es setzt sich zusammen aus Beobachtungen, philosophischen Reflexionen, pointierten Aphorismen, Maximen und Meditationen; es ist eine wahre Orgie der Selbstwahrnehmung und Selbsterforschung, der Roman (dann doch!) eines in vielen Facetten funkelnden Bewusstseins. Sein Held, der Hilfsbuchhalter Bernardo Soares und ein Alter Ego Pessoas, ist ein ferner Verwandter mancher Figuren Kafkas oder auch Robert Walsers. Nach seinem Tagwerk als kleiner Angestellter in der Rua dos Douradores (Straße der Vergolder) in der Baixa, der Lissaboner Unterstadt, lebt er ganz in seinen Träumen und widmet sich dem Schreiben. Er entfremdet sich der Welt und ihrem Treiben. »Zwischen mir und dem Leben ist eine dünne Glasscheibe. So deutlich ich auch das Leben erkenne und verstehe, berühren kann ich es nicht.«

Ein Fremdling ist er auch in der Firma Vasques & Co. Dieser Einsamkeitssüchtige erleidet eines Tages die Schmach, zusammen mit Chef Vasques und den anderen Angestellten fotografiert zu werden. Als dann die Abzüge kommen, sieht Soares sich im Vergleich mit den anderen »wie ein abgewetzter Jesuit«. Dass er wirklich gut getroffen sei, meint hingegen ein Kollege, und zum Buchhalter gewandt: »Das ist doch genau sein Gesichtchen.« Es folgt der Satz: »Und der Buchhalter stimmte mit einer freundschaftlichen Heiterkeit zu, die mich auf die Müllkippe beförderte.« Ein banales Ereignis, ein harmloses Foto – und doch der äußerste Grad der Demütigung für einen, der nicht teilhaben, nicht mitmachen will. So blickt einem auch Fernando Pessoa selbst entgegen auf einigen Fotos, die von ihm überliefert sind: Eine undurchdringliche Aura von Einsamkeit und Melancholie umgibt ihn.

Woher rührt die Unruhe des Hilfsbuchhalters? Er wurde in eine Welt hineingeboren, die »keinerlei Sicherheit in religiöser Hinsicht, keinerlei Halt in moralischer Hinsicht und keinerlei Ruhe in politischer Hinsicht bieten konnte«. Ihm bleibt »der Schmerz darüber, dass es keine Gewissheit gab«. Er versenkt sich in seine Ekstasen des Geistes – ein glühender Mystiker unter einem Himmel ohne Gott. Er empfindet einen starken Ekel gegenüber dem Herdentrieb seiner Mitmenschen. Freiheit bedeutet ihm, sich von den Menschen fernhalten zu können. »Wenn es dir unmöglich ist, allein zu leben, bist du als Sklave auf die Welt gekommen.«

Man ist versucht, endlos weiterzuzitieren aus diesem wunderbaren Buch. Sätze, hell und schneidend, die den Leser mitten ins Herz treffen. Aber auch Widersprüche und Paradoxien finden sich darin, so rätselhaft wie das Leben selbst.

Das *Buch der Unruhe* ist das »traurigste Buch Portugals« genannt worden. Jetzt könnten Sie, der traurige Leser oder die ratsuchende Leserin, sich fragen, weshalb Sie ausgerechnet dieses Buch lesen sollten. Aber vielleicht ist es besser, die eigene Traurigkeit mit einer sehr starken Dosis fremder Traurigkeit zu bekämpfen, als auf Heiterkeit und seichtes Amüsement zu setzen. Und wenn Sie nach der Lektüre dieses Buches nicht kuriert sind, vielleicht weil Ihr Leiden an dieser Welt nicht kurierbar ist, verbleibt Ihnen immer noch ein kleiner Trost: So traurig wie der Hilfsbuchhalter Bernardo Soares können Sie gar nicht sein.

SIE NEIGEN ZUR HYPOCHONDRIE

In beinahe jeder körperlichen Regung vermuten Sie das Symptom einer Krankheit. Sie lauern geradezu auf Signale, die Ihnen unheilbare Krankheiten und ein frühzeitiges Ende verheißen. Das hält Sie davon ab, das Leben im Rahmen seiner Möglichkeiten zu genießen.

L esen Sie

Zeno Cosini von Italo Svevo.

Svevo, der mit bürgerlichem Namen Ettore Schmitz hieß, schrieb diesen Klassiker der Moderne Anfang der zwanziger Jahre des vorigen Jahrhunderts. Erst durch die Fürsprache von James Joyce fand das Buch internationale Beachtung.

Zeno Cosini, der Held des Romans, fällt einem Psychoanalytiker, Doktor S., in die Hände. Dieser animiert den Patienten, seine Lebensgeschichte aufzuschreiben. Aus Cosinis gesammelten Aufzeichnungen, mit einem boshaften Vorwort von Doktor S. versehen, setzt sich dieser Roman zusammen. Er beginnt noch im 19. Jahrhundert und endet während des Ersten Weltkriegs. Der Schauplatz ist Triest.

Zeno Cosini ist ein reicher, kultivierter Müßiggänger; das Geschäft seines verstorbenen Vaters wird von einem Verwalter geführt. In Zenos Leben gibt es zwei Schwachpunkte: seine eingebildeten Krankheiten und die Frauen. Obendrein ist er ein obsessiver Raucher, der im Laufe der Geschichte unglaublich viele »letzte Zigaretten« raucht, die er als »L. Z.« registriert. In den Rauchpausen beschäftigt er sich mit dem

Geigenspiel oder versucht hinter die Geheimnisse von Hausse und Baisse an der Börse zu kommen. Dort lernt er einen gewissen Herrn Malfenti kennen und findet Anschluss an dessen Familie. Weil die Vornamen der vier Töchter Malfentis alle mit A beginnen, keimt in ihm die Idee, eine von ihnen zu heiraten. A wie A… und Z wie Zeno – das erscheint ihm als reizvolle Kombination. A/Z. Zwei von ihnen scheiden aber von vornherein aus: Anna ist zu jung, Augusta kommt nicht in Frage, weil schieläugig. Verbleiben Alberta und Ada. Zeno entscheidet sich für Ada und fasst Vorsätze: ernster zu werden, pünktlich ins Büro zu gehen, um irgendwann die Leitung des Geschäfts zu übernehmen, mit dem Rauchen aufzuhören, täglich eine Stunde zu fechten, sich mit ernster Lektüre zu befassen, ein paarmal in der Woche zu reiten. Er will Ada ein vollkommener Gatte werden. Aber er weiß längst, dass es vom Vorsatz bis zum Handeln ein weiter, steiniger Weg ist. Als Ada ihn zurückweist (weil sie in den eleganten Guido verliebt ist), macht er im nächsten Moment Alberta, die ihn ebenfalls verschmäht, einen Antrag, um schließlich bei der schieläugigen Augusta zu landen. Sie wird seine Ehefrau. Jetzt redet er sich ein, das große Los gezogen zu haben – und nimmt sich schon bald eine Geliebte. Als es ihm gelingt, die junge Carla das erste Mal zu verführen, notiert er das Datum und vermerkt daneben: »Letzter Ehebruch« – dem zahllose weitere Fehltritte folgen. Angeblich kann er keinen Ehering tragen, weil dieser seine Blutzirkulation behindert.

Zeno leidet unter vielerlei Schmerzen, die er etwas vage auf eine Störung in seinem Organismus zurückführt. Die mannigfaltigen Diagnosen der Ärzte und die empfohlenen Kuren helfen ihm nicht weiter. Aber er kann seinen Leiden einen positiven Aspekt abgewinnen: »Wer weiß, wie bald und an welcher furchtbaren Krankheit ich schon gestorben

wäre, hätte sie mir mein Schmerz nicht rechtzeitig vorge-
täuscht; so konnte ich sie bekämpfen, noch ehe sie mich er-
wischte.«

Vielleicht ist es gar nicht von Vorteil, die Ursachen exakt
ergründen zu wollen, sondern sich mit seinen Defekten zu
arrangieren. Als ihm ein ehemaliger Schulkamerad erklärt,
dass bei jedem Schritt vierundfünfzig Muskeln gleichzeitig
ihren Dienst verrichten müssen, hat er das nächste Problem
am Hals. Er beginnt zu hinken. Diese chaplineske Figur stol-
pert von einem Missgeschick ins nächste. Er versteht die Welt
nicht, er belügt sich und andere, aber er hat begriffen, was
Kontingenz bedeutet. Dass mit des Schicksals Mächten kein
ew'ger Bund zu flechten ist. Und dass es mit dem erhabenen,
souveränen Ich, das wägt, urteilt, kalkuliert und analysiert,
nicht gar so weit her ist. Die Romanfigur Zeno ist gewissermaßen ein Geschöpf der Psychoanalyse. Doktor S., offenbar
ein orthodoxer Freudianer, stellt Zeno die Diagnose: Er liebte
seine Mutter und wollte seinen Vater ermorden. Der klassische Ödipuskomplex also. Es ist eine abgründig komische
Pointe dieses Romans, dass so viele Seiten geschrieben (und
Séancen absolviert) werden mussten, ehe die vorgefasste Meinung des Doktors am Ende ihre Bestätigung findet. Aber
Zeno glaubt ihm kein Wort und bricht die Analyse ab.

Zeno Cosini ist ein ebenso hellsichtiges wie witziges Buch;
es zeigt die Seelenabenteuer eines Individuums in allen Facetten. Vielleicht gelingt es Ihnen im Zuge der Lektüre, zu ihren
hypochondrischen Anfällen ein entspannteres Verhältnis zu
finden, sich selbst aus ironischem Abstand zu betrachten.
Eine Therapie, sich das Rauchen abzugewöhnen, enthält dieser Roman allerdings nicht.

Sie leiden unter Katastrophenängsten

Seuchen, Pandemien, Finanzkrisen, Naturkatastrophen, Terror, Kriege – alle Tage versorgen uns die Medien mit tatsächlichen oder vermeintlichen Bedrohungen. Sie fühlen sich davon geradezu umzingelt und versuchen alles zu vermeiden, was Sie in Gefahr bringen könnte, wissen aber zugleich, dass ein unglückliches Geschick Sie jederzeit treffen kann. Ihr Drang nach Sicherheit hat pathologische Züge angenommen.

*L*esen Sie

Die Pest von Albert Camus.

Der aus Algerien stammende französische Schriftsteller schrieb diesen Roman noch im besetzten Frankreich. Das Buch erschien 1947 und wurde ein Welterfolg.

Schauplatz ist die algerische Stadt Oran. Die Geschichte beginnt an einem Frühlingstag des Jahres »194…« Ratten kommen aus ihren Löchern gekrochen und verenden auf den Straßen. Sie sind die Vorboten einer schrecklichen Katastrophe. Ein Arzt, Bernard Rieux, registriert bei seinen Patienten rätselhafte Symptome und ungewöhnliche Krankheitsverläufe. Plötzliches Fieber, Anschwellen der Lymphknoten, schwärzliche Flecken am Körper, rascher Tod. Binnen weniger Tage zwanzig Fälle. Rieux' Verdacht bestätigt sich: Es ist die Pest, die man längst ausgerottet wähnte.

Die Bürger der Stadt wollen es nicht wahrhaben, die Behörden spielen die Vorfälle herunter. »Plagen sind ja etwas

Häufiges, aber es ist schwer, an Plagen zu glauben, wenn sie über einen hereinbrechen.« Bloß keine Panik. Nur zögernd werden von der Präfektur erste Maßnahmen ergriffen. Sie erweisen sich als unzureichend. Die Zahl der Toten steigt steil an. Aus Algier kommt die Anweisung: »Pestzustand erklären. Stadt schließen.« Es beginnen die Monate der Verbannung, der Isolation, des Exils. Eine Stadt im Ausnahmezustand. »In diesem Ausnahmezustand von Einsamkeit konnte niemand auf die Hilfe des Nachbarn rechnen, und jeder blieb mit seiner Sorge allein.« Die Maßnahmen werden verschärft; es kommt zu Quarantäneverordnungen, Ausgangsverboten und Rationierungen. Niemand darf die Stadt verlassen. Die Kirche veranstaltet eine Betwoche. Ein Jesuitenpater donnert von der Kanzel herab: »Liebe Brüder, ihr seid im Unglück. Liebe Brüder, ihr habt es verdient.« Er deutet die Pest als die Geißel Gottes. Für Rieux, der den aussichtslos erscheinenden Kampf gegen sie aufgenommen hat, bedeutet sie »eine Niederlage ohne Ende«. Aber er gibt niemals auf. Er weiß, er muss »kämpfen und nicht auf die Knie fallen«, so viele Menschen wie möglich vor dem Sterben retten. Sein Credo: »bei alldem handelt es sich nicht um Heldentum. Es handelt sich um Anstand. Das ist eine Idee, über die man lachen kann, aber die einzige Art, gegen die Pest anzukämpfen, ist der Anstand.« In seinem Fall heißt das, seine Pflicht als Arzt zu tun.

Rieux gewinnt einige wenige Helfer: Castel, einen befreundeten Arzt, der an der Entwicklung eines Serums arbeitet, Tarrou, der aufseiten der Republikaner im Spanischen Bürgerkrieg gekämpft hat, Grand, einen kleinen städtischen Angestellten, der des Nachts an einem Roman schreibt, aber nicht über den ersten Satz hinauskommt, Rambert, einen Journalisten, der zunächst mittels Fluchthelfern versucht, die Stadt zu verlassen, sich dann aber dem Kampf des Doktor

Rieux anschließt. Sie alle arbeiten am Rande der Erschöpfung. Sie helfen unter Einsatz ihres Lebens und erfüllen das Gebot der Mitmenschlichkeit, der Solidarität. Rieux glaubt nicht an eine höheres Wesen, auch nicht an einen Sinn des Lebens. In einem Disput mit dem Pater sagt er: »… ich werde mich bis zum Tod weigern, diese Schöpfung zu lieben, in der Kinder gemartert werden.« Und Tarrou, der Rieux' Freund wird, formuliert als moralischen Mindestanspruch: »Ich sage nur, dass es auf dieser Erde Plagen und Opfer gibt und dass man sich, soweit wie möglich, weigern muss, aufseiten der Plage zu sein.«

Erst nach neun langen Monaten zieht sich die Pest zurück, in der Stadt werden Freudenfeste gefeiert. Aber Rieux weiß, dass diese Freude immer bedroht sein wird, »dass nämlich der Pestbazillus nie stirbt und nie verschwindet«.

Camus schrieb diesen aufrüttelnden, philosophisch grundierten Roman im Angesicht der Schrecken des vorigen Jahrhunderts, die er selbst erlebt hat. Faschismus, Stalinismus, der Krieg, die Okkupation – für sie steht die Pest als Metapher. Es ist ein kämpferisches Buch gegen Gleichgültigkeit und moralische Indifferenz. Es lehrt uns zu vergegenwärtigen, dass wir unserem Schicksal und damit verbundenen Fährnissen unausweichlich ausgeliefert sind, aber auch, dass wir diesen Gegebenheiten tapfer ins Auge blicken sollen. Und Camus führt uns zur Einsicht, dass diese Welt ohne Liebe eine tote Welt ist.

Sie neigen
zur Selbstüberschätzung

Sie halten sich für einen raffinierten Psychologen und glauben, dass Sie Ihre Mitmenschen, wenn es darauf ankommt, spielend leicht um den Finger wickeln können. Ihre Bildung, Ihre Menschenkenntnis, Ihre guten Manieren sind die Mittel, mit denen Sie Ihre Ziele fast immer erreichen. Aber Sie sollten sich hüten vor Selbstgefälligkeit und Überheblichkeit.

*L*esen Sie

Die Aspern-Schriften von Henry James.

Der hochgebildete, aus wohlhabendem Elternhaus stammende amerikanische Schriftsteller verbrachte einen großen Teil seines Lebens in Europa. Sein Roman *Die Aspern-Schriften* erschien 1888.

Der namenlose Ich-Erzähler, Amerikaner, ist auf der Jagd nach einem literarischen Nachlass. Genauer, nach einem Konvolut von Liebesbriefen, die der von ihm glühend verehrte Dichter Jeffrey Aspern vor Jahrzehnten an eine Geliebte geschrieben hat. Der leidenschaftliche Philologe hat herausgefunden, dass diese ehemalige Geliebte, inzwischen steinalt, in Venedig lebt. Von heftigem Jagdfieber ergriffen, reist er in die Lagunenstadt, um den Schatz, dessen Existenz gar nicht gesichert ist, zu heben. Er bedient sich allerhand Listen und Tricks, um mit Miss Bordereau in Kontakt zu kommen.

Die alte Dame lebt zusammen mit ihrer Nichte, Miss Tina,

in einem abgelegenen Palazzo, zurückgezogen, in völliger Isolation. Dem Erzähler gelingt es unter der Vorschwindelung falscher Motive, sich bei den Damen einzunisten. Zu einem allerdings horrenden Mietpreis, den ihm Miss Bordereau abverlangt. Offenbar ist sie in Geldnöten und in Sorge um die Zukunft ihrer Nichte. Im Übrigen verhält sie sich schroff und abweisend; die von dem Aspern-Verehrer erhofften Einladungen zu Teestunden bleiben aus. Also hält er sich fürs Erste an Miss Tina, die ihm zugänglicher zu sein scheint, eine leichter zu erobernde Bastion. Nicht dass er sie für attraktiv hielte, er beschreibt sie als reizlose ältliche Jungfer. Aber er macht ihr gewissermaßen den Hof, erweist sich als charmanter Plauderer, schickt ihr Blumen, nimmt sie mit zu einem Gondelausflug durch die Stadt. Und zieht sie schließlich ins Vertrauen, nennt ihr den wahren Grund für seine Anwesenheit: die brieflichen Hinterlassenschaften des göttlichen Dichters, den man sich als eine Mischung aus Shelley und Lord Byron vorzustellen hat. Tina bestätigt ihm die tatsächliche Existenz der Briefe und weckt die vage Hoffnung, in deren Besitz gelangen zu können. Aber mit der alten Miss Bordereau geht es langsam zu Ende, sie wird zunehmend hinfälliger und unser Protagonist von der panischen Angst befallen, sie könnte die Briefe vor ihrem Ableben vernichten. Dann stirbt sie, ohne diese Absicht in die Tat umgesetzt zu haben.

Der Erzähler wähnt sich kurz vor dem Ziel seiner Wünsche. Aber der Preis, den Miss Tina ihm nennt, scheint ihm inakzeptabel zu sein. (»Ich konnte nicht für ein Bündel zerfetzter Papiere eine lächerliche, weinerliche, provinzielle alte Frau heiraten.«) Und Aspern *himself* raunt ihm aus dem Jenseits zu: »Sieh zu, dass du da rauskommst, alter Junge!« Also ergreift unser Held die Flucht. Aber über Nacht erfährt er einen Sinneswandel. »Warum nicht, warum eigentlich nicht?«, flüstert es aus den Tiefen seines Bewusstseins. Aber es ist zu spät: Inzwischen hat Miss Tina Tabula rasa gemacht, hat sämtliche Aspern-Schriften verbrannt.

Der Leser wird eine gewisse Schadenfreude angesichts des Scheiterns dieses Helden kaum unterdrücken können. Wo er doch alles so schlau eingefädelt und geglaubt hatte, die weiblichen Akteure hinters Licht führen und sie – nicht ohne ein gehöriges Maß an Skrupellosigkeit – in seinem Sinne lenken zu können. Man wird mit fortschreitender Lektüre auch das Gefühl nicht los, dass dieser Ich-Erzähler die eigene Rolle, sein eigenes Verhalten in dieser Geschichte stets ein wenig schönfärbt, um selbst in einem besseren Licht dazustehen.

Hüten wir uns also davor, geblendet von eigener Überheblichkeit, andere Menschen zu unterschätzen. Und sie nicht als Figuren auf einem Spielbrett zu betrachten, die wir nach unserem Belieben manipulieren können.

Henry James lässt uns teilhaben an einem äußerst raffinierten psychologischen Kammerspiel. Sein Stil ist von unnachahmlicher Eleganz, feiner Ironie und großem Anspielungsreichtum. Falls Sie dieses Buch noch nicht kennen, steht Ihnen eine besondere Entdeckung bevor. Und falls Sie es schon einmal gelesen haben – lesen Sie es ein zweites Mal. Es lohnt sich.

Sie haben das Gefühl, Ihnen fällt die Decke auf den Kopf

Es gab Momente in Ihrem Leben, da schien Ihnen die Welt offen-
zustehen und voller phantastischer Möglichkeiten zu sein. Aber das
ist lange her. Sie sind »vernünftig« geworden, haben sich in Ihrem
Alltag eingerichtet und mit den Verhältnissen arrangiert. Es gibt
eigentlich keinen Grund zur Klage. Doch manchmal blitzt eine
lange verschüttete Sehnsucht in Ihnen auf – nach Ungebundenheit,
nach Freiheit und Abenteuer. Womöglich geht Ihnen eine Liedzei-
le Wolf Biermanns durch den Kopf: »Das kann doch nicht alles
gewesen sein …«

*L*esen Sie

Unterwegs von Jack Kerouac.

Der amerikanische Autor schrieb das Buch 1951, im selben
Jahr, in dem Salingers *Der Fänger im Roggen* erschien. Veröffentlicht wurde der Roman allerdings erst 1957.

Der Titel (im Original: *On the Road*) ist Programm. Die
wilden Kerle, die dieses Buch bevölkern, halten es nie lange
an einem Ort aus. Meistens abgebrannt, sind sie per Grey-
hound-Bus, in geknackten Autos, mit Güterzügen oder tram-
pend auf den Pritschen von Lastwagen kreuz und quer durch
den riesigen Kontinent unterwegs. Es sind die Jahre zwischen 1947 und 1950. Der Ich-Erzähler heißt Sal Paradise, ist
Schriftsteller, aber selten zu Hause. Immer wieder ist er auf

Tour mit seinem Freund Dean Moriarty. Die beiden und ihre Freunde, die in den Jahren der Depression aufgewachsen sind und den Zweiten Weltkrieg erlebt haben, sind getrieben von einem unstillbaren Hunger nach Leben, aufgeladen mit äußerster Intensität und abseits bürgerlicher Normen. Immer auf der Jagd nach Sex, oft schwer benebelt von Drogen (wechselweise Marihuana, Benzedrin und Alkohol). Der Beat des Bebop gibt dieser Boheme den Rhythmus vor, Charlie Parker und Dizzy Gillespie sind ihre Helden. Es ist der Jazz, der als lockende Verheißung, als ein Vorgeschmack von grenzenloser Freiheit in diese Nachkriegszeit hineinleuchtet. Sals Seele ist »erfüllt von dem großartigen Lied *Lover Man,* wie Billie Holiday es singt ... wie eine Frau, die in sanftem Lampenlicht ihrem Mann übers Haar streicht«.

Dean ist ein Wahnsinnstyp, ein ekstatischer Mystiker und ein göttlicher Schwadroneur. »Zwischen elf und siebzehn war er meistens in der Besserungsanstalt. Seine Spezialität war, Autos zu klauen und sich an Mädchen heranzumachen«, sie nach Möglichkeit »umzunieten«. Er hat einen Schlag bei Frauen, ein Frauenversteher ist er nicht. So wenig wie seine Kumpane. Es wird zwar hie und da geheiratet, aber das markiert keineswegs den Beginn einer bürgerlichen Existenz, sondern ist nur ein kurzer Zwischenstopp auf einem nicht enden wollenden Trip. Dann heißt es: *On the road again* (wie ein Song von Canned Heat betitelt ist). Kerouac singt auch das Hohelied der amerikanischen Landschaft, ihrer weiten Ebenen, der Prärie, der Wüsten, der Rocky Mountains, des Mississippi, der kleinen und großen Städte. Magische Orte, die untrennbar mit dem Mythos dieses Kontinents verbunden sind: New Orleans, Houston, Denver, Los Angeles, San Francisco, Chicago und New York.

Sal, Dean, Carlo Marx, Ed Dunkel, Old Bull Lee (der »sieben verschiedene Persönlichkeiten hatte, eine schlimmer als die andere«) und all die anderen, die aufleuchten wie Sternschnuppen und wieder erlöschen – es sind gebrochene Helden auf der Suche nach der »ekstatischen Freude des reinen Seins«. Es wird exzessiv gesoffen und gehurt in diesem Buch, das ist schon wahr. Aber gehören der Exzess, der Rausch, die Abweichung vom bürgerlichen Normalmaß nicht auch zu den Möglichkeiten des menschlichen Wesens? Wer so lebt, wird vermutlich nicht alt werden. Wer aber dergleichen nie erlebt hat, war vermutlich immer schon tot. Das sollten Sie bedenken. Jack Kerouac ist nicht sehr alt geworden. Auch sein Freund Neal Cassady (das Vorbild für Dean) nicht. Sie waren, zusammen mit Allen Ginsberg, William S. Burroughs und anderen, die Repräsentanten der *Beat Generation,* die in den sechziger Jahren eine Art Wiederauferstehung erlebte. Bob Dylan hat gewusst, was er Jack Kerouac schuldete, und hat ihm bei dessen Begräbnis seinen Tribut abgestattet.

Lassen Sie sich also anstecken von diesem mitreißenden Buch und seinen unvergesslichen Gestalten. Falls Sie sich den ganz großen Aufbruch nicht mehr zutrauen – vielleicht reicht es zumindest noch zu kleinen Fluchten?

Sie werden schlimme Geister Ihrer Vergangenheit nicht los

Sie haben in Ihrer Vergangenheit Schreckliches erlebt und sich in Verdrängung geflüchtet. Das hat Ihnen geholfen, halbwegs damit leben zu können. Dennoch holen die Bilder Sie immer wieder ein, und Sie wissen, dass Sie sich dieser Geister eigentlich nur mit professioneller Hilfe entledigen können. Es fällt Ihnen jedoch schwer, sich einem anderen Menschen anzuvertrauen – zu groß ist Ihre Angst davor, dass dabei die Schmerzen der damaligen Verletzungen erneut akut werden. Sie sehnen sich danach, diese Seelenbürde loszuwerden, um Liebe und Zuneigung der Ihnen Nahestehenden annehmen zu können.

*L*esen Sie

Menschenkind von Toni Morrison.

Ein sehr besonderer Roman, auf den man sich jedoch einlassen muss – er ist keine Fast-Food-Literatur. Aber auch kein schwieriges Buch, wie einige Kritiker glauben machen, jedoch eine komplexe Komposition aus Stoff, Dramaturgie und (sehr schöner, authentischer) Sprache. Toni Morrison ist die bedeutendste afroamerikanische Schriftstellerin der USA und wurde 1988 mit dem Pulitzerpreis (den sie für *Menschenkind* bekam) und 1993 mit dem Literaturnobelpreis für ihr Gesamtwerk ausgezeichnet.

Menschenkind spielt 1885, zwanzig Jahre nach dem amerikanischen Bürgerkrieg, und erzählt die Geschichte der entflohenen Sklavin Sethe und ihrer Familie. Wer die Heroisierung der schwarzen Sklaven in *Onkel Toms Hütte* oder gar *Roots* für die Nonplusultra-Literatur zu diesem Thema hält, wird bei der Lektüre von *Menschenkind* eine große Überraschung erleben.

Sethe, die Frau mit der »Baumrinde« auf ihrem Rücken (die vernarbten Folgen von Auspeitschungen), lebt mit dem Vater ihrer Kinder auf der Sklavenfarm »Sweet Home«. Eine geradezu höhnische Namensgebung, denn für die versklavten Schwarzen ist die Farm eher die Hölle auf Erden. Als man Sethe sogar die Muttermilch für ihr Baby wegnehmen will, beschließt die Hochschwangere zu fliehen. Diese Flucht – die sie und das Ungeborene fast das Leben kostet –, der Verlust des Partners und der Tod eines Kindes traumatisieren Sethe derart, dass ihr das Weiterleben nur durch eine Art innere Versteinerung möglich ist. Sie ist zwar mit ihrer Tochter Denver bei der in Freiheit lebenden Schwiegermutter in Sicherheit, aber die Schreckensgeister der Vergangenheit fangen an, in ihrem neuen Heim herumzuspuken, nehmen sogar reale Gestalt an.

Die ersten Sätze des Buches heißen: »Die 124 ist böse. So tückisch wie ein Kleinkind. Die Frauen des Hauses wussten das und die Kinder auch.« (Mit der 124 ist die Hausnummer gemeint.)

Das Schicksal Sethes, die aus Liebe zur Kindsmörderin wird, um dem Kleinen die Sklaverei zu ersparen, basiert auf einem realen Fall. Toni Morrison setzt dieses geschundene Leben in kleinen Stücken zusammen, so dass der Leser erst nach und nach die ganze grausame Wahrheit erfährt. Der Autorin gelingt es, mit dieser eindrucksvollen Methode die psychologischen Folgen und Seelenschäden der Sklaverei vorzuführen, ohne dem Leser die Flucht in falsche Sentimentalität zu ermöglichen.

Die Liebe ist das zentrale Thema dieses Romans. Aber

selbst sie, die Liebe, gebiert in diesem menschenverachtenden System meist nur Schmerz und Angst. Sethe könnte von einem liebenden Mann »erlöst« werden. Da er jedoch ebenfalls aus der Hölle von »Sweet Home« kommt, beschwört er ungewollt eine Katastrophe herauf.

»Es war keine Geschichte zum Weitererzählen«, schreibt Toni Morrison mehrmals am Schluss des Buches. In *Menschenkind* hat sie es für alle Sethes dieser Welt doch getan. Es gibt Erlebnisse, die man nur unter schmerzhafter Überwindung wiedergeben kann. Doch wenn man sie ganz und gar in sich verschlösse, blieben sie umso lebendiger. So können sie nicht zu Erinnerung werden. Doch das müssen sie. Denn mit Narben kann man leben – mit offenen Wunden nicht.

Sie haben die Nase voll und würden am liebsten abhauen

Der ewig gleiche Alltagstrott geht Ihnen auf die Nerven. Es scheint Ihnen eine Ewigkeit her zu sein, dass das Leben spannend, bunt und vielversprechend war. Als Sie keine Verpflichtungen hatten und jeder Tag neue Erfahrungen und Abenteuer bereitzuhalten schien. Sie kommen sich älter vor, als Sie sind, und Sie fühlen sich ausgelaugt und gelangweilt. Die Vorhersehbarkeit und die Monotonie Ihres Lebens empfinden Sie als frustrierend. Soll es ewig so weitergehen?

Lesen Sie

Huckleberry Finns Abenteuer von Mark Twain.

Es wird Sie in die Sommerferien Ihrer Kindheit zurückversetzen – auch wenn es bei Ihnen damals nicht annähernd so abenteuerlich zugegangen ist. Vor 125 Jahren ist *Huckleberry Finns Abenteuer* – als Nachfolgeband von *Tom Sawyer und Huckleberry Finn* – erschienen und hat seinen Witz und Charme bis heute behalten. Also höchste Zeit, Mark Twain endlich zu lesen oder wiederzulesen. Er selbst sagte einmal: »Ein Klassiker ist ein Buch, das die Leute loben, aber nicht lesen.« Sie sollten ihn – zumindest in seinem eigenen Fall – widerlegen. Zumal er laut Ernest Hemingway wirklich ein Glücksfall der amerikanischen Literatur ist: »Davor gab es nichts. Danach ist nie wieder etwas so gut gewesen.«

Huckleberry Finn, der Halbwaise, Sohn eines prügelnden, obdachlosen Alkoholikers, wird von seinem Vater aus der Obhut einer (über)fürsorglichen Witwe entführt. Es hat sich bis zu ihm herumgesprochen, dass der Junior zu Geld gekommen ist (die Belohnung für das Ergreifen einer Räuberbande, die mit Hucks und Tom Sawyers Hilfe gelang – aber das ist eine andere Geschichte, die im *Tom Sawyer*-Band erzählt wird). Huckleberry hatte sich bis zu dieser Entführung schon fast daran gewöhnt, saubere Kleidung zu tragen, zu beten und in die Schule zu gehen. Und er weiß auch schon, »dass sechs mal sieben fünfunddreißig ist«. Er entkommt seinem ständig betrunkenen Vater und täuscht auf raffinierte Weise seine eigene Ermordung vor, um nicht wieder den erzieherischen Maßnahmen der Witwe ausgesetzt zu werden. Huck will mit einem Floß den Mississippi und die Welt an seinen Ufern erkunden, frei und ungebunden sein.

Zunächst stößt er auf den »Nigger« Jim, der ebenfalls im Haushalt der Witwe lebte und das Weite suchte, als er verkauft werden sollte. Die beiden werden dicke Freunde. Selbst der überkorrekteste Leser kann Mark Twain nicht als Rassisten missverstehen, denn seine wunderbare Sprache (er schaute den Menschen so genau »aufs Maul« wie niemand zuvor) und meisterhafte Charakterzeichnung machen überdeutlich, dass es ihm darum ging, die gesellschaftlichen Zustände seiner Zeit realistisch zu beschreiben. Es kam eben darauf an, wer das allgemein gebräuchliche Wort »Nigger« als Bezeichnung für einen schwarzen Sklaven aussprach und wie er das tat. Um diese Lauterkeit Mark Twains zu spüren, muss man gar nicht wissen, dass er sich zeitlebens für sozial Unterdrückte – wie beispielsweise die chinesischen Zwangsarbeiter beim Eisenbahnbau (siehe Mankell, *Der Chinese*) – einsetzte.

Mit Huckleberry Finn und seinem schwarzen Freund Jim erlebt der Leser auf dem Mississippi und an seinen Ufern die haarsträubendsten Abenteuer. Vor seinen Augen tut sich ein Amerika auf, wie es einem selbst der schönste Kulissenfilm nicht nahebringen kann: Dorfgemeinschaften und -feindschaften, Prediger wie Sand am Meer, Räuber, Quacksalber und Betrüger, denen die Anständigen und Leichtgläubigen massenweise ins Netz gehen. Und alle träumen den amerikanischen Traum von Glück, Wohlstand und Erfolg. Jeder auf seine Weise. Dieser liebenswerte, gewitzte Huckleberry Finn ist ein unvergesslicher Held. Wenn es jemals literarische Vorbilder für ungebärdige Jugendliche (und deren angeborenen, instinktiven Anstand) gegeben hat, dann sind das Huckleberry Finn und Tom Sawyer. Den für sie Verantwortlichen sollten jedoch starke Nerven gegeben sein. Denn die Welt von Mark Twain ist nicht von schlechten Eltern. Vielleicht macht Ihnen dieses Buch doch Lust (und Mut), noch einmal aufzubrechen, auch wenn der Mississippi nicht vor ihrer Haustür fließt. Nicht zu vergessen: Unter dem Pflaster liegt der Strand.

Sie leiden unter dem ständigen Einerlei Ihres Lebens und haben den »grauen Alltag« satt

Sie besitzen alles, was notwendig ist, um ein angenehmes und geruhsames Dasein zu führen: ein Heim, ein gesichertes Einkommen, Verwandte und Freunde, die Ihnen Gesellschaft leisten und auf die Sie sich verlassen können. Trotzdem – oder gerade deswegen – wächst in Ihnen mit zunehmendem Alter das Gefühl, dass Ihnen etwas Entscheidendes fehlt, etwas, das die Monotonie Ihres Daseins unterbricht und durch das Sie gefordert werden und Ihr Interesse am Leben wiedererweckt wird.

*L*esen Sie

Robinson Crusoe von Daniel Defoe.

Defoe wurde 1660 als Sohn eines Metzgers in London geboren, versuchte sich mit wechselndem Erfolg als Kaufmann und Händler, unternahm immer wieder weite Reisen und engagierte sich auch politisch. Sein *Robinson Crusoe* erschien 1719; besonders populär wurde auch sein 1722 veröffentlichter Roman *Glück und Unglück der berühmten Moll Flanders,* der von den Erlebnissen einer Londoner Dirne und ihrer Bekehrung handelt. Defoes Tod 1731 in London wurde in weiten Kreisen betrauert, da er sich aufgrund seines mutigen Eintretens für Freiheit und Toleranz große Popularität erworben hatte.

»Buntscheckig« sei sein Leben gewesen, meint der Ich-Erzähler von *Robinson Crusoe* im Rückblick. Darin schwingt ein

Unterton von Reue und Bedauern mit, denn es hätte in seiner Hand gelegen, es – um im Bildbereich zu bleiben – »einfarbiger« zu gestalten. Natürlich wäre es dann auch eintöniger gewesen, doch genau darin hätte, wenn man dem Vater des Helden glauben darf, das Glück gelegen. Crusoe senior, von Beruf Kaufmann, »klug und gesetzt«, singt nämlich das Loblied des geregelten, maßvollen Lebens, in welchem einen »das Missgeschick am ehesten verschone«. Sich zu bescheiden, einen Mittelweg zu gehen, es zwar zu vermeiden, in Armut zu stürzen, aber sich auch nicht »vom rasenden Neid oder dem heimlich brennenden Ehrgeiz nach großen Dingen« verzehren zu lassen, das garantiere einem eine angenehme, ruhige Existenz. Der Sohn aber schlägt alle väterlichen Ratschläge in den Wind; er entpuppt sich als Draufgänger, ihn zieht es in die Welt. Er läuft von zu Hause weg, kommt schon auf seiner ersten Reise bei einem Schiffbruch beinahe ums Leben, fällt später Piraten in die Hände und wird von ihnen als Sklave nach Nordafrika verkauft, vermag aber zu fliehen und wird auf wundersame Weise errettet. Er steigt zum Besitzer einer florierenden Tabakplantage in Brasilien auf und könnte danach eigentlich ruhig das von ihm Erarbeitete genießen; allein er hält »an der törichten Neigung, in der Welt umherzuschweifen«, fest und wird damit – so der Reuige viele Jahre später – zum »Schmied seines Unglücks«.

Auf einer Fahrt an die afrikanische Küste, wo er Negersklaven kaufen will, gerät Robinsons Schiff in einen Sturm und zerschellt an einem Riff vor einer kleinen unbewohnten Insel. Alle Gefährten kommen ums Leben. Auf sich allein gestellt, muss der einzige Gerettete sich mit Hilfe einiger aus dem Wrack geborgener Werkzeuge und Materialien alles erschaffen, was man im Alltag braucht: Er baut sich einen Unterschlupf, zimmert sich Möbel, fertigt sich Kleidung an, domestiziert Ziegen. Was ihm die Existenz in der Einsamkeit gerade noch erträglich macht, sind sein neu entdeckter Glaube an Gott – der ihn in seiner Güte vor dem Tode bewahrt hat –, ein paar Fässchen Rum, die er in den Trümmern des Schiffes gefunden hatte, Tabak, der auf der Insel wächst – beides verdankt er der Güte des Autors –, und ein Papagei, dem er das Sprechen beibringt. Später erhält er Gesellschaft in Gestalt eines von ihm aus den Händen – oder vielmehr: Mäulern – von Kannibalen erretteten »Wilden«, den er Freitag nennt und zu seinem Diener heranzieht. Achtundzwanzig Jahre lebt er so – wenn man von leben sprechen kann –, von Krankheiten heimgesucht wie auch von der ständigen Furcht vor den Menschenfressern, die seiner Insel immer mal wieder einen Besuch abstatten. Am Ende wird er »auf merkwürdige Weise durch Piraten befreit« und gelangt wieder in die Heimat zurück.

»Das Leben und die unerhörten Abenteuer des Robinson Crusoe«, wie es im Untertitel heißt, sind das Thema des Romans. »Abenteuer«: der Begriff ist für uns positiv besetzt, wir assoziieren damit »Freiheit« und kombinieren ihn sogar mit dem Wort »Urlaub«. Er bedeutet für uns Ausbruch aus unserer engen Alltagswelt und dem immer gleichen Trott. Defoes Roman zeigt uns aber, dass Abenteuer durchaus nicht immer eine Bereicherung des Lebens sein müssen, sondern dass auch Qual, Mühsal und Leiden mit ihnen einhergehen können. Und dass vielleicht das andere Extrem, jenes Sich-Bescheiden mit dem, was man hat, auch seine Vorteile haben kann.

Lassen wir noch einmal Crusoe senior zu Wort kommen: Er ist überzeugt, dass eine Existenzweise wie die seine, als braver Kaufmann und Angehöriger des Mittelstands, für die »menschliche Glückseligkeit am günstigsten sei«. Also: Sehen Sie Ihre »biedere« Existenz einmal von dieser Warte aus – den einen oder anderen Abenteuerurlaub können Sie vielleicht ja trotzdem riskieren.

Sie haben einen geliebten Menschen verloren und können sich nicht aus der Trauer lösen

Sie wissen: »Das Leben geht weiter!«, und hören das auch andauernd von gutmeinenden Freunden. Das ist jedoch kein Trost – im Gegenteil. Das wollen Sie nicht hören, es kränkt Sie, dass man Ihren Schmerz offenbar nicht nachvollziehen kann und nicht respektieren will. Sie haben das Gefühl, den anderen Menschen in Ihrer Untröstlichkeit lästig zu sein, und ziehen sich immer mehr zurück. Sie fühlen sich von Gott und der Welt verlassen und unverstanden. Sie sind einsam, fühlen sich ungeliebt und wissen nicht, wie Sie aus diesem schwarzen Loch heraus- und wieder zurück ins »normale« Leben kommen können.

*L*esen Sie

Das blaue Kleid von Doris Dörrie.

Eine Kritikerin hat die Autorin als »Spezialistin für diffizile Angelegenheiten« bezeichnet. Besser könnte man das – vor allem in Bezug auf dieses Buch – nicht ausdrücken. Dass Doris Dörrie eine großartige Filmemacherin und eine meisterhafte Auslöserin des »befreienden Lachens« ist, weiß man. Umso erstaunlicher ist es, dass sie diese seltene Begabung auch ganz ohne Kamera, allein kraft ihrer Sprache, umsetzen kann.

Es ist ein blaues Organza-Kleid, das zwei Tieftrauernde zusammenführt. (Ein Blau übrigens, das in unzähligen Versuchen in der privaten Badewanne kreiert wurde. Ein Kleid, das nur mit Hilfe von eingenähten Zeitungen zustande kam, weil die tschechischen Näherinnen mit dem Organza sonst nicht zurechtgekommen wären): Florian, der seinen Lebenspartner – einen genialen Modedesigner (und den Schöpfer des blauen Kleides) – verloren hat, und Babette, deren Mann bei einem Verkehrsunfall auf Bali ums Leben kam. Florian will das blaue Kleid von Babette für eine »Gedächtnismodenschau« zurückhaben. Das die sich gekauft hat, als sie endlich zögernd wieder den Blick zu heben begann – und mit dessen besonderem Blau sie einem freundlich lächelnden Mann namens Thomas ein bisschen weniger graumäusig erscheinen wollte. Sie ist ihm auf dem Friedhof begegnet, wo er regelmäßig joggt und wohin sie sich täglich verkriecht, weil sich dort »ein Autohupen aus der Ferne wie ein Ausrufezeichen« anhört.

Als Florian Babette trifft, erkennt er in ihr sofort eine Schicksalsgenossin und erlaubt sich endlich, spontan die Tränenschleusen zu öffnen. Und sie ist in der Lage, mit dem schwulen jungen »Witwer« über die Problematik des »Auftauens« aus der Vereisung der Trauer zu sprechen.

Desto schwieriger Babette das aufkeimende, aber verkrampfte Verhältnis mit Thomas empfindet (er nimmt – natürlich heimlich – Viagra, um mit ihr schlafen zu können, was sie unendlich kränkt), desto intensiver wird die Freundschaft mit Florian, weil in »sexfreier Zone« befindlich. Er zieht bei ihr ein – und sie können sogar gemeinsam wieder lachen.

In Rückblenden erfährt man viel über die verstorbenen Partner. Und über das Wesen von Trauer, in der wohl auch eine Menge Schuldgefühle enthalten sind. Wäre der Partner noch am Leben, wenn man nicht unbedingt auf einem Bali-Urlaub bestanden hätte? Und war es in Ordnung, ein Krebs-

wundermittel aus den USA zu besorgen und mit dem Überbringer ein kleines Sexverhältnis zu beginnen? Hat man die
Verstorbenen wirklich genug geliebt?

Jeder kleine »Verrat« zu deren Lebzeiten, und sei er noch
so harmlos, fällt wie eine zusätzliche Zentnerlast auf die
Seelen der Hinterbliebenen (wie beispielsweise die Tatsache,
dass Babette im Flugzeug nach Bali einen attraktiven Chinesen entdeckte, über den sie etwas länger nachdachte, als im
Rahmen einer wirklich »perfekten« Ehe vielleicht erlaubt
ist). Sie quälen sich, und sie erzählen sich davon – und können in dieser Gemeinsamkeit endlich wieder freier atmen. Sie
kehren Stück für Stück wieder ins Leben zurück. Das aber
eben auch kein Honiglecken ist.

Das blaue Kleid ist eine kleine Philosophie über das Leben
und den Tod. Eine Philosophie, die nie als solche daherkommt, sondern sich liest, wie das Leben eben ist. Dicht und
sorgenschwer, solange man in der dunklen Wolke gefangen
ist, aber leicht und fröhlich, wenn man die Taubennester nicht
mehr wutentbrannt vom Balkon fegt, sondern die Tierchen
ihren Instinkten nachgehen lässt, um dann zuzuschauen, wie
so ein kleiner Taubenvogel schlüpft. Florian und Babette
kommen zu dem Schluss, dass »das Schicksal nicht den
Gesetzen der Logik folgt« und dass alles Grübeln über »hätte
ich doch« und »sollte ich nicht« nichts nützt.

Als Babette mit Thomas – der sich über ihre Freundschaft
mit einem schwulen Mann wundert, sie aber weiterhin ver-
krampft auf Armeslänge von sich hält – nicht weiterkommt,
beschließt sie, zusammen mit Florian nach Mexiko zu fliegen,
um dort in Oaxaca das Fest des Todes zu erleben. Sie haben
im Fernsehen gesehen, wie dort auf den Friedhöfen – im Angesicht der geliebten Toten – fröhliche Partys gefeiert werden. Babette schreibt ihrem widerspenstigen Freund jeden

Tag einen Brief aus Mexiko und berichtet von dem merkwürdigen mexikanischen Totentanz. Und eines Tages ist er da: Thomas. Er ist ihr nachgeflogen, aufgewacht aus seiner Betäubung, die sich über seine Beziehungangst gelegt hatte. Er hat sich endlich getraut. Florian hat sich verliebt und bleibt erst einmal in Mexiko. Die neuen Leben können beginnen.

Doris Dörrie ist mit *Das blaue Kleid* ein wunderbares Buch für Verlassene und Trauernde gelungen. Unsentimental, kitschfrei und fröhlich. Es löst Tränenblockaden, lenkt Gedanken, die verzweifelt im Kreis irren, in kreative Bahnen und ist ein kleiner, menschenliebender Fitmacher für neue Lust aufs pralle Leben.

SIE SIND ZU AUTORITÄTSGLÄUBIG

Sie neigen dazu, sich Regeln zu unterwerfen, die andere aufgestellt haben. Wenn es heißt, dass Sie etwas »tun müssen«, dann tun Sie es auch. Wenn Ihnen jemand suggeriert, dass Sie etwas »nicht tun können oder dürfen«, dann unternehmen Sie gar nicht erst den Versuch dazu. Sie haben die Ge- und Verbote, die von »Autoritäten« wie Staat, Kirche, Gesellschaft oder auch der eigenen Familie ausgehen, zu sehr verinnerlicht.

*L*esen Sie

Ulysses von James Joyce.

Radikaler, als der 1882 geborene irische Schriftsteller es tat, kann man den Instanzen, die sich anmaßen, über das Leben anderer bestimmen zu wollen, gar nicht den Kampf ansagen. Joyce, der nach seiner Erziehung an einem Jesuitenkolleg und dem Studium an der katholischen Universität Dublin eine Zeitlang als Lehrer tätig war, verließ 1904 zusammen mit seiner Geliebten – die er erst viele Jahrzehnte später heiratete – Irland, das er einmal mit »einer Muttersau« verglich, die »ihre Ferkel frisst«. Er wollte nicht länger dem dienen, an das er nicht mehr glaubte, »ob es sich nun meine Heimat, mein Vaterland oder meine Kirche nennt.« Es sollte mehr oder weniger ein Abschied für immer sein, denn von kurzen Aufenthalten in Irland abgesehen verbrachte Joyce den Rest seines Lebens – er starb 1941 – auf dem Kontinent, in Triest, Zürich und Paris und anderen Städten. Zwar lebte er aufgrund einer finanziellen Dauermisere zumeist unter ziemlich erbärmlichen äußeren Umständen, alle Entbehrungen wurden für ihn aber dadurch wettgemacht, dass er fern der Heimat die geistige Freiheit besaß, Werke zu verfassen, die heute als bahnbrechend für die moderne Romanliteratur angesehen werden.

Der Roman *Ulysses,* an dem er von 1914 bis 1921 schrieb, orientiert sich in seinem Aufbau zwar an der *Odyssee* Homers, Handlungszeit und Handlungsraum sind aber enorm reduziert, denn berichtet wird lediglich über einen Tag im Leben eines jüdischen Dubliner Annoncenakquisiteurs namens Leopold Bloom, und dieser »Held« ist eigentlich ein »Everyman«, kein Individuum, sondern ein Typus, er verkörpert den Menschen schlechthin. Joyce lässt den Leser an den Ängsten, Sehnsüchten und Begierden dieses modernen Odysseus teilhaben, indem er einen in dessen Bewusstsein eintauchen lässt, und er gibt das, was seinem Protagonisten durch den Kopf geht, *ethisch ungefiltert* wieder. Blooms Reflexionen über seine Verdauung werden ebenso der Darstellung für wert befunden wie seine sexuellen Phantasien – und wenn Letztere ihn in einer Kirche während einer Messe überkommen, dann ist das eben so. Das Leben ist so, und dieses Leben will Joyce, soweit dies möglich ist, in seiner Totalität darstellen. »Die Beichte. Jede drängt danach. Dann will ich dir auch alles erzählen. Buße. Bestraf mich bitte. … Weiber sind richtig wild drauf. Und ich habe geschschschschsch. Und hast du auch gechechechecheche? Und warum hast du? Blickt nieder auf ihren Ring, sucht nach einer Entschuldigung. Flüstergalerie. Wände haben Ohren. Gatte erfährt zu seiner Überraschung.«

Joyce unterwirft sich keinem »Du darfst nicht!« oder »Du kannst nicht!«, sondern behandelt zum Beispiel auch »sexuelle Dinge in der Alltagssprache der unteren Klassen«, wie es in der Formulierung derer, die eine Zensur seines Romans forderten, hieß. Aufgrund seiner zahlreichen Verstöße gegen Tabus der damaligen Zeit, seiner Missachtung aller Autoritäten oder – anders ausgedrückt – wegen der Freiheiten, die er sich nahm, wurde es Joyce schwergemacht, seinen Roman zu publizieren. In England und den USA war er lang verboten; zwei Amerikanerinnen, Margaret Anderson und Jane Heap, fanden zwar früh den Mut, einzelne Episoden in einer von ihnen herausgegebenen Zeitschrift zu veröffentlichen, mussten sich dafür aber vor Gericht verantworten. Als die Verlesung der besonders umstrittenen Passagen anstand, verlangte der Richter, dass alle Frauen, einschließlich Margaret Andersons, den Saal verlassen sollten; auf den Einwand hin, dass die Verlegerin doch den Text bereits kenne, entgegnete er: »Ich bin gewiss, sie hat die Bedeutung dessen, was sie publizierte, nicht verstanden.« Damit bescheinigte er dem Roman indirekt ein emanzipatorisches Potenzial: Möglicherweise begriff frau aufgrund der komplizierten Sprache bei der ersten Lektüre noch nicht, um was es eigentlich ging, falls sie dem Einfluss des Textes aber mehrfach ausgesetzt würde, könnte ihr unter Umständen doch ein Licht aufgehen.

Ulysses stellt ein Bekenntnis zum Leben dar, zu allen Aspekten und Facetten dieses Lebens. Wir sollten es akzeptieren, wie es ist, und damit uns selbst akzeptieren, wie wir sind, und uns nicht von irgendwelchen selbsternannten Autoritäten vorschreiben lassen, was für Gedanken und Gefühlsäußerungen wir zu unterdrücken, was für Taten wir zu unterlassen haben. Die Lektüre dieses Romans wirkt schlicht befreiend.

Sie sind computer-
und internetsüchtig

Zuerst hatten Sie eine große Abneigung gegen diesen unheimlichen Kasten mit Bildschirm, den man Ihnen auf den Büroschreibtisch stellte. Inzwischen haben Sie auch privat einen Computer, vor dem Sie halbe Nächte verbringen: surfend, chattend und süchtig an YouTube hängend. Sie ertappen sich dabei, Ihr reales, nichtvirtuelles Leben, Ihre Freunde und Ihre Familie zu vernachlässigen. Es ist traurig, aber wahr: Sie sind computer- und internetsüchtig geworden.

*L*esen Sie
Cryptonomicon von Neal Stephenson.

Dieses umfangreiche Buch wird Sie im wahrsten Sinne des Wortes umwerfen. Es ist so rätselhaft und gleichzeitig so spannend wie der Computer und das Internet zusammen. Es heißt ja »Eingeweihte wissen Kantaten zu singen« – und das weiß der junge US-Autor, den man zu den Science-Fiction-Autoren zählt (zur Sondersparte des Cyberspace, also denjenigen Zukunftsbeschreibern, die begriffen haben, dass die Technik-Euphorie des letzten Jahrhunderts der Menschheit nicht nur die versprochenen Vorteile gebracht, sondern sie auch Kommerz-Interessen ausgeliefert und unfrei gemacht hat), denn wenn es einen Eingeweihten in Sachen World Wide Web gibt, dann ihn.

Cryptonomicon behandelt, wie der Titel schon sagt, die Wissenschaft der Kryptographie, also die uralte Kunst des Verschlüsselns und der Codierung. Dieser Stephenson-Roman hat (im Gegensatz zu seinen früheren Werken) mit SF rein gar nichts zu tun – also keine Angst vor der Lektüre *dieses* spannenden Romans, falls Sie kein Freund von SF-Literatur sind. Die Handlung ist verzwickt und mäandert enorm, springt zwischen Vergangenheit und Gegenwart hin und her, braucht also erfahrene Leser, die sich nicht von geschickten Dramaturgie-Kunstgriffen ins Bockshorn jagen lassen. Fest steht, wer mit der Lektüre einmal begonnen hat und über ein wenig zeitgeschichtliches Wissen verfügt, wird nicht mehr davon loskommen. *Cryptonomicon* wirkt wie eine als riesiges Abenteuer verkleidete Lektüre-Droge. Und erklärt die Geburtsstunden des Computers und des WWW.

Es beginnt alles damit, dass die Alliierten im Zweiten Weltkrieg »Enigma«, den Verschlüsselungscode der Nazis, knacken. Da sie nicht wollen, dass den Deutschen das auffällt (die würden dann den Code ja ändern, und der Vorteil wäre dahin), setzen sie zwei Spezialisten daran, sich die kühnsten Verschleierungstaktiken ihres Wissensvorsprungs auszudenken. Das ist der Handlungsstrang der Vergangenheit.

Die Nachfahren der Protagonisten von damals – alles clevere Computer- und Internetspezialisten – wollen vor den Philippinen einen Knotenpunkt von Datenautobahnen verlegen und stoßen dabei auf eine Verschwörung ihrer Vorgängergeneration: Sie finden Teile eines dort versenkten Nazi-Goldschatzes, den sie investieren, um an den ganzen Schatz heranzukommen. An diesem Punkt gibt es immer wieder Rückblenden in die Vergangenheit: Die »Enigma«-Knacker und -Verschleierer wurden von den Nazis gefangen genommen und haben mitbekommen, wie Dönitz die deutschen Goldreserven nach Japan brachte. Dort wurde beschlossen, das Nazigold mit der japanischen Währungsdeckung (ja, damals waren Währungen noch durch Gold gedeckt, man glaubt es kaum!) zu vereinen und vor den feindlichen Alliierten, den Amerikanern und Briten, in Sicherheit zu bringen. Dafür wurde mit einem Riesenaufwand von einem japanischen Bergbauspezialisten ein Bunkersystem in ein philippinisches Flusssteilufer gebaut. Mit allen Tricks und Fallen, die schon die Pyramidenbauer kannten: blinden Gängen, Todesfallen und ähnlichen Raffinessen. Danach wurde das ganze höchst verzwickte Labyrinth geflutet. Da der verantwortliche Ingenieur kein großes Zutrauen zu seinen japanischen Nazi-Auftraggebern hatte und sich klar darüber war, dass er als Konstrukteur höchster Geheimnisträger und damit dem Tode geweiht war, konstruierte er heimlich eine Überlebenskammer. So kam das Geheimnis des Goldschatzes ans Ohr unserer Protagonisten und über versteckte Hinweise in deren schriftlichen Hinterlassenschaften auch zur Kenntnis unserer Gegenwartshelden.

Nach der Lektüre des Buches wird jeder Leser feststellen, dass mit dieser schmalbrüstigen Inhaltsangabe nicht einmal das »Gerippe« dieses atemberaubenden Romans umrissen ist – aber er wird auch bestätigen, dass jede Lesestunde (und es sind viele vonnöten) mehr als gut angelegt ist. Selten kann man in einem Buch mehr darüber erfahren, was sich hinter den Kulissen des Zweiten Weltkriegs abgespielt hat und welche Nachwirkungen die Weiterentwicklungen der Kommunikationstechniken von damals bis heute haben. Und in keinem anderen Roman wird man mehr über Kryptologie an sich und die Urformen des World Wide Web nachlesen können.

Neal Stephenson ist ein Computer-Genie und ein virtuoser Kenner der modernen Medientechnologie. Als besonderes

»Schmankerl« hat er in den Roman einen Krypto-Code eingebaut, der Computer-Freaks in die Lage versetzt, eine eigene, private – angeblich unknackbare – Verschlüsselungsmethode anzuwenden.

Wer *Cryptonomicon* gelesen hat, wird diesem Autor verfallen und alle seine Bücher – die Science-Fiction – ebenso wie seine historischen Romane (die übrigens alle Technologie-Weiterentwicklungen oder -Ursprünge zum Thema haben) – lesen wollen. Für Computersüchtige ist *Cryptonomicon* insofern eine Art »Heilmittel«, weil mehr über eine Technologie zu wissen auch bedeutet, bewusster mit ihr umzugehen.

Sie leiden unter Kaufzwang

Sie glauben, dass »mehr« gleichbedeutend mit »besser« sei, und kaufen sich ständig neue Dinge, weil Sie denken, das würde Sie glücklich machen. Auch meinen Sie, dass Besitz in jeder Form Ihr gesellschaftliches Ansehen steigere.

*L*esen Sie

Walden oder Leben in den Wäldern
von Henry David Thoreau.

Manch einer wird den neunundzwanzigjährigen Thoreau für einen Spinner gehalten haben oder noch schlimmer: für einen Müßiggänger und Faulpelz, als er im Frühjahr 1845 eine geborgte (!) Axt schulterte und aus dem Städtchen Concord in Massachusetts auszog, um sich an einem nicht allzu fernen See, dem Walden Pond, eine simple Hütte zu bauen und dort zu leben. Das sah nach Eskapismus aus und nach mangelndem Willen, »es zu etwas zu bringen«.

Es war aber alles andere als ein Hang zur Faulenzerei, der ihn 1845 dazu bewegte, in die Wälder zu ziehen – im Gegenteil: Er wollte dort ein ehrgeiziges Experiment anstellen, ein Experiment, das ihn viel Kraft kostete und ihm große Anstrengungen abverlangte. Er wollte feststellen, *wie wenig* der Mensch zum Leben brauchte, denn er war überzeugt davon, dass Streben nach Besitz nur unglücklich machte, da es den Menschen dazu zwang zu arbeiten und ihn so am wahren Leben, am Genießen dessen, was »kostenlos« zu haben war – der Natur um einen herum, der Gesellschaft von Freunden oder auch nur der Möglichkeit, unbeschwert seinen Gedanken nachzuhängen –, hinderte. So definierte er den Preis von Dingen als »die Menge Leben, die man für sie hergeben« muss. Man kann ihm sozialreformerische Absichten attestieren, und er ist oft mit Karl Marx verglichen worden, doch während Marx eine Revolution forderte, trat Thoreau für eine Reduktion ein. Er macht in seinem *Walden* an sehr eingängigen Beispielen klar, dass der moderne Mensch zu sehr Materialist ist und er daher auch dem äußere Schein viel zu viel Wert beimisst – und das auch in einem ganz fundamentalen Sinn: Wir lassen uns gerne dazu verführen, jemanden nach dem zu beurteilen, was er am Leibe trägt, und versuchen nicht, durch diese äußere Hülle hindurchzuschauen. Wie Thoreau es in *Walden* ausdrückt: »Wir kennen nur wenige Männer, aber viele Röcke und Beinkleider.« Und: »Ziehe einer Vogelscheuche deinen neuesten Anzug an und stelle dich ohne Anzug nebendran, wer würde da nicht zuerst die Vogelscheuche grüßen.« Hier wird uns an einem anschaulichen Beispiel eindringlich das Grundübel der modernen Gesellschaft vor Augen geführt: Wenn wir anerkannt werden wollen, müssen wir uns in einen neuen Anzug zwängen – den wir aber erst erwerben müssen, durch Arbeit nämlich. Doch: »Die meisten Menschen sind, selbst in unserm verhältnismäßig freien Land, aus lauter Unwissenheit und Irrtum so sehr durch die unnatürliche, überflüssige, große Arbeit für das Leben in Anspruch genommen, daß seine edleren Früchte von ihnen nicht gepflückt werden können.«

Der Schlüssel zum Glück liegt für Thoreau in der Einschränkung, oder wie er es in seinen Reflexionen über das Thema Kleidung formuliert: »Der Mensch sollte sich so einfach kleiden, daß er sich im Dunkeln anziehen kann.«

Was wohl den Hauptreiz des 1854 von Thoreau publizierten *Walden* ausmacht – er arbeitete dafür seine Tagebuchaufzeichnungen aus –, ist, dass es sich um einen Erfahrungsbericht handelt, dass in ihm also nicht bloß theoretisiert wird.

Zwei Jahre lebte der Autor in seiner selbstgezimmerten Hütte – in seinem Buch reduziert er sie auf eine Jahr, also auf den symbolträchtigen Zeitraum vom Frühjahr bis zum Winter – und stellte fest, *was man alles nicht braucht.* Vor allem aber schrieb er darüber, was für Freuden einem aus einer so schlichten und naturverbundenen Existenzweise erwuchsen. Er fand Formulierungen, die heute noch anrühren, so zum Beispiel, wenn er darüber berichtete, wie er das Gemüse für seine Ernährung anbaute: »Die Erde Bohnen sagen zu machen statt Gras – das war meine tägliche Arbeit.«

Für Thoreau persönlich war das Walden-Experiment geglückt. Er hatte sich bewiesen, dass man durch Verzicht Freiheit erlangte. Er veröffentlichte sein Werk auf eigene Kosten – für gewisse Dinge lohnt es sich eben doch, einen Preis zu zahlen – in einer Auflage von tausend Exemplaren, von denen nach vier Jahren mehr als siebenhundert noch unverkauft waren. Eine zweite Auflage erlebte der 1862 im Alter von nur 45 Jahren Verstorbene nicht. Später wurde sein Werk zu einer vielgelesenen Bibel für Grüne und Alternative anderer Couleur.

Natürlich ist die von ihm vorgeschlagene Lösung, ein extrem schlichtes Leben zu führen, heute nicht praktikabel, und sie war es auch schon um die Mitte des 19. Jahrhunderts nicht mehr. Sein Buch ist aber in jedem Fall eine Aufforderung zum Nachdenken. Wenn Sie das nächste Mal auf Shopping-Tour gehen und schon die Hand nach etwas ausstrecken, überlegen Sie doch erst einmal: Brauchen Sie es wirklich? Oder anders ausgedrückt: Ist es die Menge Leben wert, die Sie dafür hergeben müssen?

Sie fürchten sich vor dem Alter

Es lässt sich nicht länger verdrängen: Dem jugendlichen Alter sind Sie längst entwachsen. Das lehrt schon der morgendliche Blick in den Spiegel. Zwar finden Sie sich immer noch attraktiv für das andere Geschlecht, aber Sie fühlen das Nachlassen Ihrer Spannkraft und haben Angst vor der Einsamkeit des Alters. Sie sehen sich um nach immer jüngeren Sexpartnern.

*L*esen Sie

Schande von J. M. Coetzee.

Der Roman des südafrikanischen Schriftstellers und Literaturnobelpreisträgers erschien 1999.

Im Leben David Luries, eines Mannes mittleren Alters, spielt Sex eine ziemliche Rolle, wobei er der Meinung ist, »das Sexproblem recht gut im Griff« zu haben. Lurie ist Literaturprofessor an der Universität Kapstadt, sein Spezialgebiet ist die europäische Romantik. Sein Verhältnis mit der Studentin Melanie steht allerdings nicht im Zeichen romantischer Liebe, sondern des sexuellen Begehrens. Es ist nicht das erste Mal, dass er sich mit einer Studentin einlässt, aber diesmal geht es schief. Gedrängt von ihrem eifersüchtigen Freund und ihrem Vater, erstattet Melanie bei der Universitätsverwaltung Anzeige wegen sexueller Belästigung. Lurie wird vor den universitären Untersuchungsausschuss gezerrt. Die Stimmung ist gegen ihn. Auf dem Campus läuft gerade eine Aktionswoche gegen Vergewaltigung. Mahnwachen werden abgehalten. Lurie bekennt sich schuldig, ist aber nicht bereit,

Reue zu zeigen oder sich gar einer therapeutischen Maßnahme zu unterziehen, was ihm von den weiblichen Mitgliedern des Ausschusses nahegelegt wird. Er beharrt auf dem »Recht zu begehren«. An diesem Punkt ist er ein Mann von Stolz und Ehre, und aus genau diesem Grund wird er unehrenhaft, in Schande eben, entlassen.

Lurie, der zwei gescheiterte Ehen hinter sich hat, beschließt, seine erwachsene Tochter Lucy zu besuchen, die in der Provinz Ostkap eine kleine Farm betreibt. Er will etwas Abstand gewinnen. Der Aufenthalt dort steht von Anfang an unter keinem guten Stern. Zwar möchte Lurie ein fürsorglicher, guter Vater sein, aber im Grunde versteht er Lucy (und die von ihr gewählte Existenzform) nicht. Und umgekehrt. Hier der urbane Intellektuelle, dort die von Hippieträumen und New-Age-Phantasien umgetriebene Tochter. Hier der praktizierende Heterosexuelle, dort die (wahrscheinlich) lesbische Frau. Dann geschieht etwas Schreckliches. Ein Überfall von drei Farbigen, bei dem Lucy vergewaltigt und David misshandelt wird. Beide versuchen auf ihre jeweilige Weise, das erlittene Trauma zu verarbeiten. Es bleibt offen, ob ihnen das gelingt.

Lurie ist ein Mann der schnellen Affären, getrieben von »der Sehnsucht, den Sommer des leidenschaftlichen Körpers zu verlängern«. Das hat, bedenkt man es recht, etwas Infantiles und ist gewiss kein Mittel, in Würde zu altern. Erst nach dem Schock des Überfalls dämmert ihm, »wie es sein wird, wenn er ein alter Mann ist …«. Er spürt, »wie sein Interesse an der Welt Tropfen um Tropfen aus ihm heraussickert«. Die wirkliche Herausforderung steht ihm erst noch bevor.

Schande ist ein schonungsloses Psychogramm eines alternden Menschen und zugleich ein harter, realistischer Roman über das Südafrika der neunziger Jahre. Die Apartheid hat tiefe

Wunden gerissen. Gewalt ist an der Tagesordnung. »Es ist gefährlich, etwas zu besitzen: ein Auto, Schuhe, eine Schachtel Zigaretten … Zu viele Menschen, zu wenig Sachen.« Auch das ist eine Erfahrung, die David Lurie im Laufe dieser Geschichte machen muss. Der Leser aber könnte nach Lektüre dieses Romans zur Einsicht gelangt sein, dass es besser ist, die Gegebenheiten des Alters gefasst zur Kenntnis zu nehmen, als das Unausweichliche durch hektische Aktivitäten zu verdrängen.

Sie fürchten sich vor dem Tod

*Sie haben die Mitte des Lebens überschritten, und es fällt Ihnen
zunehmend schwer, das unausweichliche Faktum des Todes zu verdrängen. Der Gedanke an das Sterben verfolgt Sie bei Tag und
manchmal auch bei Nacht. Er mischt sich in Ihre Träume. Sie fühlen sich zunehmend depressiv.*

*L*esen Sie

Der Tod des Iwan Iljitsch von Leo Tolstoi.

Diese meisterhafte Erzählung erschien 1886, Tolstoi war zu
dieser Zeit achtundfünfzig Jahre alt. In den beiden zurückliegenden Jahrzehnten hatten ihn seine monumentalen Romane
Krieg und Frieden sowie *Anna Karenina* berühmt gemacht.

Die Erzählung setzt ein mit der Nachricht vom Tod des
Iwan Iljitsch, den Reaktionen seiner Umgebung – und einem
Moment der Desillusionierung. Malt sich doch jedermann in
bestimmten Situationen des Lebens einmal aus, welch schwerer Schlag für die Hinterbliebenen – die Familie, die Freunde und Bekannten – das eigene Hinscheiden bedeuten mag.
Tiefe Trauer und heilloser Schmerz? Keine Spur davon. Im
Fall von Iwan Iljitsch spekulieren die Kollegen, welche Möglichkeiten des beruflichen Vorrückens mit seinem Tod verbunden sein könnten, die Witwe heuchelt die Trauer nur,
und allenthalben ruft sein Ableben ein gewisses Gefühl der
Freude hervor: »Er ist tot, und ich lebe noch, dachte oder
fühlte ein jeder.« Billiger Trost ist Tolstois Sache nicht, schon
eher herbe Sachlichkeit.

»Die Lebensgeschichte des Iwan Iljitsch ist sehr einfach und sehr gewöhnlich und doch entsetzlich«, heißt es bei Tolstoi. Sie ist einfach, weil sie ohne Höhen und Tiefen ist. Iwan Iljitsch ist Justizbeamter, wird Untersuchungsrichter, wird Zweiter und dann Erster Staatsanwalt. Schließlich ein alter Staatsanwalt. Er ist fleißig, korrekt und angepasst, achtet stets auf die gesellschaftlichen Konventionen und auf das, was die Höhergestellten für richtig halten.

Sein Leben verläuft gewöhnlich, weil ihm jede Leidenschaft fehlt. Er heiratet, weil es von einem Mann in seiner Stellung erwartet wird. Nach ungefähr einem Jahr wird ihm bewusst, »dass das Eheleben, trotz einiger Bequemlichkeiten, in der Hauptsache eine sehr komplizierte und durchaus schwierige Sache sei«. Die Ehefrau ist reizbar und streitsüchtig, aber er weiß sich auch auf diesem Feld zu arrangieren. Hauptsache, die äußere Fassade bleibt gewahrt.

Weshalb aber nennt Tolstoi diese Lebensgeschichte entsetzlich? Als Iwan Iljitsch in den Justizdienst eintritt, hängt er sich eine Medaille mit der Inschrift *respice finem* (bedenke das Ende) an seine Uhrkette. Aber er hält sich nicht an diesen weisen Rat, zumindest nicht, was sein eigenes Ende angeht. Durch ein kleines, banales Missgeschick bei einer häuslichen Verrichtung holt er sich seine Krankheit zum Tode. Die Ärzte sind sich uneins, diagnostizieren einen entzündeten Blinddarm oder eine Wanderniere, aber es ist der Tod, der unausweichlich näher rückt. Darauf ist Iwan Iljitsch in keiner Weise vorbereitet. In der Schule hat er das logische Schließen an einem Beispiel gelernt: »Cajus ist ein Mensch, alle Menschen sind sterblich, also ist auch Cajus sterblich.« Sich vorzustellen, dass auch er, Iwan Iljitsch, sterblich sei, dazu reicht seine Phantasie nicht aus.

Im Angesicht des nahenden Todes kommt ihm plötzlich ein fürchterlicher Verdacht: »Vielleicht habe ich nicht so gelebt, wie ich leben sollte?« Der Verdacht wird zur Gewissheit, alles verdorben zu haben, was ihm an Talenten und Möglichkeiten gegeben wurde, sein Leben von Grund auf verfehlt zu haben. »Alles, wovon du gelebt hast und lebst, ist Lüge, ist Betrug und verdeckt dir Leben und Tod.« Diese Erkenntnis, spät erlangt auf dem Sterbebett, ist das wahrhaft Entsetzliche, das Tolstoi dieser Lebensgeschichte zuschreibt.

Tolstois Erzählung hält keinen Trost im Angesicht des Todes bereit. In ihr steckt der Appell, sich nicht von Äußerlichkeiten blenden zu lassen, sein eigenes Leben nicht achtlos zu vergeuden, sondern es mit Sinn, mit Wahrhaftigkeit zu erfüllen. Vergessen wir nicht: Leben ist einmalig.

Zu guter Letzt:
Sie sind lesesüchtig

Damit sind Sie in guter, nein, königlicher Gesellschaft, und wir sind bei unserer letzten Empfehlung angelangt. Schließen Sie also Bekanntschaft mit Alan Bennett und ...

*L*esen Sie

Die souveräne Leserin von Alan Bennett.

Es ist die Queen, die wider alle Erwartungen auf ihre späten Tage hin dem Laster des Lesens verfällt, einem Laster, das keine Standesunterschiede kennt. Durch einen glücklichen Zufall, ausgelöst durch ihre kläffenden Hunde, stößt die Queen in einem der Höfe des Palasts auf einen Bücherbus der Bezirksbibliothek der City of Westminster. Sie wusste gar nicht, dass es so etwas gibt, und es ist eine hübsche Pointe gleich zu Beginn, dass die Monarchin sich in einem urdemokratischen Instrument der Volksbildung mit dem Bazillus des Lesens ansteckt.

Im Bus lernt sie den Küchenjungen Norman, einen eifrigen Leser, kennen und macht ihn schon bald zu ihrem *Amanuensis,* ihrem literarischen Assistenten, dem die Bücherbeschaffung obliegt. Sie liest zunächst, was ihr unter die Finger kommt, kultiviert aber nach und nach ihren literarischen Geschmack. Der königliche Hunger auf Bücher verändert ihr Leben. Sie entdeckt, »wie ein Buch zum nächsten führte, wie sich immer mehr Türen öffneten ...«. Bisher war es eine ihrer Maximen gewesen, »Interesse zu zeigen, aber keine

Interessen zu haben«. Jetzt hat sie eines, das sich schon rasch zur Leidenschaft auswächst. Zugleich verspürt sie eine deutlich sinkende Lust, ihren offiziellen Verpflichtungen nachzukommen, Grundsteine zu legen, Schiffstaufen vorzunehmen, Schuhfabriken zu besichtigen, von fälligen Rundreisen oder Staatsbesuchen zu schweigen.

Im Hofstaat wird das veränderte Verhalten der Queen erst mit Sorge, dann mit Missbilligung registriert. Insbesondere ihr Privatsekretär, Sir Kevin, Neuseeländer und ein Absolvent der Harvard Business School, ist die Leselust der Queen ein Dorn im Auge, und er rät Majestät, »sich auf die Kernkompetenzen zu konzentrieren«. Er schmiedet allerhand Ränke, um ihr das Lesen auszutreiben, verbannt hinter ihrem Rücken den literarischen Assistenten zu einem Literaturstudium an die East Anglia University, nur um sie von seinem schädlichen Einfluss zu befreien. »God save the Queen!«, möchte man angesichts solcher Berater ausrufen. Als sie ihm schließlich auf die Schliche kommt, ereilt ihn die gerechte Strafe. »Früher einmal hätte sein Weg zum Schafott geführt; heutzutage bekam er nur ein Flugticket nach Neuseeland, wo er zum Hochkommissar ernannt wurde. Auch ein Schafott, nur dauerte es etwas länger.«

Unterdessen bringt die Queen mit ihrer Obsession immer wieder Sand ins Getriebe ihrer offiziellen Obliegenheiten. Sie behelligt Menschen ihrer Umgebung, aber auch den französischen Staatspräsidenten und gar den eigenen Premierminister mit Fragen nach Büchern und Lesegewohnheiten und erntet Verlegenheit (beim Personal) bis blankes Entsetzen (beim Premierminister, wohingegen der französische Präsident immerhin ganz passabel Auskunft geben kann über Marcel Proust, bei Jean Genet allerdings vollständig versagt).

Dann ändert sich ihr Verhalten. Lesen ist nicht Tun, sagt sie sich, und sie ist doch immer eine Frau der Tat gewesen.

Also beginnt sie zu schreiben. Dass sie sich nun häufig Notizen macht, entgeht der Aufmerksamkeit der Dienerschaft nicht, und man beginnt sich neue Sorgen zu machen. »Wahrscheinlich Alzheimer«, wird gemunkelt, »da muss man ihnen doch alles aufschreiben, oder?« Tatsächlich hat die souveräne Leserin nur eine Metamorphose – von der Leserin zur Autorin, zwei Seiten einer Medaille – durchlaufen. Auf der Feier zu ihrem achtzigsten Geburtstag konfrontiert sie den versammelten Kronrat mit einer saftigen Überraschung … Das Königreich der Bücher, als ein unermesslicher Raum der Freiheit, erscheint ihr verlockender als das *United Kingdom* mit seinen Regeln und Pflichten.

Das schmale, ungemein witzige, mit trockenem Humor geschriebene Buch zeigt, dass Literatur nicht nur im bürgerlichen Leben einiges durcheinanderbringen kann (wie im Vorwort angedeutet), sondern auch bei den Royals. Ein schönes Beispiel für die sanft-subversive Seite der Literatur, deren Aufgabe (nach Adorno) auch darin besteht, Chaos in die Ordnung zu bringen. Aber überlassen wir das letzte Wort der souveränen Leserin: »Ein Buch ist ein Sprengsatz, um die Phantasie freizusetzen.«

PS: In diesem Buch haben wir hundert Romanempfehlungen versammelt, die Rat und Hilfestellung in allerlei Lebenslagen bieten mögen. Allerdings könnte es sein, dass Sie im Zuge der Lektüre den Verlockungen des Lesens heillos verfallen sind. Gegen die Lesesucht vermag dieses Buch naturgemäß nichts auszurichten. Dagegen ist überhaupt kein Kraut gewachsen.

Über die Autoren

Margit Schönberger lebt in München. Sie ist Literaturagentin und Autorin zahlreicher erfolgreicher Bücher. Zuletzt erschien von ihr *Don't worry, be sixty.*

Karl Heinz Bittel war lange Programmchef eines renommierten deutschen Verlags und lebt heute als Autor und freier Lektor in München. Zuletzt sind von ihm erschienen: *Eine Art Verrat* sowie *Singen. Ein Anfang.*